U0140527

HOW DEMOCRATIC SOCIALISM CAN
OVERCOME THE CRISES OF CAPITALISM

THE 99 PERCENT
ECONOMY
99%
人口的经济

PAUL ADLER

[英]保罗·阿德勒 著

刘仲良 译

ZHEJIANG UNIVERSITY PRESS
浙江大学出版社
·杭州·

目录

引　言

近年来，进步主义运动，以及一些特别激进的运动时有发生，最典型的有占领华尔街运动、2016年的伯尼·桑德斯运动、最低工资标准运动、黑人人权运动、人民气候大游行，以及反性骚扰运动。这些运动的背后既有愤怒，又有希望，传达出的是广大人民对彻底变革的热切期盼——不仅是要更换高层人员，还要变革权力和特权的基本结构。

这样的运动引起了一系列重要的问题，人们对权力和特权结构的必然性提出了疑问。沃尔玛财富的继承者沃尔顿家族所拥有的财富，比全美国40%的家庭的财富总和还要多[1]；人口总量中，最贫困的25%连一点净资产都没有，这究竟是为什么？人民对普惠医疗和高质量教育的要求，政府为何置若罔闻，无动于衷？为何金融市场的运转可以横行无忌，不受控制，结果让百万人丢掉饭碗，无家可归？眼下气候危机迫在眉睫，在全球携手应对之际，为何巨头公司组成的利益集团能够倒行逆施？为什么女人非得遭受男老板、男客户、男同事以及陌生人的歧视、骚扰、虐待和暴力侵害？为什么要在穷人社区和少数民族社区驻扎军事化的警察部队？

此类问题的突发性和紧迫性逐渐表明，在诸多领域，我们面临着多重危机，而且危机还在不断加深。这些领域包括经济、工作场所、政治、自然环境、社区的社会结构以及国际关系。

经济体制越来越不合理，我们深受其害。这种体制造成了严重的财富和收入不平等。周期性的经济停滞，致使数百万人失业。在这种体制下，人们对所生产出的多数产品都没有需求，还有许多产品甚至会危害人类、破坏地球。另一方面，对于企业而言，许多我们迫切需要的产品和服务因为没有利润，它们便不去生产，因此我们也无法获得。

在工作中，人们普遍面临着权力丧失的危机。在影响个人生活的各项决策中，人们渴望有发言权，然而在现实当中，对于那些事关大家工作生活的重大决策，我们几乎没有任何影响力。

政治体制不把民众意愿当回事。美国的政治体制名为民主，实则更像是财阀统治——富人掌管一切。

我们面临着日益严重的环境危机。气候变化只是这场危机的一个方面，在未来几十年，这场危机很可能会严重破坏人类文明，因为我们未能摆脱化石燃料。

我们正在遭受不断加剧的社会危机。这场危机发生在性别和种族关系中；发生在家庭、邻里、城市和地区中；也发生在社会的各个系统中，如儿童保育、养老、司法、医疗保健、住房和教育等。整个社会与商界利益及其背后的政府机构冲突不断。

最后在外交方面，我们与其他国家相互竞逐，我们高高在上，盛气凌人。然而在当下，人类迫切需要的是国际合作。也只有合作，才能应对气候变化、战争、核危险、饥荒和贫困等一系列挑战。

所幸，我们完全可以不是这个样子。世界上的资源和技术，完全能够让所有人得到物质的享受，做人的尊严，以及成长的机会。不过控制财富创造与分配的社会体制让大家心神不宁，焦躁不安。我们现行的体制只为1%的人口服务，不过我们可以创造一个为99%的人口服务的体制。

美国的进步人士——本书中我常提到的"我们"——围绕危机的根源，以及如何更好地化解危机，进行过一场激烈的辩论。有人认为，企业部门需要更具社会责任感的领导。有人重视政府的作用，主张加强社会和环境监管，扩大福利规定，限制政治竞捐。有人指责企业、政府和劳工之间的敌对关系，提倡北欧式的社会民主。在我看来，这类改革远远没有触及根源。要知道，所有的危机都是资本主义本身的特征，因此，这些改革虽然确实值得推行，但是解决不了问题。如果危机的根本原因是资本主义，那么解决的办法便是一种更加激进的民主社会主义的变革。

资本主义这套生产体系，其目的不是造福人民、保护地球，而是获得利益。诚然，在过去的几百年间，资本主义确实在很大程度上推动了科技的发展，也确确实实改善了许多人的物质条件。但是所有的改善都只是间歇性的，并且伴随着分配不均，而且这些改善全都以损害社会和环境为代价。政府自身的合法性和资源要依靠商业部门的盈利能力才能获得，因此，指望政府完全解决这些成本问题就不太现实。如此一来，我们面对的世界危机四伏。

如果我们想要化解危机，为99%的人口创造一个科学的经济体制，那么我们需要改变企业的三种决策方式：投资决策、产品决策和生产决策。做决策时，利润考量只能是一个方面，我们还得考虑人民的需求以及地球的状况。决策要民主，要通过审议和辩论了解情况，不能由首席执行官和董事会按照私人投资者的意愿制定。另外，审议和辩论不仅要在企业层面进行，而且要扩展到区域、行业和国家层面。要做到这一点，就需要用社会化的公有制取代企业的私有制。这样一来，商业主导的政府就能转变为真正的民主政治体制。相较而言，温和的改革虽然值得提倡，不过它们的作用太过有限，无法解决我们眼前面临的危机。

本书的主旨有二：一是进行民主社会主义变革的必要性；二是这种民主社会主义社会的运作模式。本书不是为21世纪的社会主义描绘出的蓝图，更谈不上是实现社会主义的具体步骤。大规模的社会变革不是那样发生的，从根本上讲，这是一个迂回曲折、不断尝试的过程。人类的每一项工程都需要蓝图做指引，我们这些进步人士的行动也一样，我们需要一个愿景，心里要清楚我们想要的社会究竟是什么样子的。我认为，如果我们想要化解面临的危机，那么民主社会主义就是一个可靠的愿景，它将指引我们前行。

本书聚焦美国社会，然而，它包含的普遍观点同样适用于别的国家。若大家携手参与社会主义变革，那化解种种危机的成功率将会更大。

想要从资本主义过渡到民主社会主义，我们的面前困难重重。此书旨在帮助大家克服一个最大的障碍——我们对这种社会主义制度的有效性缺乏信心。想在企业内部用民主管理制度代替公司等级制度，用民主的宏观调控取代市场竞争，我们需要让人们重拾对民主的信心。我们要相信我们有能力一起做集体决策，相信这样做出的决策不仅对集体有利，而且对公共大众也有利。不幸的是，民主已经失去了光环。

不管是民主党，还是共和党，历届美国政府都不能为工人的利益服务，导致越来越多的人不看好民主这一概念。事实上，在2016年总统大选中，从工人对特朗普的支持就可以看出，他们对"精英"有多失望，对精英掌控的空洞民主有多懊恼。希拉里·克林顿阵营许诺会加大调控力度，增加安全保障的供给，不过这些许诺听起来更像是谎言。另外，她对伊拉克战争的支持，让许多选民倒戈一击。工人在失望中转身，选择了另一位候选人，该候选人至少能看到工人们的窘境。在我们国家鼓吹的民主完全无法兑现的情况下，就算特朗普听起来像个独断专行的民粹分子，也不会妨碍民众们的选择。

今天的统治者仍然是精英阶层，这种对民主的怀疑就是他们最有力的武器。本书希望通过描绘一个民主的世界来化解人们对民主的疑虑，其中，民主的含义变得更广，也更丰富。民主是谋取公共利益的民主，而不是损害公共利益的民主。

我在一所商学院任教，当然，看到一名商学院教授鼓吹民主社会主义是件很不寻常的事。然而事实上，我的研究工作给我机会，让我可以研究一些最先进的企业的管理，这项研究让我得出了两个结论，它们全都指向民主社会主义。

首先，虽然资本主义工业在许多方面都取得了显著的成功，但是要靠私营企业部门解决我们面临的重大危机就不太现实了。在任何一个社会，只要它的经济结构的基础是竞争、追逐利益，以及资本主义公司，那么呼吁企业领导人、客户或投资者承担更大的社会责任和环境责任，所能取得的实际效果就会大大受限。此外，在任何一个这样的社会中，国家的繁荣要靠商业部门的盈利能力，因此，政府法规、福利计划和国际合作的范围也受到了严重的限制。为了化解我们面临的危机，把近在咫尺的更美好的世界变为现实，我们需要找到超越种种限制的途径。要想梦想成真，我们就得进行民主社会主义变革。只有通过变革，我们才能在经济、工作场所、政治、环境、社会和国际等方面，民主地决定自己的未来，并对美国的资源实施战略管理。

把"民主决策"和"战略管理"并置，也许会让有些人觉得很不协调。我们习惯性地认为，管理（不论是否具有战略性）是管理者的事，我们是被动的承受者，我们对管理者毫无影响可言，他们的目标常常与我们的相悖。

但是，管理太过重要了，不能只留给管理者。要克服工作场所失权这一危机，我们需要使企业管理民主化，让董事会管理企业。不过得有个前提，董事会要代表个人、顾客和更广泛的群体。我们要用全面的参与式管理代替自上而下的独裁式控制。除此之外，想要克服我们所面临的别的危机，民主管理的对象就不能仅限于每个企业个体，还应该包括社会的所有经济活动。我们再也不能把经济的方向留给过山车式的市场进程，也不能依赖美联储等缺乏民主的机构来缓和这一进程。我们需要管理我们的经济，以实现人类福祉和地球可持续发展的共同目标。

我们可以为整个地区和行业，甚至整个经济制定目标，我们可以为此计划、组织、指导、协调、评估和加以补偿。在最近的关于替代资本主义的讨论中，这种针对公共利益的全经济战略管理的理念基本上没有出现。事实上，社会主义为许多人敲响了警钟，因为他们不知道这样的全经济战略管理（又名"政府经济规划"）是怎样的民主，是如何生效的。

今天，在后工业时代，我们只有在企业和政府的各个层面广泛动员，创造性地解决问题，才能应对危机，确保取得所需的进展。民主是这种积极参与的必要先决条件。

那么我们该如何确保我们对经济的管理不仅是民主的而且是有效的呢？这正是我的研究得出的第二个结论。我发现，一些大型公司的管理创新向我们展示了如何能够把民主和有效性结合起来。为了协调内部运营，许多这类公司依靠的是战略管理，而不是子公司之间的市场竞争。在有些公司（特别是那些"走道德路线"的公司，那些试图通过激发员工的创造力来创造竞争优势的公司），战略管理不是一个僵化的、自上而下的过程，不是高层管理者制定计划，然后指挥其他人做事的过程。这是一场关于共同目标的持续对话，是具有高度参与性的对话。此外，一些走道德路线的公司规模确实庞大，比许多小一点的国家都大，有时在全球范围内雇用的员工达到数百万。如果这些走道德路线的公司能够在如此规模上进行有效的和参与式的管理，那么我们就应该能够利用类似的战略管理实践，将企业、地区、行业和整个国家的经济活动置于民主控制之下。

在这些走道德路线的资本主义公司中，员工参与战略管理的程度当然有限，与我们的民主理想相去甚远，而更广泛的群体参与甚至更加有限。

即使在这些走道德路线的公司中，首席执行官仍然主要对投资者负责，而员工基本上仍然是雇来的帮手。在一个民主社会主义的社会里，我们要把更广泛、更深入的参与在企业内部制度化，我们将使用这些民主战略管理原则来指导我们在更广泛的层面上管理经济。因此，激进的民主社会主义变革并不完全是奔向一个未知的世界。资本主义工业正在为民主社会主义奠定技术和管理基础。

平心而论，即使有这样的基础，民主社会主义也难免具有乌托邦的性质。显然，到了下一个选举周期，这一变革也不可能实现。但是我们不该就此受挫。我们要有足够的勇气，相信一个更美好的世界就在眼前，这才是我们面临的部分挑战。正如最近人们常说的那样：想象世界末日比想象资本主义末日容易多了。[2]

资本主义只是社会形态历史序列中较新的一种，这种制度到处都是缺陷，很难让人相信这样的制度代表了人类文明的极限形式。如此说来，我描绘的民主社会主义草图是奥斯卡·王尔德积极意义上的乌托邦：

> 一幅不包含乌托邦的世界地图甚至都不值一瞥，它漏掉了一个国度，一个人类一直前往的国度。人类在那里登陆后，向外望去，望见了一个更好的国度，便又扬帆启程。进步是乌托邦的实现。[3]

社会主义乌托邦是一种观念。自从资本主义作为现代社会的基本机制出现以来，自从资本主义的局限显现以来，在过去的两百年间，有许多人曾经"登陆"过社会主义的乌托邦，也有许多人已经"扬帆"前往。在这两百年间，每一代对社会和经济正义充满热情的人都阐述了自己对这个乌托邦的愿景，以及实现的策略。

回顾前几代人的经历，我感到极其震撼。许多活动家曾致力于根本变革，可惜变革没能在他们的时代发生，或者结果令人失望，他们许多人便放弃了社会主义愿景，甚至有相当多的人选择了反戈一击。我想武装我们对抗这种绝望。我要谈的内容刻不容缓，大有希望，且前景一片光明。

刻不容缓：虽然资本主义的发展带来了诸多好处，但是也产生了各种各样的危机。随着时间的推移，危机在不断地加剧，不断地增多。鉴于资本主义制度日趋过时，它造成的痛苦在未来几年极有可能因气候变化而加剧，社会主义变革刻不容缓。

大有希望：即使激进变革的前景显得渺茫，资本主义的失败会让沮丧情绪不断加深，并不断蔓延，这意味着激进破裂的机会随时可能出现，令所有人都意想不到。当然也存在危险，反动的煽动者可能会利用人们的沮丧情绪，例如2016年唐纳德·特朗普当选了美国总统，几个欧洲国家也发生过类似的情况。即便如此，进步活动仍可以调动情绪受阻的人们，携手共建更美好的世界。

前景光明：是的，我们面临着巨大的挑战，不过我们有应对挑战的办法。是的，这将要求我们的社会形式发生根本性变化，好在我们已经有了建立这种新形式的基础。是的，令人沮丧的是，这一变化尚未发生，不过从长期来看，资本主义自身的发展使社会主义逐渐变得可行，也更有可能。

第一章 六个危机

现行的政经制度让人大失所望。我称其为新自由资本主义，不过也可以称之为金融化了的资本主义。[1]在这一制度下，大多数企业为了逐利相互竞争，忽视自身行为带来的社会后果与环境后果。企业根据业务状况，任意雇用或解雇工人，或者直接将业务外包给其他公司。工人为了工资，服从管理，遭遇无情的压榨。政府依靠各种法令和司法系统保护企业利益，对富人征收最低的税款，对企业施加最小的管制。这加速了资本在全球的流动，却限制了劳动力的流动。政府提供最少的公共服务，而将它们尽可能地外包给私营企业。

自从美国总统里根和英国首相撒切尔夫人开创性地减少政府监管、降低社会福利以来，我们已经体验了近40年的这种新自由主义制度。要想查明这一制度究竟失败在那里，并提出解决方案，就得先快速审视这一制度的危害。

经济的非理性

讲述个体非理性的书籍和艺术作品汗牛充栋，使人眼花缭乱，但我们一定要清醒地认识到，美国经济体系的非理性带来的后果更加严重，更加危险。人们的收入和财富不平等程度之高骇人听闻，远高于任何其他与生产性贡献有关的事物。美国的经济生产力足以为所有美国人提供充足的粮食，但是经济增长依然周期性地停滞，至少每十年就会出现一次。一旦停滞，数百万美国人就会失业。[2]美国经济生产了大量美国人不需要的商品和服务，而他们真正需要的却少之又少。我们依次逐条来看。

近年来，不平等问题再次成为社会关注的焦点，一方面因为这一趋势引人注目，另一方面也因为"占领华尔街"运动成功地推动了对不平等问题的讨论。毋庸置疑，那些竭尽所能为美国的福祉做出更大贡献的人，理应得到认可和奖励。然而，事实却令人难以接受，全世界有8个人（其中6个人在美国）现在坐拥的资产相当于全世界人口中最底层的那一半人的财富之和。[3]2010年的美国，最富有的1%的人持有48%的股票和基金、64%的金融证券和61%的商业股本。[4]

我们还发现普遍存在着经济得不到保障的情况。2017年，每10个美国人就有4个如果不借钱或出售部分财产，就无法支付400美元的紧急开支。超过1/5的美国成年人无法全额支付当月的账单。超过1/4的成年人因为负担不起医疗费用而放弃了必要的医疗保健。[5]超过12%的美国家庭（约4100万人，其中非裔和西班牙裔美国人在其中占比特别大）在2016年的某个时候"食物得不到保障"，不能保证有足够的食物维持生存，或者根本无法获得。[6]

失业风险困扰着许多上班族，而这种风险很大程度上取决于人们无法控制的力量——也就是说，取决于影响更广泛的经济过山车。一旦经济增长放缓，人们就失去了工作。从19世纪中叶政府开始记录以来，几乎每十年里就至少有一年的时间出现这样的经济疲软。当然，工作不是生活中唯一的事情，也不是最重要的事情，可是在资本主义制度下，工作是人们赚取生活必需品的主要方式。在19世纪70年代和90年代，20世纪30年代、80年代初以及2008年的金融危机之后，在美国劳动力中，官方统计数据表明失业人口的比例达到或超过了10%，这让失业成了非常头疼的事情。

不仅如此，这一官方统计还严重低估了失业的程度。造成失业统计不完全的原因有二。

首先，官方的主要失业数据忽视了许多原本应该被统计上的人群。失业统计没有把以下两类人士统计进去：有些人需要的是全职工作，而被迫从事了兼职；也有人告诉政府的统计员，他们已经放弃了找工作，原因是体面的工作实在太少，让他们处处受挫。例如：在2018年中期，官方失业率低得出奇，只有3.9%，但是如果把以上两类人加进去，失业率就会高达7.8%，即每12人中就有1人没有工作。[7]另外，许多人苦苦挣扎，四处求职，最终放弃了念想，不再把自己看作劳动力的一部分。如果我们把所有的适龄人员（学生和犯人）都算进去，2018年真正的失业率大约是12%，即每8人中有1人没有工作。我们还应该注意到，许多人被迫从事无法充分发挥自己能力的工作。人们对这一群体的规模做出的估计各不相同。事实上，在2014年，至少有25%的大学生从事的工作根本不需要大学教育。[8]

其次，失业率衡量的仅是某一时间点的失业人口比例。事实上，在任何一年的某段时间，都有3倍于官方数据的人没有工作。随着最近"临时"工作岗位的增加，这一数字还在上升。[9]此外，在过去半个世纪里，失业的平均持续时间也呈上升趋势，2008年金融危机之后达到近40周。

失业造成的痛苦不小。即使是短期失业也会对人们的收入产生长久的影响。近年来，长期待业现象十分普遍，对人们产生了巨大的负面影响。[10]失业是无家可归的最大原因。今年随便哪个夜晚，都有50多万美国人无家可归，睡在露天或紧急避难所，或依赖于过渡性住房计划。（然而与此同时，约有1700万套住房无人居住。）失业也增加了心血管疾病、焦虑症、抑郁症和自杀的可能性。失业者的饮食更差，看医生的次数也更少。他们很少去锻炼，更爱抽烟酗酒，更容易吸毒，健康状况也就更糟糕。[11]在控制多种其他因素（包括失业前的健康状况）的情况下，失业者的死亡风险比有工作的人高63%，在经历过一段时间的失业后，这一风险大约在十年内仍然明显偏高。[12]

在经济衰退期，不仅人最终无法就业，连机器、工厂和商店等生产性资源也无用武之地。将工厂和设备的产能（经济产能）与它们实际的产出水平进行比较，产能利用不足的程度令人咋舌，其具体程度随繁荣和萧条周期而变化，但过去的50年间，情况似乎逐渐在恶化。[13]自2000年以来，在情况最好的几年，美国经济产能有整整20%在闲置，而在最糟糕的几年，闲置率高达惊人的34%。[14]是的，为了应对环境危机，我们需要减少材料生产，但这不是这里的重点。是的，留一点产能"缓冲"合乎情理，否则，我们将面临大量短缺，然而这些比率远高于缓冲所需。此外，当工厂和设备被闲置一段时间以后，如果只是为了确保新的投资不必与之竞争，工厂通常会被拆除，设备通常会被送到回收场或垃圾场。想一想建设产能时投入的所有努力。想一想被错过的满足人民需求的机会，要是这些产能得到充分利用的话，何以至此。真是浪费！

经济非理性危机还有第三个不太明显的一面：我们的经济生产了大量我们并不需要的商品和服务。被设计出来的产品只能丢弃，而不能修理，不能重复使用或回收。结果，垃圾数量不断增加，其中大部分被运往垃圾填埋场。全世界每年产生2000万至5000万吨的电子垃圾，其中大部分有毒，而且数量正在迅速增长。我们每人每年产生超过1500磅（1磅约合0.45千克）的市政垃圾。处于上游的工业产生的垃圾数量也大致相同。[15]这么巨大的人类努力和创造力（更不用说自然资源了），真的全被扔进了垃圾桶！

浪费也以不太明显的形式出现。人们在经济活动中投入了太多的精力和创造力，这些活动除了给工业带来丰厚的利润外，对我们的真正福祉却没有任何贡献。垃圾食品和香烟就是一号证据，证明我们个人的非理性通常是由系统的非理性引起的。这些浪费大部分完全超出了我们个人的控制范围。我们要向私人保险公司支付医疗保险费，不过我们知道，要是这一切费用都由政府来承担的话，国家每年就可以节省数千亿美元。[16]想一想那些急于提供跟风产品的公司所造成的浪费，如超市货架上的几十种品牌的早餐谷物或牙膏。[17]

经济非理性危机的最后一个方面更不明显：我们缺乏许多必需品。汽车公司将他们的大型SUV作为身份的象征，积极地进行营销。其实对于我们大多数人，有更多的公共交通和续航里程更好的小型汽车可供选择的话，会更好。科研人员研制出了针对富人疾病（如癌症和心脏病）的治疗方案，而穷人的疾病（例如疟疾和肺结核）却遭到了忽视。[18]

工作场所失权

许多新闻调查显示，有太多的人讨厌工作中受到的待遇，即便他们喜欢工作本身。[19]我们大多数人在工作中说了不算，或没有真正的"发言权"。尽管大家都在提倡现代管理要鼓励员工参与，然而只有45%的员工认为他们的雇主听取了自己的想法或担忧，只有31%的员工觉得他们的雇主"关心员工不仅仅是为了赚钱"[20]。

集体发声的渠道甚至更为狭窄。在目前没有工会代表的非管理层员工中，有半数表示希望有工会代表。事实上，目前只有约11%的员工有工会代表，在私营部门不到7%，在公共部门约为35%。[21]在没有工会的情况下，有些公司会利用管理层提供的平台，让员工代表与管理层会面，讨论工资和福利。不过这样的平台仅能覆盖约34%的没有工会代表的员工，更何况，如果员工缺乏工会保护，很难看到他们在讨论中会开诚布公，直言相告。[22]当涉及企业的重大决策时，在小一点的公司，员工可能会有些影响力，但是多数人在大公司工作，很少有这样的公司能给员工说话的机会。在美国的大公司中，只有不到12家公司将员工参与战略制定制度化，而且许多这种"劳资合作"的努力并没有持续。[23]

因此，人们在工作中没有主人翁的感觉也就不足为奇了。盖洛普咨询公司代表雇主对许多员工进行了调查，询问他们在工作中的积极性，问他们是否觉得自己能做得最好，他们的意见是否重要，他们是否致力于提升质量，他们是否有机会发展自己的技能，等等。结果表明，美国行业的员工参与度平均水平低得惊人。在2016年的一项调查中，只有三分之一（33％）的美国员工在这种意义上"入局"。员工中有一半（51％）是"局外人"，另有16％属于"积极脱离"。其他民调显示，对55％的私营部门员工来说，他们的工作"只是为了谋生"，不会给自己带来任何目标感或成就感。[24]

如果"危机"一词在这里被夸大了，那么我认为这是因为我们已经习惯于这种无能为力。但丧失权力的人力成本显而易见，其经济和社会成本相当巨大。盖洛普调查发现，参与度排名前四分之一的业务单位与参与度排名后四分之一的业务单位的工作结果存在巨大的差异。前四分之一公司的安全事故率比后四分之一的公司低70％，产品缺陷率低40％，生产率高17％，盈利能力高21％。[25]

反应迟钝的政府

工作场所的权力丧失与政治领域的权力丧失并驾齐驱。想想近年来政治中的大问题：商业利益的主导地位太过明显。以北美自由贸易协定（NAFTA）为例，虽然它遭到了大多数美国人的反对，但是仍在继续推进。[26]长期以来，公众舆论一直支持政府采取行动确保全民医疗保险（大多数支持者更喜欢单一付款人模式，一些人更喜欢公私混合模式），然而我们得到的却是奥巴马医改，这种温和的做法只向前迈进了半步。[27]想一想，提高最低工资标准的努力屡次受挫。长期以来，公众舆论一直支持大幅提高最低工资，结果商业利益压倒了普通美国人的偏好。[28]或者想想一些从未付诸表决的事情，即《雇员自由选择法》（Employee Free Choice Act），该法将确保工会在大多数雇员签署认可卡以后得到认可。这类促进工会认可的措施多年来一直在民意调查中得到支持，可是国会却无动于衷。[29]为了大企业的利益，政治系统被操纵，其影响深远，民主共和两党无一例外。

事实上，我们的政府对公众舆论的反应非常迟钝。在民意调查中，美国人表示，他们希望政府在能源（77%[*]）、环境（75%）、医疗保健（72%）以及经济和就业增长（68%）方面的干预更多而不是更少。大多数人支持政府在为老年人提供体面的生活水平（73%）、确保食品和药品安全（73%）、保证获得负担得起的医疗保健（73%）、减少贫困（69%）和确保清洁空气和水（67%）等举措上采取更多而非更少的行动。有69%到31%的人认为我们需要政府来处理复杂的经济问题，而不是仅仅依靠市场。[30]虽然这样的民意调查很难直接反映出坚定的承诺，但是如果我们将这些数据与其他证据结合起来，结论似乎不言而喻：我们作为公民的偏好被我们的立法者一步一步地忽略了。

鉴于政府反应迟钝，这么多人对政治如此愤慨，如此脱离政治也就不足为奇了。[31]2015年，只有19%的美国人表示他们会永远或在大部分时间里信任政府；只有20%的人认为政府项目运行良好；约55%的人认为"普

---

　　[*]　此处百分比指调查中支持某项议题的人占比，下同。——译者注

通美国人"在解决国家问题方面比民选官员做得更好。[32]伯尼·桑德斯（Bernie Sanders）2016年的竞选表明，这种愤世嫉俗并不一定代表民众与政治脱节，不过我们正在打一场艰苦的战斗。2014年的一项研究发现，只有35%的美国成年人定期参加选举，30岁以下的人则只有22%。[33]在过去两年中，只有8%的人自愿参加任何政治活动。[34]

环境的不可持续性

气候变化、物种灭绝、陆地和海洋资源过度开发，正在给地球生态系统造成越来越大的压力。截至1970年，人类活动已经超过了地球的承载能力，人们使用的资源超过了可用自然资源能够维持的限度。今天，人类使用地球自然资源的速度比它们的补充速度快了近60%。在美国，我们消耗资源的速度是可持续消耗速度的7倍。[35]总体而言，人类已经跨越了许多"星球生态的边界"——这不仅表现为气候变化和森林破坏的速度被加快，还表现为生物多样性的丧失和氮磷循环的中断。[36]我们正在以惊人的速度杀死其他物种。仅在1970年至2012年间，科学家追踪的陆地物种数量就下降了约38%，海洋生物下降了36%，淡水动物数量下降了81%。我们正处于第六次大灭绝的边缘，这次灭绝不是因为自然地质力量的作用，而是由人类引起的。[37]

由于担心潜在的支持者会因焦虑而陷入绝望，环境活动家常常淡化下列问题：生态系统崩溃，冰川消失，珊瑚礁衰退，温室气体排放持续增长，等等。不过坦率地讲，我们已经到了悬崖边缘。[38]气候变化每年在全球造成40万人死亡，直接原因是极端天气，间接原因是疾病的发病率升高，以及作物歉收和缺水造成了内战和社会冲突。[39]空气污染每年造成550万儿童夭折[40]。前方的道路看起来更加黑暗。除非大幅减少碳排放，否则到了2100年，海平面上升会使全球10亿人流离失所，仅美国就有1300万至2000万人。[41]

将所有这些都降到城市层面，且以纽约为例。更高的海平面将意味着更多的洪水，就像2012年飓风桑迪引发的洪灾。这场风暴造成了近200亿美元的损失，43人死亡，更多人受伤；机场、火车、地铁和高速公路全部关停，医院和废水处理厂丧失运作能力，电力设施被淹，手机系统受损。沙质洪灾过去大约每400年发生一次。随着全球变暖，到21世纪末，这种情况可能会大约每23年发生一次。纽约洪灾区的面积预计将翻倍，覆盖的市区面积为99平方英里（1平方英里约合259公顷）。[42]

有一点很重要：解决气候变化的威胁需要的不仅仅是转向可再生能源。这本身就是一项艰巨的任务，但是一次能源生产（primary energy production）在二氧化碳总排放量中的占比不到四分之一。我们的大部分碳排放来自交通、农业、钢铁、水泥和化学品。我们的工业系统的大片区域必须得到更换。

社会解体

在我们的性别和种族关系中，在我们的家庭、社区、城市和地区中，以及在我们的刑事司法、医疗保健、儿童保育、老年护理、住房和教育系统中，我们正在经历一系列相互影响的社会危机，而且危机在日益加重。

想想美国反性骚扰运动揭示的男性普遍虐待女性的情况。2017年，约54%的美国女性报告说，她们遭遇了"不想要的和不适当的"性行为。[43]这反映了在经济、社会和性关系中，男女之间持续存在深层的权力不对称。对女性的骚扰和虐待在工作场所司空见惯，男性通常身居高位，担任老板，他们利用权力虐待女性，掩盖自己的罪行，并强迫女性接受保密协议，以防止她们提醒他人注意危险。虐待儿童和对同性恋、双性恋和跨性别者的暴力行为也很猖獗。[44]

想想女性在平衡工作和非工作方面所面临的挑战。在非主管雇员收入停滞造成的经济困难，以及妇女运动带来的社会变革的推动下，妇女（未婚、已婚、有子女和无子女）在获取工资的劳动力中所占比例越来越大。她们仍然承担着抚养孩子和家务的大部分负担。许多人从事兼职来平衡由此产生的矛盾。[45]这样一来，获得足够的收入变得更加困难，更不用说干出一番事业并获得合理的工资提升了。而非全日制工作本身也变得更加艰巨，因为企业要求员工在工作时间上有更大的灵活性，并在工作时间之外有更多的可用性。因此，对于大多数劳动人口，特别是劳动妇女来说，相对于家庭的需求而言，工作时间太长了，相对于经济需求而言工作时间却又太短了。[46]

毫不奇怪，压力已经非常普遍。美国心理协会对成年人进行了调查，要求他们用10分制对自己的压力水平进行评分，其中1表示"压力很小或没有压力"，10表示"压力很大"。调查对象通常报告的平均压力水平为5.1，而他们认为代表健康状态的压力水平为3.8。约24%的成年人报告了极端压力，在10分制中，压力等级为8、9或10。2016年，女性的平均压力水平甚至高于男性，女性为5.3，男性为4.9。对于男人和女人来说，金钱和工作是最大的压力来源。许多人报告说，在过去的一个月中，由于压力，他们出现了与心理健康相关的症状，如感到紧张或焦虑（42%）、沮丧或悲伤（37%），以及会持续担忧（33%）。[47]

想想我们社会的种族关系。尽管自吉姆·克劳（Jim Crow）时代以来，种族关系取得了实实在在的进步，但是许多白人美国人仍然非常依赖他们的特权。经济增长一旦停滞，这种依恋就表现得尤为丑陋。人们担心别的群体的进步会危及他们自身的经济机会。[48]就业和住房市场上的歧视依然猖獗。[49]少数民族社区的贫困率和监禁率要高得多。虽然大多数美国白人表示相信种族歧视已经成为过去，但是大多数非裔美国人每天都能感觉到种族歧视的影响。[50]根据联邦调查局的数据，在2008年至2012年间，美国所有仇恨犯罪中，有整整三分之一针对的是非裔美国人。

想想我们的社区和地区。人们越来越可能生活在经济和社会同质化的社区。与此同时，邻里之间相互变得陌生，甚至从未知晓彼此的名字。[51]少数族裔占主导的社区面临资金不足、基础设施维护不善、犯罪率高、警务军事化、食物沙漠化、住房过度拥挤等问题。作为一个国家，我们面临的问题是各地区的生活条件日益悬殊。农村地区和小城镇陷入经济困境，年轻人弃之不顾，全都奔向大城市。[52]像底特律等一众曾经繁荣的城市，在工业搬迁之后，逐渐变成了一堆瓦砾。

想想我们的刑事司法系统，大多数人认为它是一种民族耻辱。在美国，每140人中就有1人在狱中（而在加拿大，这一比例为531比1），另外每31人中有1人在假释中。我们占世界人口的4%，而因犯占比为22%。这并不是说犯罪在美国更加频繁，我们的受害率与许多同样富裕的国家差不多。我们的制度更具惩罚性。美国入室盗窃的平均刑期为16个月，而加拿大为5个月，英国为7个月。这种严厉的态度在很大程度上是种族主义的结果。我们制度中的种族不平等令人难以置信。在2010年之前的20年里，以快克（可卡因的廉价形式，主要吸食者为穷人和非裔美国人）的形式分发5克可卡因，最低可判5年联邦监禁。如果犯罪涉及粉末可卡因（更昂贵的形式，主要吸食者为富人和白人），5年徒刑需要500克的量——整整100倍。[53]由于这种不平等，我们现在发现4.7%的非裔美国人被监禁，而白人只有0.7%。非裔和拉美裔加在一起约占美国总人口的30%，但占监禁人口的60%。监狱里的绝大多数人都是因为非暴力犯罪，如持有毒品，或是侵犯财产，而不是侵犯人身安全。一旦入狱，我们的同胞们面临的将是一个充满暴力和勒索的世界，改造的机会少之又少。不出所料，约67%的获释囚犯在三年内会再次被捕。

想想我们的病人和老人护理系统。马里兰州郊区的男性（富人，主要是白人）比紧挨的华盛顿特区的男性（穷人，主要是少数族裔）多活17年。哪怕哈莱姆区的男人活到35岁，他们还是比孟加拉国的男人短命。[54]这些差异不仅反映了种族问题，还反映了教育和收入问题。在儿童（婴儿死亡率、健康状况、活动受限、健康饮食、久坐青少年）和成人（预期寿命、健康状况，活动受限、心脏病、糖尿病、肥胖症）中，较贫穷和受教育程度较低的人的健康状况要更差，这些模式总体上在种族/族裔群体内全部适用。[55]

以住房为例。盈利性住房市场正在让我们失望。在整个美国，没有一个县的经济适用房不严重短缺。对于每100个极低收入家庭，可供出租的廉价住房只有29套。[56]在快速发展的城市里，对大多数劳动人口而言，拥有住房的成本高不可及。部分租客承担的租金超过收入的30%，这些租客所占的比例已从20世纪60年代的23%增加到2016年的47%。[57]因此，在2017年随便哪一个晚上，都有55万多人无家可归，这令人心碎，却又并不惊奇。其中21%为18岁以下的儿童，大约11.4万名儿童。约19.2万人居无定所，占总人口的35%。一年当中，有230万到350万美国人无家可归，至少有700万人流离失所，如果加上经济原因造成的流浪者的话，这一数字会翻倍。[58]尽管空置住房的数量是无家可归者数量的好几倍，但是现实就是如此。

我们的教育系统也是如此。教育对个人和国家的经济未来越来越重要，这对学校和大学提出了更高的要求。然而，中小学缺乏资源，相比具有同等受教育水平而从事其他职业的人员，教师的薪酬低35%。毫不奇怪，我们15岁的孩子在数学、阅读和科学能力测试中的表现远不如其他比我们穷的国家，我们的数学排名第26，阅读排名第24，科学能力排名第25。[59]许多家庭负担不起高等教育。那些靠贷款资助获得高等教育的人发现自己负债累累，甚至无法宣布破产以避免沉重的负担。学生债务总额现在已高达惊人的1.3万亿美元，到2023年，有40%的学生债务大概率会造成违约。[60]

国际冲突

最后，我们生活的世界，需要国际合作才能解决许多问题，例如：气候变化、战争、核泄漏风险、赤贫持续存在、水资源减少、饥荒、移民和传染病等等，然而这种合作却受到国际竞争的阻碍。

美国虽然是最强大、最富有的国家之一，但是我们没有帮助拯救世界，而是奉行民族主义、美国优先的政策。美国对应对气候变化的全球合作努力的承诺一直不冷不热，因为担心如果美国加入《京都议定书》，中国可能会获得经济优势，然而事实并非如此。接着，特朗普总统宣布，他要让美国退出2015年气候变化大会上通过的《巴黎协定》。

即使在美国更积极参与多边努力的时期，美国通过暴力维护"国家利益"的意愿也令人震惊。[61]在此期间，美国帮助推翻了至少36个政府，干预了至少84次外国选举，并向30多个国家的人民投掷炸弹。其中一些记录可以归因于冷战冲突，不过一路走来到如今，这种情况也并没有好多少。美国仍然为世界上四分之三的独裁政权提供援助。[62]美国仍然在70多个国家拥有800多个军事基地。[63]瞄准俄罗斯和中国城市的美国核武库正处于"一触即发"的警戒状态，这意味着我们面临着与即将到来的气候灾难一样具有毁灭性的核灾难风险。[64]

至于民事援助，美国对超越民族私利的承诺同样恬不知耻。例如，在2010—2015年，美国是对海外非军事发展贡献最大的国家（每年约300亿美元），可是作为国民收入的一部分，我们的贡献不到0.2%——这不是每1美元2美分，而是每10美元2美分，不到瑞典水平的五分之一。[65]尽管历届总统都会发表鼓舞人心的讲话，谈到我们对人权的承诺，可是在同一时期，美国是迄今为止最大的国际武器销售来源国，沙特阿拉伯是最大的客户。

令人鼓舞的是，如此多的痛苦、疏离和沮丧根本就没有必要；不过同时，这也是该故事中最悲伤的部分。我们的世界拥有人类所需要的所有资源和技术。是的，也许我们人类的贪婪和愚蠢使某种程度的人类痛苦不可避免，不过不该是这个层次的痛苦，也不该是如此系统性的痛苦。如果我们遭遇经济浪费、工作参与欲望受挫、政治失调、自然资源破坏以及社会和国际冲突，这些都不是先天遗传的结果。它们反映了我们社会的运作方式有严重问题。

第二章　根源

如果我们想要克服这些危机，就需要对其根源进行准确的诊断。无能、贪婪和短视无疑是重要的促成因素。当前的政治经济体制的结构特征又火上浇油，其产生的危害也在成倍增加。

尽管资本主义表现出的形式多种多样，从当前盛行的新自由主义到具有更严格监管和扩大福利计划的社会民主国家，这些形式都具有一些基本特征，这些特征有助于我们分析六大危机，以及危机为何如此难以解决。

后面详细分析的主要内容总结如下：从根本上讲，经济非理性危机是资本主义建立在一个独特的产权制度基础上的结果——私有企业为利润而竞争。我们的工作场所失权反映了这样一个事实，即在资本主义制度下，企业雇用员工，并为员工发放工资。政府反应迟钝的原因是，在任何资本主义社会中，政治制度（政府）与经济脱节，可是政府的资源和合法性取决于作为经济核心的私营部门的盈利能力。环境危机的主要原因是，在任何资本主义制度中，企业都必须专注于自身的盈利增长，因此，它们往往对我们所依赖的自然环境不负责任。社会危机同样在很大程度上源于这样一个事实，即公司对盈利能力的关注导致它们采取损害社会的行动。在资本主义制度中，维护商业的自然和社会环境成为政府的责任，但是政府因为需要保持私营部门的商业盈利能力而无力承担这一责任。国际合作的可能性也同样受到竞争的阻碍，因为我们的政府与其他资本主义国家的政府一样，必须支持本国企业的利益，这些企业在与其他国家的企业进行竞争。

这一诊断与当今许多进步评论员提供的诊断截然不同。大多数人拿过去40年的新自由主义与二战之后二三十年的资本主义的"光荣年代"之间的巨大差异做文章。当时，强大的工会保证了许多员工的定期加薪，许多趋势似乎指向了正确的方向，例如：1945年至1970年之间，黑人和白人的薪酬差距大幅缩小。因此，许多进步人士追根溯源，认为我们今天的弊病源于支持当时这些成果的制度消亡了。但这一诊断过于肤浅。我们今天面临的六大危机有着更深的根源。

采取了比资本主义更人道形式的国家（如北欧社会民主国家）取得的成功，突显了新自由主义的失败。虽然这些国家有很多地方值得钦佩，但是我稍后会说明，在这些国家，经济的资本主义特征也阻碍了对这六大危机的有效反应。

在追根溯源的过程中，我们也应该在该给予信任的地方给予信任。从长期来看，与其所取代的早期制度相比，资本主义为我们带来了重要的利益和成本。如果我们把资本主义的好处考虑在内，我们对资本主义失灵的诊断将会更加可靠。

私营企业与营利性生产

如果经济体制表现得非常不合理，那么最根本的原因在于它是一个基于私营企业和利润生产的体系。

在资本主义经济中，我们主要不为自己生产，也不与他人交换我们需要的东西。相反，我们从生产并销售产品的公司那里购买我们需要的东西，公司的目的是赚取利润。当然，我们所需要的并非全部来自这些公司。我们还依赖于我们在家中相互提供的无偿护理（通常是妇女为男子和儿童提供的护理），依赖政府提供的服务，依靠空气和水等自然资源，以及各种非营利组织。但是，我们作为消费者使用的大部分商品和服务，以及企业依赖的大部分商品和服务，都是企业为获取利润而生产的。[1]

作为私营企业，资本主义公司自行做出生产和投资决定。做出这些决定的首要目标是利润。此外，因为竞争压力，公司要比同行发展得更快、更能盈利。盈利目标对于公司高管一直都很重要。从根本上讲，这种压力不是源于所有者的贪婪，要知道，企业必须成长，否则就会面临失败的风险。[2]如果一家公司的增长速度和盈利能力赶不上竞争对手，那么它就有可能被迫退出市场。如果它还有外部投资者，这些投资者可能会要求更换现在的经理。或者，投资者可能会将资金转移到其竞争对手手中，后者可以购买更先进的技术，更快地增加销售额，并压垮规模较小、增长较慢的公司。

私营企业和营利性生产是取得重大进步的手段。从历史上看，这一制度的增长需求将企业推向了本来孤立的一个个社区，将其吸引到商业互动中，并以这种方式将这些社区向来自世界各地的思想和技术开放。它刺激了创新，因为企业急于确定和创造新的需求，并发展出更好的方式来满足现有的需求。在这样做的过程中，资本主义使许多国家民众的物质生活水平得到了重大改善。我们有理由感到愤怒，因为资本主义制度的诞生和扩张往往伴随着对人和自然界的可怕暴力，这一制度的利益分配非常不平等；在某些时期，这种进程暂时会出现反转，而在其他时候，这一进程通过群众斗争才得以实现。[3]但不可否认的是，从长期和总体来看，资本主义的发展极大地改善了大多数人生活的总体物质环境。如果我们看一下死亡率数据，就可以看到最明显的形式。美国的平均预期寿命从1880年的40岁增加到了今天的79岁。同期，全球平均年龄从30岁增加到了71岁。[4]

然而，这种私营企业体制的增长需求也有沉重的代价，这些代价加在一起构成了经济非理性危机。

首先，竞争导致了相反的结果——集中。在竞争的压力下，大鱼吃小鱼，激烈的市场竞争的好处往往被垄断的成本所掩盖。过去，几乎所有的公司和农场都是个人和家庭所有制的，现在我们的经济由依赖外部投资者的大公司所主导。

事实上，尽管小企业在美国文化中继续受到欢迎，但是在农业、制造业和服务业中，大企业在很大程度上取代了小企业。到2012年，在美国近一半的行业中，4家最大的公司占据了超过25%的市场份额。事实上，在14%的行业中，4家最大的进行公开交易的公司占据了超过50%的市场份额。把每个行业中最大的4家公司加在一起的话，它们总共雇用了30%的美国劳动力，创造了40%的经济收入。[5]总的来说，虽然美国经济中有大量的公司——约550万家公司、200万家合伙企业、1700万家非农独资企业和180万家农场独资企业——但其中大多数都非常小。2015年，员工超过500人的公司占私营部门企业总数的比例不到0.5%，占私营部门劳动力总数的比例却在52%以上，而且这一比例一直在上升。[6]大多数公司可能很小，而多数人却在大公司工作。

竞争通过两种相互交织的机制导致了集中：技术效率和垄断力量。首先来看技术效率。大公司往往因为效率更高而变得更大，而更大的规模使它们变得更有效率。[7]它们享有"规模经济"（它们可以在更大量地生产任何给定产品时共享设备和设施以及管理费）和"范围经济"（它们能够在生产更多种类的产品上共享这些资源）。事实上，集中是资本主义的发展增加我们社会物质财富的一种方式。

然而，在资本主义经济的垄断形式下，不付出相应的成本，我们就不能获得相应的利益。以亚马逊为例，仅在美国，亚马逊就销售了超过

5亿件不同的产品，在全球范围内销售的产品达到20亿件。这家公司目前拥有近56.6万名员工，其销售额占美国所有互联网零售额的40%以上。尽管互联网销售本身在所有零售额中所占的份额在迅速增长，但一半的在线购物搜索是从亚马逊开始的。2016年，亚马逊在美国的在线销售收入总计为630亿美元，超过了排名其后的10家在线零售商的销售总额。亚马逊销售的电子书占所有电子书销量的74%。它是最大的在线服装零售店，不久将成为全国最大的服装零售商。亚马逊还做了其他事情：出版《华盛顿邮报》，运营最大的云计算平台，制作和发行电影和电视剧，销售和交付食品。一方面，这种巨大的规模和范围使亚马逊能够合理分配资源、实现自动化，并大幅降低分销成本。另一方面，它还允许该公司利用其垄断力量压低通过亚马逊销售的零售商的价格，并赶走竞争对手。它经常与创新竞争对手展开价格战，就像它对Diapers.com的母公司Quidsi所做的一样。先压低价格，迫使Quidsi被出售给亚马逊。买到手后，亚马逊利用其垄断地位再次提价。[8]

垄断长期以来一直是美国民众愤怒的对象。100年前，愤怒的矛头指向了石油、钢铁、铁路、烟草和零售连锁店。如今，它更多地针对技术、制药、有线电视服务、医疗保险和航空公司。即使目标发生了变化，潜在的担忧依然存在。垄断使公司有权决定过高的价格。垄断使公司有能力通过人为地降低价格，将竞争对手赶出市场，或阻止潜在竞争对手进入市场，然后在化解威胁后再次提高价格。垄断允许企业收购潜在的竞争对手，以抑制新技术的出现，因为新技术的出现，可能会让现有的业务过时，并用一种更便宜、对消费者更好，但同时可能降低利润的新业务取而代之。垄断允许公司提供低质量的产品和服务。即使在劳动力市场紧张的情况下，它也允许企业规定低工资和恶劣的工作条件。垄断使公司在制定法律方面对政客产生过度的影响，在司法方面对监管机构产生过度的影响。由于这种"控制",反垄断、环境、健康和安全立法显得很薄弱,执行力也不强。[9]

此外,垄断势力在美国经济中日益盛行是经济不平等加剧的主要原因。拥有垄断权的公司的利润远远高于一般公司,而集中化趋势加剧了这种差异。在20世纪60年代和70年代,某一特定行业的普通公司的盈利能力约为盈利能力排名第90的公司的一半,而今天仅为后者的约五分之一。[10] 股本所有权也异常集中,最富有的1%人口现在拥有全国38%的公司股票,最富裕的10%的人口拥有81%,而最底层的80%的人口只拥有8%——产业结构垄断的趋势加剧了整体财富的不平等。

从集中度以外的角度来看,增长的必要性和作为资本主义基础的私营企业结构在其他几个方面助长了经济非理性危机。在资本主义私有产权制度下,企业关于生产什么和如何投资的决定主要是由"底线"因素所驱动的,这意味着它们的决定在时间和空间上有欠缺是不可避免的。他们的决策在时间上考虑得不够长远,过分关注短期,因为在投资者要求回报的压力下,公司被迫大大低估长期收益(如先进研发)和长期成本(如公司滥用员工并失去忠诚时产生的成本)。他们的决定在空间上则是短视的,因为他们只考虑自身及其贸易伙伴的成本和利益,对其他公司产生的影响则不在考虑的范围内。其他公司与贸易方、当地社区、自然生态系统等关系较远,仅仅属于"外部",也就是说,它们只有在影响其中贸易伙伴的成本时才具有相关性。[11]当我们的技术如此强大,以至于对自然世界产生影响,如气候变化时,这两种欠缺的结合尤其具有破坏性。在这些情况下,在公司的战略规划和投资者的决策中,子孙后代的利益被完全忽略了。[12] 私营企业制度固有的短视也使我们的经济在根基上不稳定。[13]只要经济投资和生产决策由相互竞争的公司独立做出,那么在增长和繁荣时期之后,不可避免地会出现衰退和大规模失业。是的,欺诈和管理不善导致了这些危机，正如我们在2008年金融危机中看到的那样，不过这些因素不是产生危机的根本原因，只是加剧因素。让我们澄清一下它们之间的联系。

资本主义的支持者赞扬私营企业在本地市场上相互独立，且独立于政府的竞争能力，这有利于识别创业机会。他们还颂扬资本主义对市场价格的依赖，市场价格可以使企业高效地根据竞争对手的行为和消费者的购买模式来调整计划。当价格上涨时，它向企业发出了需求大于供给的信号，因此是时候扩大产量了。当价格下跌时，是时候缩减产量了。这就是亚当·斯密所谓的市场协调这只"看不见的手"的魔力。[14]

可是，在一个关键方面，这只"看不见的手"是一个糟糕的协调机制，而这一点往往被它的崇拜者所忽视：市场过程不仅分散，而且具有竞争性。因此，企业之间至少隐藏了一条关键信息，即生产和采购计划。每个公司都知道自己的竞争对手在过去的表现（即他们提供什么产品、数量和价格），但是他们不知道这些竞争对手的未来计划。考虑到每家公司都面临着尽可能快地扩张的压力，而且竞争对手相互隐瞒自己的计划，该公司唯一的理性选择只有押注于自身的增长。同样的逻辑适用于所有竞争对手，因此，资本主义市场过程通常会导致生产过剩和崩溃的循环。[15]同样的压力导致企业扩张的速度超过了可用的资源，特别是劳动力供应，导致了成本压力和利润挤占，企业不得不通过缩减生产、就业和投资来应对，从而形成了另一条通往衰退的道路。

非理性越走越远。这样的衰退并不是阻碍经济增长的偶然事件，它们是资本主义增长过程中的必然。危机是资本主义的一个特征，而不是一个缺陷。鉴于企业受到驱使，集体性生产了超过市场所能吸收的产品，那只有通过清算过剩的产品和生产能力，并由此消灭数百万就业机会，才能重新创造出增长和投资的机会。[16]原因很简单：公司看到投资有利可图才进行投资。当然，盈利能力是净收入与投资的比率，因此如果你不能增加净收入（产生更多的净收入），那么你所能做的就是削减分母（减少投资）。在实践中，大规模清算的方式是通过经济衰退，或者战争。正是这二者的结合为二战后的大繁荣奠定了基础。事实上，如果没有战争，大萧条的持续时间可能会更长。如果没有如此大规模的清算浪潮，处于严重衰退中的资本主义经济的盈利能力将越来越低，这正是20世纪90年代以来许多国家所发生的情况。

劳动力和产品市场的这种不稳定性因金融市场的不稳定性而加剧。周期性的金融崩溃会引发行业的大规模混乱，导致公司破产，员工失去工作、养老金和储蓄。虽然美国和其他国家的大投资者在2008年金融危机后普遍恢复了投资，但是许多劳动人口，特别是老年人，遭受了更大、更持久的损失，这迫使他们工作到晚年，或者依靠大幅减少的收入来过活。[17]自1991年以来，65岁以上的美国人申请破产的比例增加了一倍多，75岁以上的人则增加了两倍多。[18]

如果你阅读商业新闻，可能会得到这样的印象：金融市场的不稳定是投资者非理性的"羊群心理"或美联储的无能造成的。然而，从根本上讲，这是我们的资本主义制度造成的。[19]看看它是如何发生的：在稳定期鼓励投资者借钱进行更多的投机投资，进而承担更大的风险。投资者债务水平的增长给这些投资者带来了现金流问题（因为他们的投资产生的现金不再足以偿还投资者为获得这些投资而承担的债务）。看到这一问题日益严重，贷款给这些投资者的人变得焦虑，他们开始收回贷款。这就不可避免地导致资产价值的崩溃。为了偿还贷款，负债过重的投资者必须出售资产，甚至售卖投机性较低的资产。可是到这个时候，很难找到愿意支付这些资产以购买价格的买家。现在市场进入了一个普遍恐慌的时期，这导致了价格暴跌，市场流动性急剧下降，现金需求急剧增加。当形势再次稳定下来后，循环就会重新开始。

除了垄断、不平等、不安全和危机之外，浪费也是这一私营企业体制的另一个特征。想一想金融业，在20世纪60年代、70年代和80年代，金融业吸走了美国所有企业利润的15%，而到了现在，这一数字达到了30%。没有证据表明，这种增长是因为我们的社会福利得到了改善，或非金融部门的盈利能力得到了提高，甚至是金融市场的有效性或稳定性得到了增强。[20]或者，想一想所有致力于寻找使香烟和食物更上瘾的方法的"创造性"科学家[21]；想一想致力于开发算法的顶尖数学家，他们让谷歌和Facebook能够帮助广告商更好地定位广告；或者想一想那些"天才"心理学家，他们致力于确定什么颜色能让早餐麦片广告对看电视的孩子更加有吸引力。

资本主义产权以专利和版权等"知识产权"的形式延伸到思想领域，加剧了资本主义制度的浪费。将所有权分配给思想而不是事物的成本巨大无比。在美国，单就制药行业而言，我们在药品上的花费就超过4400亿美元，如果没有专利保护的话，成本可能不到800亿美元。直接计入制药公司利润的差额几乎占了美国国民收入的2%。[22]

这种奇怪的知识产权制度的支持者们的论点和想法是，如果发明人没有机会从他们的思想中获利，那么他们可能不会投入太多精力来提出这些思想。不过这个论点非常无力。它忽略了一个事实，即政府为企业创新和专利的基础科学提供了大量的资金。它忽略了那些不以利润为动机的发明家的所有创造性努力，例如那些在学术界工作的发明家。[23]它忽略了专利阻碍其他创新努力的方式。在专利最多的行业分支，比如制药、生物技术、电子器件行业的创新和研究，由于成本过高和其他实际困难，无法让所有专利持有人就其财产的使用达成一致。[24]而且它忽略了经济其他方面的活力，在这些方面，创新不受专利保护，但却作为保持竞争优势的一种方式而蓬勃发展。如果专利为一些公司投资创新带来了激励，那么专利在阻止其他公司获得富有成果的新想法方面的作用就抵消了这一好处。总的来说，事实证明，专利并没有加速整体的创新速度……不过它确实有效地将更多的财富吸引到了富人身上。[25]

公司内部的工资雇佣

如果说工作场所失权极其普遍，那么其根源就在于：在资本主义制度下，大多数人在私营企业中当雇员。

在美国资本主义的早期阶段，大多数人拥有生产日常消费品所需的资源（土地、工具）。[26]他们自己不能生产的东西，可以通过交换从别人那里获得。鞋匠做了鞋，卖了鞋，从农夫那里买来食物。这注定要改变，因为正如我们刚才看到的，竞争导致集中。大农场和制造商利用他们的效率、垄断权力、法律手段，有时甚至用暴力手段来挤出他们的小对手。因此，今天绝大多数人除了为雇主工作之外，无法获得大部分生活所需。作为工资或薪金的交换，他们接受雇主指导他们工作的权威。[27]长期以来，真正独立的生产者在劳动力中所占的比例一直在下降，现在不到10%。[28]

在这样的资本主义企业，工作并不是为了达成共同目标的共同努力，而是实现目标的一种根本手段。对投资者来说，目标就是利润。对于员工而言，目标主要是收入，工作是他们获得养活自己和家人所需收入的唯一途径。许多员工在工作中寻找意义，不过正如我们在上一章中看到的，只有少数人找到了意义。无论我们是否在工作中找到了很多意义，我们都必须为别人工作。无论雇主是无情地压榨员工（如在新自由主义模式中），还是更友善地对待他们，员工都不是合作企业中的合作伙伴。在合作企业中，员工民主地决定生产、薪酬和投资。[29]

这种资本主义雇佣关系是人类进步的一个重要因素。随着资本主义企业规模的扩大，管理者已经发展出了令人印象深刻的复杂分工和系统，来协调这些不同任务的整合。我们对狭隘的专业化的和专断的管理权力感到震惊，这是理所当然的，许多员工都对此感到愤怒。不过资本主义企业维持生产率增长的能力不可否认，而且这些生产率增长中的一部分往往（尽管并非总是如此）作为更高的工资流向员工。

此外，这种雇佣关系给了员工行动的自由，这在资本主义出现之前的封建制度下绝不可能。在封建和奴隶制度中，农民与土地相连，往往与土地所有者签订契约，而资本主义的就业关系使雇员可以自由地更换雇主。即便人们很少能够为自己工作或参与企业的重大决策，这也是一种进步。在许多资本主义尚未完全渗透的国家，大量年轻人迁移到城市，在资本主义企业里工作，甚至在压迫性工厂从事低薪工作，仅仅是为了逃避他们认为在农村占主导地位的前资本主义、传统主义社会结构的狭窄视野。[30]资本主义的发展鼓励了个人主义的风气，这是一种远离集体主义形式的文化转变，集体主义将个人淹没在继承的部落、村庄或宗族地位和身份中。当代资本主义文化的个人主义可能正在异化，但与传统的集体主义相比，这是向前迈出的一步，让我们有了更大的空间，诚然，这仍然太有限了，无法决定我们个人生活的方向。

尽管有这些积极的特征，但是资本主义雇佣关系从根本上讲是一种剥削关系。剥削似乎是一种严厉的评价，不过它并不是代表了CEO的态度。相反，这是一种描述雇员相对于雇主在结构上处于从属地位的方式。在任何资本主义社会中，社会的生产资源都由少数人拥有，而那些不属于这少部分的人，由于缺乏其他谋生方式，必须为这少数人中的雇主工作。雇员接受雇主的指示以换取工资，而雇主在支付雇员的工资和支付其他业务费用（如借款利息）后控制着剩余利润。

在企业利润最大化的压力下，雇主试图增加收入并降低成本。有时候，利润可以通过不伤害员工的方式增加，例如创新产品以提高定价，重组工作以提高效率。然而，通过不利于员工的方式来增加利润仍然是管理层的特权。他们可以用机器取代员工后解雇员工，迫使员工更加努力地工作，限制工资和福利，扼杀工会的努力，并寻找廉价劳动力以取代更昂贵的员工。是的，公司需要给员工足够的薪酬，并对他们给予足够的待遇，才能吸引和留住他们，但是大多数人只有通过雇佣关系才能养活自己，因此雇主可以控制由员工集体努力创造的利润。

工会可以在一定程度上缓解这种权力失衡，将工人团结在一起，而不是让他们在劳动力市场上相互竞争，可惜工会的权力总是非常有限。在过去的一个世纪里，工会推动了改善工作条件的立法工作；在二战后的几十年中，工会通过提高工资和福利使员工从更高的生产率中受益。尽管如此，即使在工会最强大的时候，雇主仍然对公司利润的分配、投资决策以及产品和工作流程拥有最终的控制权。

作为个人，一些人拥有先进的专业技能和证书，使他们在雇佣关系中具有相当大的讨价还价能力，可惜这样的员工只占少数。我们大多数人在谈判工资和工作条件时处于结构性劣势地位，因为我们需要这份工作，而不是雇主需要我们中的任何一个人。[31]

事实上，资本主义市场体系是不断削弱员工讨价还价能力的神奇机制。第一，这种市场体系不断更新失业威胁，使员工在劳动力市场上相互竞争，相对于雇主处于弱势地位。这种威胁反映出的是，使得公司雇佣员工的力量与导致公司解雇员工的力量之间的严重失衡。持续追求利润意味着公司总是在寻找提高生产率的方法，而大多数公司，特别是大公司，都在追求使生产率提高的有意识的计划。然而，除非公司能按相应比例增加产量和销售收入，否则最终结果将是裁员。当然，公司也会通过精心策划的营销和销售计划来提高收入。然而，他们在这些营销和销售工作中的成功远不如预期，因为收益由混乱的市场竞争过程决定，而不是由公司高管决定。提高生产率的努力是有计划、有步骤的行动，混乱的竞争过程也无法确定会增加收益。把两者结合起来，净效应显而易见：资本主义行业不断地让人们失业，时快时慢，因此失业的威胁总是挥之不去。失业不是一个不幸的偶然结果，而是资本主义的一个永久特征。

第二，资本主义商业周期加剧了这种讨价还价能力的不对称。当商业繁荣时，失业率下降，正常结果是平均工资增加，雇主的议价能力有所下降。这削减了私营企业的利润，从而迫使一些公司倒闭，并阻碍了商业投资。结果，就业率下降，失业率再次上升，雇主重新获得了充分的议价能力。[32]

企业内部的权力不对称是我们在资本主义社会看到的财富不平等的最根本原因。如果少数人拥有社会的生产资源，而其他人必须为他们工作以换取工资，那么少数人通过从多数人的努力中获利而致富。这些大公司的高层人员占据了财富和收入分配的前1%。而工业的日益集中也导致了不平等的加剧。我们对最近不平等加剧的关注不应掩盖所有者与雇员之间更持久、更根本的不平等，这是资本主义的根本特征之一。从更长远的历史角度来看，当前的不平等水平与前两个世纪的水平相似。1860年，最富有的1%的人持有这个国家总资产的29%。到1929年，这一比例上升到52%，然后在第二次世界大战后下降，不过从20世纪70年代开始又迅速上升，回到今天的42%左右。[33]即使在20世纪70年代，不平等处于这个世纪的最低水平，但这样的不平等水平也远远无法用任何"不平等鼓励了努力和创新"的说辞来说通。即便在那时，最富有的1%的人还是控制着整个国家财富的23%。[34]

在资本主义企业中，权力的丧失源于这种剥削关系。我们只是员工，用我们的工作能力，通过服从管理层的指示，来换取工资或薪水。我们只是实现企业目标的手段。我们自己的目的无关紧要。因此，雇主与雇员之间的关系在根本上是至关重要的。公司雇用我们只是为了赚钱，我们为他们工作主要是为了"付租金"。是的，在非常小的公司里，老板们承受着一定的压力，要考虑与他们每天一起工作的员工的担忧。不过我们大多数人都在大公司工作。在这里，所有权掌握在不参加工作的投资者手中，日常决策权集中在管理层的顶层。是的，即使在这些大公司，经理和员工在日常工作中也需要合作，否则，什么也做不了。可是公司的重大战略决策超出了员工的能力范围。我们无权决定工厂和商店是开还是关，是创造就业机会还是毁灭就业机会。我们也无权决定是否生产对社会有用的产品和服务或有害的产品和服务，也无权决定我们生产污染空气的燃油动力汽车还是污染程度远低于此的电动汽车，也无权选择我们的工作场所是否会成为压迫性的"血汗工厂"或能够提供有尊严的工作环境。

从根本上讲，这种权力的丧失不是因为管理者不尊重员工，它是建立在私人企业资本主义制度的基础上的。在这个体系中，公司最根本的目标是盈利，不管高层管理者的偏好如何。如果公司有股东，董事会由股东选举，首席执行官由董事会选举。首席执行官对董事会负责，董事会也对股东负责。首席执行官和董事会都不对员工、客户或其他利益相关者负责。如果大多数的股东认为董事会或首席执行官没有很好地满足他们的财务利益，他们可以动员起来替换其中一个或两个。即使该公司是私人控股，而不是依靠公共投资者，它也被迫以同样的方式竞争，因为它担心自己被赶出这个行业。

我们丧失权力的这一诊断，似乎与我们生活在一个"精英"社会的普遍主张完全相悖。是的，在美国，人们升任领导职务有时是因为他们更有能力，而不是因为继承的优势。但是，即使在价值原则适用的地方，也没有什么值得安慰的。在资本主义社会中，精英统治就是关于谁能加入统治精英的圈子，因此这也意味着那些不能进入高层的人被剥夺了权力。

政府从属于商业

在任何一个资本主义社会中，无论政府监管是严是宽，无论政府的税收和服务是广泛还是有限，经济领域与政治领域都互不挂钩。生活在资本主义社会，我们已经把这种分离视为理所当然，可是我们不应该这样，因为其后果很严重。最值得注意的是，这样一来，就落实了政府对商业利益的服从。[35]

政府是资本主义企业和竞争的基本前提。它制定和管理市场互动规则。它保证了一些基本服务，私人企业通过提供这些服务来盈利。它保证了国防，但大部分经济活动发生在政府直接控制的范围之外。

经济领域与政治领域的这种分离或分化具有重要的好处。它为个人自主留下了更大的空间。我们日常的社会交往大多是在自愿的基础上进行的，而不是由政府支配，或者受到一直传承的社区制度的约束。我们自己决定为谁工作，买什么东西和卖什么东西（当然，在我们的预算范围内），如何使用我们的财富，甚至是否尝试自己创建一个新的业务。尽管资本主义确实不会自动产生政治民主，但是资本主义的经济不平等总是会破坏政治平等，而资本主义的周期性经济衰退往往会重振威权政治的解决方案。经济领域的这种自主性鼓励独立思考，并产生对发言权和参与的期望，即使这种期望常常被挫败。

然而，获得这些利益的代价是，这种分离严重限制了政府确保经济满足人民或地球需求的能力。如果一个社会的大部分经济活动依赖于私营企业部门，政府就无法摆脱使商业利益与其他利益对立的紧张局势。相反，政府在很大程度上屈从于商业。正是这种屈从解释了政府对美国公民的诉求反应迟钝的原因。[36]

政府在资本主义社会中的作用基本上限于支持私营部门的活动——通过监管和法律设置护栏，通过公共服务弥补私营部门的不足，以及处理国防问题。政府很少取代私营企业从事可能有利可图的活动，国营企业也很少与私营企业直接竞争。

一个很好的例子是公共互联网服务。由于商业互联网服务提供商（如Comcast、Verizon和AT&T）收取高昂的价格，提供的服务却很糟糕，而且他们也没有意识到自身的盈利能力无法为小城镇和农村地区提供服务，因此这些服务的覆盖面积扩张缓慢。事实上，用一位观察者的话来说，这些提供商的工作表现得非常糟糕，以至于"美国互联网服务成了发达国家的笑柄"。[37]为了应对这一失败，大约130个社区开发了公共服务，提供低成本或免费的高质量高速互联网服务。商界的反应如何呢？强烈反对。在20个州，商业利益占上风，通过了一项法律，以最微不足道的理由禁止地方政府提供此类服务。因此，在约3亿互联网用户中，只有100万到200万美国人受益于市政宽带。[38]

一直以来，商业部门采用各种手段，比如游说和捐赠，对政府施加影响，进而达到限制公共企业的目的。不过也有政客和监管者自己强加的限制。是的，根据宪法，我们有表达政治观点和投票的合法权利。是的，与许多其他国家相比，美国人行使这些权利的障碍相对较少。是的，这些宝贵的权利将我们的政治制度归类为民主。然而，资本主义的基本结构使得政府软弱不堪，因此，我们的民主绝对是财阀统治。我们生活在黄金法则之下："谁有黄金谁说了算。"[39]这是导致收入和财富不平等日益加剧的另一个因素：我们政法系统的人员制定的税法，怎么会让权贵不安呢？

政府从属于企业，就这一事实，政治科学家收集到的证据令人信服。一项研究考察了1981年至2002年间的1779个案例。在这些案例中，有一项针对普通公众的全国性调查，调查他们就国会投票通过的拟议政策改革是提出了赞成还是反对。[40]该研究比较了四个群体的观点对立法的影响：普通公民、美国最富有的那10%的人、"以群众为基础的"利益集团，以及以商业为导向的利益集团。[41]研究发现，普通公民的偏好对所采取的政策根本没有明显的影响。以群众为基础的利益团体影响也不大，而商业利益集团的影响力是群众利益集团的两倍。富人精英的影响力则更大。在1779个案例中有369个是以商业为基础和以群众为基础的利益集团采取了不同的立场，但群众集团的努力没有任何效果，而商业集团的影响力却非常大。

是什么导致了这种屈从？在某种程度上，出现屈从是因为重商思想的盛行。重商思想得到了私人商业利益的极大支持，要知道，私企控制着大部分大众媒体。部分原因是，我们的法律允许企业游说，并为竞选捐款，允许企业提供利润丰厚的"旋转门"工作机会。[42]这些因素极大地放大了公司和富人在政治舞台上的声音。我们还应该注意到，当富人和商业领袖用金钱影响政治的时候，他们支出的钱相对较少，而带给他们的经济回报却不菲。相比之下，对于劳动人民而言，参与政治所需的金钱和时间意味着更大的付出。

然而，政府屈从的更根本原因在于资本主义的结构特征。正是因为经济领域与政府领域的分离，使得在任何一个资本主义社会，政府政策都会受到政府对私营部门的财政依赖的制约。政府行动的资金来自对私营部门增长过程中产生的收入和财富征得的税收。如果投资者和企业高管认为新税收、新监管或新政府计划的制定等政府行动将减缓企业自身利润的增长，那么我们很可能会看到"资本罢工"——私营部门投资放缓，或者"资本外逃"——金融资产向海外流动。在这两种情况下，政府都将失去经济资源和政治合法性。因此，在资本主义社会，任何政府都无法长期压制私营部门的利益。政治家和监管者都知道这一点。因此,我们的政治制度受制于种种私人利益。

资本罢工和资本外逃的风险不仅仅是假设。举一个例子:2008年金融危机后,奥巴马总统上任时,非金融企业持有2万亿美元现金,银行持有1万亿美元。这些钱是从哪里来的?来自它们的囤积而不是投资的利润。在某种程度上,它们之所以囤积大量现金,是因为在系统性危机中很难找到有利可图的投资机会。可这并不是唯一的原因。商界领袖无视许多有希望的投资机会,囤积资金而不投资,因此发起了资本罢工,并以此向国会施压,迫使国会不再对金融部门实施更严格的监管。[43]人们把资本外逃的威胁视为一种警告,即更严格的银行监管将鼓励银行从纽约迁往伦敦,如果英国当局也加入银行监管工作(这在短时间内看起来是可能的),那么它们可以迁往其他许多地方,如新加坡。面对这一威胁,我们的政治领导人大幅缩减了金融部门的改革计划,尽管这些改革计划的规模也都不大。[44]

举第二个例子:1981年,弗朗索瓦·密特朗(François Mitterrand)当选法国总统,他的政纲旨在让法国在某种程度上超越了受监管的资本主义,不过远远达不到全面的社会主义。几天之内,数十亿美元和法郎离开了法国。在随后的几个月时间里,国际投机者迫使法郎贬值数倍。在接下来的一年里,生产性投资的下降成了涓涓细流。在两年内,密特朗政府被迫完全放弃温和的社会主义目标,转而采取新自由主义的紧缩计划。[45]其他国家也有类似的情况。[46]

只要经济核心建立在资本主义私人利益的基础上,就无法逃脱让政府屈从商业利益的结构性因素。即使所有的企业游说、政治捐款和"旋转门"安排都不合法,即使媒体不受资本主义利益的支配,任何一个资本主义社会的政府也都会被迫调整政策,支持私营部门盈利能力的增长。每个个体企业和投资者都需要追求自身的经济利益,在利润前景暗淡时囤积资金而不是投资，或者将资本转移到利润前景更光明的其他国家。意识到这些举措可能对经济的良好运行造成影响，立法者们束手无策。在这种情况下，问题进不入立法者的议程，全由私营部门的利益来决定。即使问题确实被提上了议程，私营部门的利益难免会影响立法，也会影响法律的贯彻实施。[47]

毫不奇怪，我们的同胞对政府失去了信任。对富豪们来说，由此产生的政治脱离是一种福音，而不是一个问题。然而，对于任何一个相信民主价值观的人而言，这一切都变得越来越麻烦，因为这剥夺了我们利用政府潜在权力解决我们面临的其他危机和挑战的能力。我们拥有丰富的资源和强大的群众支持，能够用常识解决许多重大问题，比如：全民医疗、最低工资（即生活工资）、政府对再培训的投资、免费育儿、大学和技术教育、升级物质基础设施、在气候变化问题上采取积极的国际行动、以更严厉的累进税来确保各项活动的资金。可是在资本主义社会中，这些解决方案因为商业部门对政府的权力而受到阻碍。

资本主义企业的自然外部性

环境危机的造成不仅仅是由于企业领导人、政府官员或公众缺乏环境意识，也不仅仅是因为化石燃料行业资助的虚假宣传，它同时反映了我们刚刚回顾的资本主义的基本特征，特别是个体企业面临的增长需求，以及政府对这一需求的服从。

在私营企业系统中，公司忽略了自然环境中不归它们所有，或者不需要支付的部分。公司只有在碰巧存在这样做的"商业案例"，例如，废物可以出售而不是倾倒，或者公司通过使用更节能的照明或设备可以节省成本的情况下，才会考虑这样的"外部性"。[48]这使得商业部门开发和部署环保技术缺乏动力。

在经济周期中，经济衰退终将创造条件，刺激经济向好的方面发展。环境恶化却不像经济周期那样，恶化不一定会带来诱人的投资机会，以遏制这一趋势。是的，如果煤炭或石油要耗尽了，那市场会做出反应，提高价格，形成经济激励，促使发展更高效的开采技术或替代燃料。但是，如果排放到大气中的二氧化碳过多，或者如果煤矿废料污染了河流，市场不会自发做出反应来创造经济激励，扭转由此造成的环境恶化。

因此，环境恶化这个问题留给了政府解决。不可否认，缩小企业的责任范围有一个好处。对于企业而言，掌握自身运营细节的动机非常强烈。不过要在更广泛的环境影响方面发展专业知识，它们尚不具备相应的条件。假如公司高管决定拿公司的部分收益做有利于环境的事情，牺牲公司的未来，投资者定会反对。他们会认为，高管试图解决的问题，既没有得到授权，而且他们也没有解决的能力。从原则上讲，要开发专业知识，制定适当的环境保护政策，政府就是最合适的机构。政府可以向污染者征税，防止污染，也可以监管他们的活动，减少污染。

然而，不幸的是，政府屈从于商业利益，无法承担这一责任。在资本主义社会，政府不愿意对企业征收必要的税收，制定必要的法规。虽然政府的一些环境干预措施可能有助于提高商业部门的盈利能力，例如，清理河流可以将河岸变成吸引私人投资的城市便利设施，可是我们亟须的许多其他干预措施，如消除化石燃料，预示着许多行业的利润大幅下降。即使现在这样的削减可以避免21世纪晚些时候更大的损失，但这些未来的损失对投资者来说却太过遥远，无法估量，因此企业界强烈反对政府的这些行动。

净效应显而易见。资本主义是一个消耗森林、鱼类、矿物质、土壤肥力和淡水的系统，其消耗速度超过了这些资源的补充速度。资本主义燃烧化石燃料，其速度之快带来气候危机。资本主义排放污染物和垃圾的速度则危及了我们的河流、海洋和我们呼吸的空气。因此，资本主义是一种鼓励"掠夺"环境的制度。[49]这种掠夺提高了公司的底线和富人精英的股票价值，而环境破坏带来的成本主要落在穷人和少数族裔身上，他们喝受污染的水，呼吸受污染的空气，并承担了相应的健康后果。[50]

另外，虽然我们已经意识到全球变暖的威胁，但我们的行动却迟迟没有改变，鉴于这一点，资本主义作为一个系统能否生存下去还是个问题。尽管有些技术进步非常有希望，比如能让太阳能迅速降价的技术，但却难以看到创新会让资本主义及时适应迫在眉睫的环境挑战。事实上，即使在政府补贴和监管的帮助下，竞争性市场过程也无法调动其所需的大规模的持续研发努力，无法使由此产生的新技术得到广泛的应用，无法让工业界放弃其累积的过时的巨额资产的方式，也无法及时止损，防止众多的生态和社会系统崩溃。[51]

诺贝尔经济学奖得主埃莉诺·奥斯特罗姆（Eleanor Ostrom）认为，环境这种破坏不是人类本性的必然结果。她发现，许多传统社区管理公共自然资源非常高效，如它们管理的露天田地或供水，每个人都可以使用，但过度使用会导致退化。然而，正如奥斯特罗姆本人所指出的那样，这种社区治理无法解决我们的气候变化危机，因为二氧化碳排放不分国界，减少排放是一项挑战，规模太大，而且很复杂，相关行为者之间的依赖也太多。要解决全球气候变化危机，我们需要的不仅仅是一次村委会会议。[52]在资本主义制度下，政府在宪法上不具备应对这一挑战的能力。

我们或许能够避免最糟糕的气候变化情景。大众抗议和企业间开明的利己主义仍有可能推动世界各国政府制定我们所需的政策。但是，正如我在下文所述，我们需要实施的政策将使我们远远超越任何类似资本主义的东西。

资本主义企业的社会外部性

在环境危机不断加深的同时，资本主义的特性所产生的社会危机日益呈现多元化。资本主义企业将生产的社会先决条件视为可以忽略的外部因素，正如它们忽略了生产的自然环境先决条件一样。[53]

外部性对社会结构造成的损害是巨大的，而政府的顺从使其无法弥补这种损害。尽管工会和其他社会运动有时成功地遏制了一些破坏性倾向，比我们为环境所做的更为成功，但资本主义社会的基本结构让我们扮演了西西弗斯（Sisyphus）的角色，总是把一块大石头推上山，但每次都只能眼睁睁看着石头又滚下山去。

以家庭为例。在所有发达资本主义国家，我们都看到了所谓"护理危机"的症状，单亲家庭和贫困儿童的比例越来越大，由于工作与生活难以平衡，这些人的压力越来越大；另外，越来越多的妇女从世界较贫穷地区流向较富裕地区担任看护者和家政工人。这场危机在女性主义者圈子里已经讨论了很多年。[54]这也一直是保守派共同的哀叹。然而，保守派一直将问题归咎于道德缺陷，而不是将其追溯到我们政治经济体制的基础。

要了解这场危机如何从资本主义的基本特征演变而来，请想想工人在家庭、社区和片区里出生和成长这一事实的意蕴。资本主义公司生产用于炼钢的机器，可是它们不生产制造或运行这种机器的员工，也不生产用来冷却机器的水。利润需求促使企业去利用确保工人可用性的社会先决条件，以及控制水和其他自然资源可用性的自然先决条件，而很少考虑这些先决条件的维持。盈利压力和利润驱动型公司之间的竞争，加上这些公司对雇佣劳动力的依赖，助推了商业环境的破坏——包括社会环境和自然环境。

让我们分析一下家庭是如何遭到破坏的。在19世纪早期以前，美国的大部分生产都是由家庭完成的，其生产也是为了家庭的生活。大多数男性和女性一起在农场和家庭手工作坊中工作。从那时起，资本主义工业的发展开始在社会中造成历史上前所未有的分裂。这种分裂的一方面是市场导向的生产，依赖于工薪阶层的努力。另一方面，还有照护和社会再生产领域，它利用了那些生育、养育子女，并确保其受教育，并在工作日结束时照顾工薪阶层的人的努力。在很大程度上，男性被吸引到有薪劳动中，而女性则留在家中担任看护者和家庭主妇。这一发展反映并强化了现有的男尊女卑的父权模式。[55]工业扩展到食品、服装和家用工具领域，进一步推进了这种分裂。在城市环境中，甚至在农村环境中，家庭为自己创造这些产品都变得更加困难，这使得男子的工资收入成为妇女在家工作的重要补充。在整个19世纪，美国女性在赚取工资的群体中的比例低于20%，她们基本上都是从事家庭和个人服务与教学的单身女性。[56]

随着资本主义的进一步发展，越来越多的妇女开始在家庭外工作，以获得工资，妇女逐渐进入更广阔的职业领域，获得了更高的相对工资和更高级别的权威。20世纪70年代，在重新活跃的妇女运动和工人阶级家庭工资增长停滞的共同压力下，这些变化加速发展。（事实上，从20世纪70年代初开始，男性工资增长放缓，因此，只有将更多女性推到赚取工资的劳动力队伍中，大多数家庭才能增加家庭收入。）从那时起，赚取工资的劳动队伍的参与率和男女的平均工资水平逐渐趋同，即使我们还有很长的路要走。[57]

尽管这一转变非常缓慢，但累积的结果却是戏剧性的。特别是，对于许多女性来说，婚姻已不再像过去那样是经济必需品。即使在1970年，44%的30岁至50岁女性根本没有独立收入。但现在这一比例下降到25%。自1970年以来，这一年龄段女性的工资中位数从（以今天的美元计算）1.9万美元上升至3万美元。保守派对传统家庭结构的衰落表示哀叹，不过我们应该庆幸，女性在家庭之外从事职业的机会增加了，并在选择伴侣时有了更多的选择（以及是否与他们同住或离开）。社区社会结构的解体有积极的方面，在这种结构中普遍存在的支配结构也随之瓦解。

然而，积极的趋势也有阴暗面，这反映了资本主义经济结构的根本局限性，也反映了父权制权威遭遇的不断演进的挑战。第一，在资本主义经济中，对女性而言，婚姻不再是经济的保证，传统的性别等级制度越来越被视为过时。许多人对这个新世界感到不安，主要是男性，也有部分女性。这种焦虑更是火上浇油，让有关堕胎权和性别认同的争论变得更加持久而激烈。

第二，在这种情况下，当某些类别的男性失业（尤其是蓝领职业）、被监禁和残疾之后，他们很少有人还有魅力成为女性的婚姻伴侣。因此，处境不好的社区的妇女结婚人数减少了。更多的孩子出生在单亲家庭。那些单亲家庭变得更加贫穷。而更多的儿童最终陷入深度贫困。目前，30%的单亲家庭处于贫困线以下，而已婚家庭只有5%。超过四分之三（76%）的单亲家庭由女性担任户主，而只有16%的女性有同居伴侣。[58]

第三，妇女加入赚取工资的劳动力队伍使得越来越多的家庭既需要家庭帮助，也需要更多的财政资源来为此买单。因此，美国现在有大约200万名家庭佣工，负责打扫人们的房子和照顾家庭。全国家政工人联盟对2000多名家政工人——负责照顾儿童和老人的人和清洁工——进行的调查发现，23%的人的工资低于国家最低工资；65%的人报告说没有医疗保险；60%的人将一半以上的收入用于支付租金或抵押贷款；29%的人报告说他们的工作造成了长期的医疗问题。约11%的员工是"住家"员工，他们中的25%在接受采访前一周的晚上承担了任务，没有机会连续休息至少五个小时。在这项调查中，有35%不是美国公民，47%没有证件，这让他们更容易遭受剥削和虐待。[59]

除去这些细节，重要的是，我们要看到，妇女融入赚取工资的劳动力队伍并非一定会造成困境。如果男性和女性都能获得高质量的工作，如果我们一周的工作时间更短，如果我们有公立的高质量托儿和养老服务，有体面的工资，有得到家政服务的条件，这场危机的大部分都会得到解决。这是不可思议的吗？不。在一个更理智的系统中，我们本可以利用部分的经济生产率增长来逐步实现这些变化。但在一个资本主义和性别歧视的社会中，这些想法直接撞上了商业部门反对的铜墙铁壁。它没有足够的利润。

除了家庭之外，资本主义的发展也带来了一系列不断扩大的社会紧张和不断加剧的危机。种族主义是资本主义起源的一部分，正如性别歧视一样，资本主义从中获利，并在这个过程中变本加厉。资本主义对利润的无情追求不仅加剧了资本主义生产中的剥削，并不断努力降低工人再生产能力的成本，还通过奴役和种族统治直接剥削人和资源。[60]奴隶制在美国资本主义的发展中发挥了关键作用，正如在英国、法国、西班牙和葡萄牙一样。正是奴隶制让美国主宰了世界棉花市场，棉花是工业革命的关键原材料。19世纪初，棉花占美国出口金额的一半。这促进了美国作为世界经济强国的崛起。到了1860年，南方约有400万人沦为奴隶，这对新英格兰纺织业的兴起和纽约金融业的发展至关重要。[61]在工作、住房、治安和刑事司法方面，以及在日常社会交往中，持续存在的种族歧视使非裔美国人社区失去了世代积累财富的机会，使奴隶制遗留下的野蛮更加复杂。

尽管美国企业渴望获得新移民的廉价劳动力，因此将他们吸引来这里；尽管他们受到本国资本主义经济释放的力量的驱使而移民，但许多新移民依然面临歧视。普遍而言，随着资本主义制度在全球范围内变得更加相互依存，经济和环境危机必然会迫使更多的人在全球范围内迁移，这些移民将使工人在劳动力市场上面临日益紧张的竞争，并将对资本主义经济体中受商业约束的政府能力造成越来越大的压力。

我们照顾病人和老人的制度同样受到我们的政治经济方面的资本主义性质的制约。一方面，这些系统的某些部分为企业提供了有利可图的利润机会。这些公司提供的服务价格很高，但给护理人员的报酬却很低，提供给客户的服务质量也很差。另一方面，其他部分则归政府负责，政府的资金经常受到商业压力的制约。[62]与此同时，我们的整个行业都在致力于从不健康食品中获利，如小吃食品、软饮料和快餐。如果我们试图阻止电视上为孩子做垃圾食品的广告，公司发言人一定会感到怒不可遏。[63]

我们的社区、城市和地区所遭遇的危机的资本主义根源也很清楚。为了吸引私人企业，各个地区你追我赶，拿出全部的自然和社会优势，以及各种退税措施和直接赠送的礼物，来相互竞争。2017年，亚马逊宣布要寻找第二座城市，在那里建造另一座总部大楼，这在一定程度上是为了向西雅图施压，要求西雅图政府缩减他们的渐进式住房政策。这一消息引发了全国市长们的狂热，他们不顾一切，急于提供最大规模的税收减免和补贴政策。[64]这种区域竞争的结果是，一些地区繁荣昌盛，而另一些地区则萎靡不振。2014年，有些县的预计人均寿命为87岁，而另一些县仅为66岁。至少自1980年以来，这些差异一直在扩大。这种差异的形成很大程度上是社会经济条件和医疗保健可获得性的差异在起作用。[65]

我们的住房危机的根源也比当前的新自由主义政策更深层。私人房地产利益集团成功地缩减了公共住房、租金控制和城市规划。如果没有强有力的政府干预，建造豪华住宅和公寓的利润远远高于经济适用房。因此，在我们的许多大城市里，豪华公寓过剩，而人们负担得起的公寓严重短缺。[66]

第四是教育。教育对个人和国家的未来经济越来越重要，这导致我们对学校和大学的要求越来越高。但在资本主义社会，商业部门抵制为了向全民免费教育提供资金，为教师提供体面的工资而征税。大约20年前，公共部门教师的收入比具有类似教育和经验的其他员工低1.8%，而到2015年，差距扩大到17%。诚然，教师有更好的福利，就算考虑到这一点，差距仍然超过11%。[67]

等级森严的世界经济

如果国际关系更具竞争性而非协作性，那么根本原因在于世界上主要的经济大国都是资本主义国家。平心而论，国家之间总会有竞争，而且总会有政治领导人看到迎合和助长这些竞争的好处。全球经济一旦由资本主义企业和国家主导，合作总是受到主导企业的增长需求，以及由此产生的大国之间的竞争的限制。联合国等机构也无法有效地平息这种对抗。

从资本主义的早期开始，增长压力将企业推向了国界之外，最大企业之间的竞争已经是全球性的。随着资本主义的发展，企业及其参加竞争的范围日益全球化。大公司在较贫穷和较弱的国家寻找原材料，在那里建立开采和生产设施，并在任何可能的地方销售产品。在这个过程中，他们与当地统治精英结盟。如果当地精英试图维护他们的独立利益，或者如果其他国家的竞争对手对大公司提出挑战，它们会从本国政府那里调集外交和军事援助来支持自己的目标。到了1800年，最富有的欧洲国家控制了世界上35%的领土，到1914年，这一比例上升到85%。[68]这一帝国主义统治体系首先受到1917年苏维埃革命的挑战，然后在第二次世界大战后，东欧出现了社会主义阵营，以及分散在各大洲的"不结盟"集团。但在社会主义阵营之外，甚至在许多国家从其殖民者手中获得正式独立之后，国家之间的关系仍然是由占主导地位的资本主义经济体依据对自己的利害关系，按等级划分的。在这些国家，美国取代英国成为（非共产主义）世界舞台上的"霸权"大国。[69]

在这种等级制度中，"核心"国家（美国、西欧国家）的财富，过去和现在都因剥削世界其他地区的贫穷"边缘"国家和中等收入"半边缘"国家而增加。这些财富中的一部分流向了核心国家的劳动人民，主要是因为这种制度造成了国际分工的等级划分。核心国家专注于高附加值产业，这通常需要更多受过教育的员工并向他们支付更高的工资，而外围国家则提供原材料和劳动力，而半外围国家专注于低附加值行业，雇用技能较低、工资较低的员工。[70]

当然，这种层次结构不是一成不变的。外围国家的资本主义发展导致一些国家日益繁荣，而另一些国家则陷入极度贫困。少数外围国家通过石油发了财，并为自己开辟了一个特殊的市场定位。一些国家，如阿根廷、印度、巴西、墨西哥和印度尼西亚，从边缘向半边缘转移。作为"中等收入"国家，它们为核心企业的进一步投资提供了越来越有吸引力的机会。一些国家和地区，如韩国等，现在甚至可能被视为核心地区的一部分。资本主义世界经济的总体发展道路相互依存，是不平衡的发展道路。资本主义发展不断在国家之间和国家内部造成不平等。[71]

随着苏联和东欧社会主义阵营的解体，以及中国和越南对资本投资的开放，大量新的劳动力和新的投资，以及销售市场向主要资本主义经济体的全球化公司开放。这一转变的结果有三个方面。

首先，全球公司变得更大更强。按总收入计算，在全球100个最大实体中，目前有69个是公司，只有31个是国家。[72]这些公司对是否纳税和在何处纳税有很大的控制权，因为它们在很大程度上可以随心所欲地为不同国家的子公司之间的内部贸易定价，也因为它们可以将利润存放在避税天堂。[73]它们将破坏环境和社会的活动出口到周边国家，那里的政府软弱，人民绝望。[74]它们的规模使它们在东道主国具有巨大的影响力。他们仍然利用本国政府的资源，通过政治、经济和军事手段，为自己撑腰。[75]

其次，美国和西欧经济受到了严重破坏。这些核心国家较不发达部门的工人发现自己正在与这些新进入的半边缘国家的工人竞争。由于资本可以自由地在各国之间流动，但工人的流动仍然受到更大的限制，在不同国家拥有设施的跨国公司可以利用搬迁的威胁来降低每个国家相关员工的工资。而且，当工人们设法搬到更富裕的地区时，随着国内劳动力市场竞争的加剧，紧张局势就会出现。在资本主义制度中，工人们发现自己无论走哪条路都会受到诅咒，无论边界是封闭还是开放。而在缺乏寻求全球正义和公平的强大国际运动的情况下，民粹主义、威权主义和仇外右翼运动的出现是可以预见的结果。

最后，崛起的中国正在挑战美国在世界经济中的霸权地位。现在，在发展中世界没有社会主义阵营在争夺影响力，而美国、中国、欧洲诸国，也许还有俄罗斯正在四方博弈。世界甚至比冷战时期更不稳定，因为没有任何霸权力量可以遏制这种竞争。我们比以往任何时候都更接近核末日。[76]

这些潜在的紧张局势解释了为什么在气候变化、战争、移民、核扩散等关键问题上达成国际协议如此困难，令人沮丧；以及为什么美国是克服这些紧张局势的障碍。

当然，资本主义并不是我们周围所有问题的根源。资本主义的基本特征有三：（1）拥有社会生产资源作为私有财产的一小部分人与必须为这些所有者工作以换取工资的大多数人之间存在冲突；（2）资源所有者是由利润和增长的要求所驱动的；（3）政府顺从于商业利益。这三个特征创造出的条件，使我们的许多问题变得紧张，并难以解决，即使它们并不是产生这些问题的直接原因。

第三章　日益紧张的局势

　　我们刚刚回顾的资本主义特征反过来又造成资本主义的另一个显著特征：经济活动之间相互依存的网络不断扩张。在资本主义对利润、增长、生产率和市场的不懈追求的推动下，随着这些公司的扩张和活动范围的扩大，公司内部的相互依存性增加了，而随着供应商、客户和政府支持的扩张，企业之间和企业之外的相互依存也增加了。

　　一方面，这种日益增长的相互依存性解释了资本主义为何如此成功地提高了生产率，提高了许多人的生活水平。另一方面，随着资本主义的成熟，同样的趋势使与资本主义其他特征相关的失败进一步恶化。随着相互依存性的增加，这些故障往往会随着时间的推移而恶化。因此，我们看到，日益相互依存的生产体系与由独立、相互竞争的公司组成的资本主义私营企业体系之间的紧张关系在日益加剧。

　　让我们依次来看看这两个方面。

生产日益相互依存

　　资本主义是一个前所未有的以生产增长率为特征的系统，其增长速度远远快于早期的任何一种社会形态。[1]为利润而生产促使企业不断寻找成本更低的零部件、更高效的设备，以及新的产品理念、新客户和新市场。

通过雇佣劳动力，企业总是在寻找廉价劳动力的新来源和降低劳动力成本的新方法。政府通过法律法规、外交政策，甚至使用国家暴力来支持这样的努力。企业也不愿意为其环境或社会外部性承担责任。

这些共同压力的结果是相互依存的经济活动网络不断扩大。这种相互依存性使任何一个活动中心都能从其他中心产生的提高生产率和利润的创新中受益。这种相互依存的扩展有几种形式。公司内部管理活动的范围变得更广了。公司还从更广泛的供应商处进货，并向更广泛的客户销售。公司依赖于来源更广泛的知识，它们依赖不断扩大的、共享的社会和物质基础设施。虽然早期的经济体系发展了贸易网络，有时也会跨越大陆，但是资本主义却极大地加速了这些相互依存的扩张。因此，生产率以前所未有的速度得到了增长。[2]

我们可以将这种日益增长的相互依存视为社会生产能力的逐步"社会化"。从这个意义上讲，社会化是指生产者得益于自身的专业知识和技术，吸收和利用其他生产者和社会其他更广泛部分的能力的程度，而不是孤立地发展和经营。当生产商以更复杂的材料、组件、设备、技能和共享基础设施的形式利用其他资源时，他们的生产能力就会得到增强。随着资本主义的长期发展，生产活动领域在这个意义上日益社会化。[3]

为了使这一观点更加具体，不妨将19世纪初美国早期资本主义的典型企业与今天的企业进行比较。[4]当时，除了一些大型种植园和银行外，典型的企业是人口稀少的农村地区或小镇上的一个小农场，或者是一个作坊或商店。雇用的家庭以外的工人都是当地人。在经济上，这些企业基本上是自力更生的。人们经常种植自己的食物，建造自己的房屋，制作自己的衣服和工具。如果他们需要专门的工具或材料（比如马蹄铁或织物），他们会从当地店主那里购买，店主要么自己生产，要么从附近的城市带来。生产商将产品卖给当地客户，或者卖给代表他们销售的店主，或者偶尔卖给可能在其他城镇转售的批发商。回想一下19世纪早期的美国，唯一可行的长途旅行和贸易方式是海运与河运。有几条道路连接主要城市，但即使在这些道路上，旅行也很困难，速度也很慢。是的，在大城市，人们相互依存的范围（包括通过全球贸易在内的）要大得多。不过在1800年，94%的美国人生活在农村而非城市地区，1850年这一比例仍为85%，1890年仍为60%。

所有者、工人、供应商和客户，所有这些人主要依赖于当地的和传统的专业知识。他们在工作中需要知道的东西是从父母或工作中学到的。他们中很少有人上过学，就算上过，学的也是非常基础的东西。[5]许多人学会了阅读，但大多数人只读《圣经》。被奴役的非裔美国人被禁止阅读，或者学习阅读。在一些统治精英之外，他们中最聪明的是工匠。虽然工匠们只是劳动力中的一小部分，但是他们常常具备令人印象深刻的手工艺知识，这些知识是通过学徒制学来的。

现在将这一场景与我们这个时代的典型企业进行对比。公司及其机构（工厂、办公室、商店）的平均规模大幅增加，使相互依存的活动范围大大扩展，并受到直接的管理控制。正如我们前面所看到的，现在超过一半的劳动力在拥有500多名员工的公司工作，这种规模的增长反映了垄断和规模经济的交织效应。一方面，企业不停地寻求垄断权。有了垄断权，企业便有能力以异常高的价格销售产品，或者以异常低的价格购买投入品，因为竞争对手被挤出了市场。另一方面，企业不断扩大是因为一旦企业将相互依存的活动置于统一的管理控制之下，组织工作的效率就会变得更高。[6]

通过与供应商和客户的市场联系间接实现的社会化也取得了进展。如今，最具代表性的公司使用的工具和原材料体现了提高生产率的创新。这些工具和原材料来自世界各地的数十家（如果不是数百家）供应商，而这些供应商中的每一家都使用了来自许多地理位置更为分散的供应商的投入品。该公司的客户可能遍布美国，甚至遍布其他大陆，许多公司经常从这些客户那里获取创意。

在过去旅行和通信缓慢且昂贵的地方，现在公司都通过密集的陆、空、海、电话和互联网，在内部（通过其各个部门、工厂、商店和办公室）和外部（与供应商和客户）建立了联系。[7]以巴塔哥尼亚（Patagonia）这样的中型公司为例，该公司在全球数千家商店销售产品。它从14个国家的81家工厂采购成品，包括越南（18家工厂）、斯里兰卡（17家工厂）、中国（11家工厂）和美洲南部的国家（20家工厂）。这些工厂中的每一家都有许多材料和设备供应商。虽然这种"全球化"给许多美国工厂的工人带来了可怕的后果，但它也意味着真正的生产力进步，因为它降低了美国消费者的成本，并为贫穷国家的许多人创造了就业机会。

在这一时期，社会化不仅通过企业内部和企业之间的广泛联系取得了进展，不仅通过对共享知识资源的日益依赖取得了进展，而且通过企业对共享社会和物质基础设施的日益依赖而取得进展，其中大部分基础设施由政府提供。[8]这至少表现在三个方面。

第一，当代企业高度相互依存，共同依赖大量共享的科学技术知识。知识库不断扩大，通过国内外的大学和企业研究而不断丰富。美国政府资助了近60%的基础研究，并越来越多地参与下游的应用研究。[9]与20世纪50年代或100年前相比（更不用说200年前了），政府在推进知识方面的作用已经大大增强。

第二，企业越来越依赖于通过小学、中学和高等教育系统传递社会积累的知识。1850年，美国只有不到一半的5至19岁儿童入学，其中包括该年龄组中不到5%的非裔美国人。[10]这一比例稳步上升到今天的90%以上，到1980年左右，所有种族的入学比例几乎相同。19世纪中期，完成高中学业的美国人比例当然要低得多，1900年仍低于7%，但现在稳步上升到88%左右。

平心而论，并非所有的教育扩张都是由行业对受教育程度更高的员工的需求所推动的。教育也是一种使阶级差异在代际加以持续合法化的方式，是一种对年轻人进行管教的方式，让年轻人习惯于官僚控制，为未来适应工厂管理做好准备。[11]然而，尽管人们普遍担心美国经济中的就业机会正在减少，但事实上，行业的长期趋势一如既往地对分析和社会技能的要求越来越高，这推动了行业对受教育程度更高的劳动力的需求。[12]

第三，工业越来越依赖于政府资助的共享基础设施，如公路、铁路、电信、供水和污水系统、消防部门、养老金、医疗保健、工业和社区援助，更不用说法律体系和军队了。政府总支出（联邦、州和地方的总和）稳步上升，从1900年占国内生产总值的约7%上升到今天的约37%。尽管有人努力减少政府在经济活动中的份额，但是这些努力很少成功。除非在危机结束后有短暂的时期，政府在战时的大幅扩张（以及最近为应对2008年金融危机而进行的扩张）被缩减。新自由主义对放松管制和缩小政府规模的推动与其说是缩小政府规模，不如说是将政府提供的服务私有化了。[13]

总而言之：在过去，经济活动主要是地方性的私人事务，参与者是相对孤立的小企业，它们分散在基本上不相连的地区，每个企业的运作都相对独立；如今，每个企业都利用了大量的社会资源（具体形式包括尖端材料和技术、科学和工程知识、受过教育的工人，以及社会的和物质的基础设施），嵌入了区域内和区域间日益增长的相互依存网络。从这个意义上讲，生产已经逐步社会化了。

事实上，这一转变甚至重塑了家庭农场。现在家庭农场的生产率更高（对环境的破坏也更大）。今天的农场依靠大量的技术和科学资源。它们向嘉吉（Cargill）等跨国公司出售产品，使用孟山都（Monsanto）等公司提供的化学品和种子，依赖爱科（Agco）等大公司的设备，靠银行贷款获取资金，同时得到了联邦农业部和其他政府机构的补贴。[14]

如果你停下来思考我们经济的这一大规模转型，要是有人说我们的经济建立在"私营"企业之上，你不想笑出声都难。[15]

社会化生产与私有财产

虽然经济活动的实质日益社会化了，但社会主要经济资源的产权实际上大部分仍然是私有的。一方面，生产活动已经变得越来越相互依存，但另一方面，生产活动所依赖的资源（制造我们生活所需的商品和服务所需的材料和设备）仍然是私人财产。私人投资者及其任命的首席执行官既有权购买和出售这些生产性资产（"所有权"），也有权决定如何使用这些资产（"控制权"）。虽然私营企业之间的相互依存在加深，但是它们为了利润和增长却一直处在相互竞争中。

社会化生产与私人财产之间日益扩大的差距加剧了资本主义制度其他特征中的固有问题。让我们依次看看这些特性，看看它们交织在一起有何影响。

首先来看看以利润为目的的生产，以及由此产生的经济非理性（其以经济繁荣和萧条周期为表现形式）。只要企业规模小，市场就会长期处在本地，也就是说，只要生产的社会化程度有限，经济周期就基本上局限于本地市场。随着生产在更广泛的地理范围内日益相互依存，经济衰退吞噬了整个国家，事实上也吞噬了全球经济的广阔领域。[16]正如我们在2008年金融危机中所看到的那样，金融危机也越来越全球化。这场危机起源于美国，并迅速蔓延到许多其他国家，摧毁了许多欧洲和其他洲的经济体。依靠盲目的、无计划的、紧急的市场过程来协调生产网络变得越来越不合理，成本也越来越高，因为生产网络分布广泛，却又紧密地相互依存。

正如我们前面所看到的，为利润而生产也推动了向集中发展的趋势。随着社会化的进程，垄断的相关风险和成本也在增加。社会化解释了为什么大公司往往比小公司更有效率。在以利润为目的的生产体系中，大公司利用自身的市场力量进行垄断，加剧了不平等和浪费。一旦少数公司主导了一个行业，它们就有能力压低工资，提高价格和利润。[17]公司会保持较高的过剩产能水平，以阻止潜在的竞争对手进入这一行业。[18]

社会化进一步加剧了垄断的风险，因为社会化推动了技术进步，技术进步不仅带来了规模经济，还带来了"网络经济"。资产的价值随着使用人数的增多而增加，如此便有了网络经济。[19]想想脸书（Facebook），想想随着使用人数不断增多，它是如何提升自身价值的。想想这种网络效应是如何吸引更多的广告商的。难怪脸书占据了所有在线广告收入的70%。或者想想，随着越来越多的人使用谷歌搜索，他们的搜索结果为搜索算法提供信息，谷歌搜索变得更加有效。想想广告商是如何像脸书一样利用这种网络效应的。网络经济可以比规模经济增长得更快，因此，基于数字的行业往往异常集中……技术巨头拥有巨大的、基本上不受限制的垄断力量。[20]

其次，想一想社会化如何加剧了工资雇佣导致的工作场所失权。生产的社会化意味着每个企业的平均员工人数不断增加。在统一的所有权前提下，这些组织在自己的"屋顶"下组织了大量的活动网络，并对这些活动的相互依存性进行微调，以确保更高的经济效益。不过这里的控制权掌握在高层管理者手中，这使员工失去了权力，导致员工仅仅是雇工而已。因此，公司规模越大，员工的"参与度"就越低，这也就不足为奇了。在员工人数少于25人的公司中，约59%的员工在工作中处于不参与或不积极参与的状态，但在员工人数超过1000人的公司，这一数字上升到70%。[21]

在一个声称忠于民主原则的社会中，人民应该在影响他们的决定中有发言权。在这样的社会，我们在工作中的权力丧失越来越不正常，越来越令人沮丧，这是一场日益加深的危机。

通过第二种机制——教育水平的提高，社会化加剧了权力的丧失。正如我们所看到的，生产的社会化也逐渐反映在更高的教育水平上，使更多的人接触到更广泛的科学、技术、文学等领域。随着工业的发展，人工劳动被机械和自动化系统所取代。员工的任务往往从直接操作原材料转向控制机器。这种转变通常（虽然并非总是）要求员工接受更多的教育。然而受教育程度更高、所从事的工作更复杂的员工却更容易被工作场所作出决策的权威所疏远。因此，毫不奇怪，大学毕业生无法参与决策的比例甚至高于只有高中文凭或更低学历的员工。[22]

再次，想一想政府对私营企业部门的附庸导致的政府反应迟钝。一方面，生产社会化要求政府加大投资，确保私营部门的社会的和物质的基础设施。政府被吸引到教育、交通和通信基础设施、研发等领域进行更广泛的投资。但商业主导型政府不愿意在对私营部门的盈利能力可能没有好处的地方投资。商业部门本身也因竞争对手而分立严重。结果，即使是承诺给私营部门带来巨额回报的公共投资也被推迟、削减或扼杀。[23]这一指控的证据包括政府在基础研发方面的投资非常有限，甚至在我们知道会有重大回报的领域也是如此，比如桥梁和公路破旧不堪，岌岌可危；教育和医疗缺少资金。随着生产的社会化，我们需要一个更具扩张性和更有效的政府，可是在私营企业经济中，我们得到的只有一个以企业短视的眼光来看有助于其盈利的政府。

再想想私营企业系统无视自然条件而导致的环境不可持续性。社会化加速了经济增长，如果利润驱动的工业生产了更多的商品，就会产生更多的环境破坏。在一个以私营企业为基础的系统中，政府受制于对商业利益的从属服务，因此无法对这种破坏作出适当反应。其证据包括政府在气候变化面前拒绝采取行动，以及监管机构无力减缓农业、采矿、工业和电子行业的有毒废物的增长。

想一想社会化对社会解体和妇女地位的影响。生产的社会化已经逐步扩大，包括过去由家庭生产的食品和服装。部分原因是越来越多的妇女被吸引到雇佣岗位上，这同时也从侧面反映了我们前面讨论的其他因素。在资本主义私营企业体系中，这种生产的社会化使妇女和家庭面临越来越困难的工作与生活的紧张关系。或者考虑一下我们的城市和地区。生产的社会化也使城市和地区更加紧密地相互依存，但在私营企业经济体系中，其效果是使它们相互竞争，以吸引产业和投资。在这场竞争中，留给输家的是衰败的社区和稀薄的政府支持。

最后，考虑一下社会化对国际关系的影响。随着社会化进一步发展，跨越了国家壁垒的生产、投资和销售变得更加全球化。核心国家的大公司动员了全球的供应链，包括孟加拉国和中国等国。我们可能希望，日益增长的经济相互依存将有助于缓和国际关系。可是在资本主义条件下，这种经济全球化采取了帝国主义的形式，经济权力集中在少数全球巨兽手中，它们对国家政府施加了越来越大的压力。企业之间与政府之间的经济竞争在走向全球化之后，只会加剧而不是减缓国际紧张局势和全球不平等。即使美国政府试图采取反垄断行动来打破这些公司的垄断，以恢复美国经济的竞争条件，但这种反垄断行动也会削弱美国垄断企业在这场国际竞争中的地位。这有助于解释为什么我们仍然有"太大而不能倒"的银行。奥巴马政府不敢采取任何反垄断行动来拆分它们，因为这样的拆分会削弱它们在与外国银行竞争中的地位。

我们在前面看到了资本主义经济体系的基本特征是如何导致我们面临六大危机的。我们现在也看到了这些特征是如何推动生产的逐步社会化，以及这种社会化如何反过来产生两种影响的。一方面，社会化是资本主义显著的技术创新和生产力增长的基础，这为富裕和物质舒适带来了希望。而另一方面，社会化也加速了资本主义的失败，加剧了资本主义的危机，剥夺了我们享受社会化生产成果的机会。为了应对这些危机，并释放这一潜力，我们必须解决日益社会化的生产与私营企业之间持续存在且日益紧张的关系。

第四章　改革的前景与局限

我们需要调整社会生产资源的所有权和控制制度，支持日益相互依存的生产，并确保这种相互依存的成果惠及的不仅是精英，而且是每个人。为此，我们需要找到一种方法，确保企业不是以私人利益为导向，而是以社会和环境考虑为导向。从这个意义上讲，我们需要把私人财产"社会化"，让企业的决策不仅反映自身盈利的优先事项，还要考虑更广泛的社会的优先事项。

私人财产社会化的努力已经在我们周围的大量社会创新中显现出来。正如科幻作家威廉·吉布森（William Gibson）曾经指出的那样，"未来已来，只是分布不均"。[1]请注意，像本地社区食品合作社这样的机构将健康食品和和谐的工作关系放在首位，而不是利润。请注意，人们对"公益公司"的兴趣日益增长，它们的章程明确表示，公司旨在"平衡目的和利润"。[2]请注意，在城市层面，面对利润驱动的房地产行业的利益，政府努力提供负担得起的住房。请注意，从私营部门撤出医疗保险的全国运动。请注意，为市场提供慈善替代品的各种非政府组织。请注意，"开源"项目，如维基百科，它们通过完全自愿的努力创造了强大的新工具，没有任何利润激励。所有这些都证明，人们越来越意识到，一个基于利润驱动的私人财富积累的体系正在令我们失望，无论如何，我们都得保证，一切生产资源的消耗，不仅是为了利润，更是为了造福人民，保护地球。

虽然我们应该为社会创新的种种努力而庆幸，但是我们尚不清楚，他们提出的改革是否为六大危机提供了强有力的解决方案。在这些努力的背后，有四大思想集群，让我们对它们的潜力一一评估。我将它们称为道德资本主义、受监管的资本主义、社会民主主义和技术乌托邦主义。

这些改革模式的特点是，它们致力于维护私营企业系统，同时扩大公司的目标，以纳入更广泛的利益相关者的需求，和/或加强政府的作用。与我们稍后将讨论的更激进的民主社会主义模式一样，这些改革模式会把社会和环境优先事项纳入企业决策。不过这样的改革，只能将企业的控制部分地加以社会化，我认为，由于这种限制，它们注定远远不能解决我们日益加剧的危机。

道德资本主义？

道德资本主义是一种模式，消费者、投资者和高管的价值观和良知引导企业把人和地球的需求置于短期利润之上。作为一种让我们走向更美好世界的战略，它与其他战略的不同之处在于，它将商业部门本身作为一股向善的力量。在我们许多人对政府的反应迟钝感到沮丧的时期，人们求助于商业来解决我们的问题也就不足为奇了。

道德资本主义模式有两种主要变体。第一，道德资本主义可能采取更加致力于社会和环境目标的企业形式。这一理念在媒体上以"企业社会责任"、"有意识的资本主义"或"共享价值"等标签出现。[3]联合利华和巴塔哥尼亚等公司经常被视为榜样，因为它们努力支持有机农业、可持续海鲜以及棕榈油种植园的环境和社会管理。第二，这些公司可能会在内部致力于与员工相关的"道德战略"，在这一战略中，它们给员工提供培训，并给员工更多的发言机会。在这里，西南航空和好市多（Costco）等公司经常被作为榜样提及，因为它们的工资和福利高于市场，管理方法也更具参与性。[4]

道德资本主义提供了一组极具吸引力的思想。我们应该赞扬这样一个事实，即我们的许多公民都在敦促公司采取更负责任的行动，一些有远见的商业领袖看到了接受这种责任的好处。当然，如果更多的公司走上这条道路，资本主义将会避免许多失败。稍后我会论述，社会主义者可以从这些公司部署的创新管理系统中学到很多东西。此外，我们有很多证据表明，走这条路有时有助于企业提升竞争力。我们有更多的证据表明，许多公司可以比当下做得更好，行为可以更符合道德标准，而自身的盈利能力却丝毫不会受损。[5]

然而，另一方面，如果我们依靠这种模式来解决我们最大的危机，则会面临重大障碍。公司的行为会给员工的生活、社区以及环境带来损害，由此产生了一个问题：当一些公司为它们的负面外部性产生的这些影响承担责任时，可能会招致额外成本，这样一来，会更容易遭受不负责任的竞争对手的削弱。有时，创造性思维可以帮助企业找到既不增加成本，又能缓解外部性的方法，企业在受到鼓励后，追求各种"双赢"的机会，局面非常可观。即便如此，我们也根本没有理由展望未来，幻想着仅仅依靠这些双赢步骤就彻底解决我们所面临的巨大的环境和社会问题。[6]只有当假设外部性的整个概念只是一种错觉时，我们才能美梦成真。[7]

道德资本主义模式的支持者，通过将我们的注意力带向更高收入的潜力，回应对更高成本的担忧。他们认为，更具社会和环境意识的利益相关者——消费者、员工、投资者和高管——愿意为更负责任的公司的产品和服务支付一点额外费用。例如，巴塔哥尼亚吸引了许多希望支持其环境和社会承诺的客户，他们也愿意为公司的产品多付一点钱。[8]道德资本主义的支持者认为，这些领头羊公司获得的市场份额将迫使竞争对手纷纷效仿。

　　然而，可悲的现实是，平均而言，变得更加道德无法提升公司的盈利能力。虽然一些案例研究表明，道德行为是"有回报的"，但在许多情况下，因果关系正好相反。如果一家公司碰巧利润丰厚，它就正好处于更好的财务状况中，才可以为环境或社会倡议提供资金。虽然对更广泛的公司样本的一些研究表明，道德行为带来了积极的财务回报，但是更系统的研究告诉我们，无论是承担内部还是外部的社会或环境责任，平均而言，都不会产生更好的财务表现。鉴于这一发现，市场竞争的力量太过孱弱，无法迫使大量不道德的公司转向更道德的道路。在这种情况下，道德资本主义模式作为克服资本主义失败的途径就没了可信度。[9]

　　让我们一一了解公司的各种利益相关者，看看他们的压力能在多大程度上促使公司采取更多的道德政策。首先考虑客户。如果产品从采购原料到生产都很负责，消费者是否愿意并有能力为该产品支付更多费用？许多消费者表示他们当然关心公司的社会和环境记录，但是如果有便宜且不负责任的替代品，实际选择更负责任的产品的人要少得多。多数人对要购买的产品的公司的做法不感兴趣。[10]是的，更道德的公司可以收取更高的费用，却仍然能吸引来更多的道德消费者。是的，随着社会和环境可持续性问题对消费者越来越重要，我们应该期待更多的道德公司挺身而出。然而，当这些公司向前迈进时，不太道德的公司将处于更强大的竞争地位，吸引那些不太关心道德而更关心价格的消费者。如果一些公司，也许是越来越多的公司，朝着道德的方向发展，那么道德驱动力较弱的公司的市场地位将得到巩固，进一步与有道德的公司相抗衡。

　　现在来看看员工。有道德的公司通过更负责任地对待员工，能否获得一些竞争优势，从而促使竞争对手更加负责任地行事？平心而论，提供更好薪酬和工作条件的公司可以吸引更好的员工，而这些员工将有动力更加努力地做事，以保住这些难得的工作岗位。这就是为什么多年来，你经常听到（哪怕现在已经不多了）经理们说，"高工资带来高利润"。如果我们考虑到我们今天面临的主要危机，我们必须解决的问题就大不相同了。我们要解决的问题是，在经济严重衰退时，一家有道德的公司是否能够避免裁员。答案很简单，如果企业的财务生存能力受到威胁，公司将别无选择，只能解雇员工。否则，不仅会在经济复苏时限制公司的竞争力，而且还会造成管理者违反对投资者的诚信义务。

诚然，更道德的公司制定了旨在限制此类裁员的政策，一些公司可能愿意承担（适度的）财务成本来兑现这一承诺。许多公司还为"职业过渡"服务付费，以帮助下岗员工找到其他工作。然而，在整体的经济衰退（特别是持续时间更长的衰退）中，这些措施太弱了，无法保护员工免受失业风险的影响。近年来，许多公司试图通过依赖临时合同工来减少"核心"员工受到的威胁，以吸收商业周期的起伏。虽然这对核心员工有好处，但也让越来越多的临时员工处于更加不稳定的境地。

有一种道德资本主义可能会克服这一挑战，至少在一定程度上是可以的。这是一种更激进的版本，主张把资本主义公司转变为工人拥有的合作社。资本主义公司的所有人是投资者，员工在里面供职，而在合作社里，工人是共同所有人。[11]这样的合作社无疑让工人在企业中有了真正的影响力，从而解决了权力丧失的危机。合作社的董事会不是由外部投资者选出的，而是由工人自己选出的。资本主义公司通过裁员来应对销售疲软，而合作社通常通过减少每周工作小时数和相应的工资来应对。因此，合作社更少裁员。然而，另一方面，由于同样的原因，合作社通常支付较低的工资，工资水平也更不稳定。[12]此外，合作社的增长更为缓慢，因为它们的成员对增加新成员持谨慎态度，也因为它们无法利用外部投资者。因此，毫不奇怪，无论工人合作社提供什么样的好处，在一个基本上仍然是资本主义的经济体中，这种优势都不足以推动合作社模式跨行业传播。[13]

公司外部的社会和环境行为对员工招聘的影响如何？有道德的公司在吸引更优秀、积极性更高的员工方面会做得更好吗？显然有一些人对其雇主政策的这一方面非常关心，但我们没有证据表明这些人数量庞大，或者他们在选择工作时有足够多的选择，从而能推动公司的社会和环境实践发生变化。劳动力市场对企业的社会和环境绩效方面的压力，似乎与产品市场在这方面的压力一样弱。[14]

投资者又怎么样呢？来自有道德的投资者和迎合这些投资者的社会责任投资（SRI）基金的压力能否推动公司朝更好的方向发展？是的，越来越多的投资者关心他们的投资组合中公司的社会和环境绩效。[15]他们为什么会在乎这些？几乎毫无例外，这是因为他们预期政府会加强监管，而不是因为他们想"做正确的事"。[16]没有证据表明，在没有这种"监管风险"因素的情况下，投资者会改变他们的优先事项。因此，这一论点取决于监管的可能性，它将我们带出伦理资本主义模式，进入了监管资本主义模式，这一点我们稍后将做讨论。

此外，社会责任投资基金之间的竞争导致它们专注于财务回报，避免那些社会或环境驱动的投资，因为它们可能产生比整体市场更少的利润。为了增加自身的社会责任投资市场份额，各种社会责任投资基金也在利润的驱动下相互竞争，急于向客户展示，它们可以"把事做得很好"。因此，毫不奇怪，许多这类基金在选择目标公司时，参考的依据是公司与同行业其他公司相比的表现，因此，超过90%的"《财富》500强"公司（包括大型石油公司）出现在一个或多个社会责任投资基金中。

如果道德资本主义模式不能消除来自不那么道德的公司的竞争，那么它就无法取得长足进步。要做到这一点，唯一的办法是依靠政府监管，通过设定更高的社会和环境标准，阻止"不道德行为"。因此，尽管道德资本主义模式的许多支持者对政府监管缺乏信心，但是没有政府监管，该模式似乎难以走远。[17]

受监管的资本主义？

说政府干预至关重要还有另一个更根本的原因。即使是完全由有道德的公司（或工人合作社）组成的经济体，也无法应对最严重的资本主义危机的系统特性。我们不能指望公司仅仅为了帮助解决失业问题而出现赤字。我们不能指望石油、天然气和煤炭公司以环境责任的名义倒闭。有效应对此类系统性危机需要政府干预。

毫无疑问，加强监管有助于我们在多个方面取得进展。[18]不难看出，政府的政策变化确实能够切实改善我们的生活质量和经济效益，例如：更高的最低工资标准，旨在实现充分就业的货币和税收政策，更有力和更系统地执行反垄断、环境保护和反歧视法规等等。

不过，有一点很重要，这种模式在解决更大挑战方面存在局限性。谈到这六种危机，我们只能一厢情愿地想象我们能够获得足够多商业部门的支持，可以采取更有力的政府行动。让我们看一些例子。

首先，想一想获得商业部门支持的前景，有了它们的支持，我们可以消除由不合理的经济体制造成的失业。基于市场的资本主义经济大概率都会遭遇不可避免的经济周期。不过可以这样说，政府刺激支出这种积极行动，能够大大缩短经济周期及其引发的失业浪潮。[19]著名经济学家约翰·梅纳德·凯恩斯证明了政府刺激如何运作。每一个失业工人都可以在公共部门找到一份体面的工作。社会和环境需求数不胜数，可以利用失业工人来解决。但是，即使他们不生产任何有价值的产品，政府支付给他们的工资也几乎被他们全部用于私营部门生产的商品和服务上。看到这一新的需求，私营部门企业受到激励，重新雇用更多的工人，公共部门的就业将再次减少。政府在这一临时创造就业机会方面的支出将通过借贷融资。要知道，在经济衰退时期，资金无论如何都会闲置。随后，收入增长了，政府可以征税偿还在经济低迷时期借款所产生的债务。

有人可能会认为，商业领袖的"理性的利己主义"应该引导他们支持这样的凯恩斯主义政策。毕竟，随着利润收缩和股市下跌，商业在经济周期的衰退中也会受到影响。但是在现实中，尽管商界领袖可能会对失业者的痛苦表示担忧，但是他们极力反对全面就业的政策。[20]

其中的缘由很多，不过最根本的原因是失业对商业有好处。失业是对员工的一种纪律手段，只是不便在上流社会公开言明而已。造成经济下滑的最基本因素是糟糕的利润前景。公司快速提高利润的可靠方法是削减工资，逼着员工更加努力，工作更长时间。高失业率压低了工资，削弱了员工抵制专制管理者的意愿。

如果受监管的资本主义无法应对经济危机，不能解决随之而来的失业问题，那么它能更好地应对权力丧失的危机吗？是的，可以想象，有组织的政治努力可以促成新的立法，促进工会得到认可，实施更好的工作场所标准，扩大失业保障范围，并为再培训计划提供资金。然而，事实并非如此，即使是这样的立法，也很难成功挑战高管对商业决策的控制，更不用说将投资者从设定公司目标的特权地位上赶走。

监管能否阻止不断加深的环境危机？同样也很难发生。应对气候变化，需要足够严格的监管，迫使世界上一些最大、最有实力的公司的行为发生根本性变化，甚至可能让它们倒闭。这不仅包括雪佛龙（Chevron）、埃克森美孚（Exxon Mobil）和皮博迪煤炭（Peabody Coal）等石油、天然气和煤炭公司，还包括通用汽车（General Motors）、波音（Boeing）、联合航空（United Airlines）和联邦快递（FedEx）等产品以石油为燃料的公司。在更广泛的领域，还有其他大量的行业，比如：农业、水泥、采矿、森林产品、渔业、水系统和许多消费品领域，它们的产品和制造过程会导致气候变化，因此必须进行彻底和快速的转型。在这里，我们也需要面对强大的超级公司。[21]我们的立法者和监管者能否在这场战斗中取得胜利？我们只要处在这个私营企业和资本主义的经济体制中，就很难看出他们有取胜的办法。

针对多方面的社会危机，加强政府监管肯定会大有裨益。想一想，如果政府实施更有力的反歧视措施和更高的工作场所安全标准，并要求企业提供更多的产假和探亲假，更长的年假和更高的失业保险金，我们可以取得多大的进步。现在想一想后果，我们肯定要遭遇商业部门对此类法规的反对。新的立法意味着更高的税率，意味着私营部门减少了特权，因此，反对将会非常激烈。

最后，在国际舞台上，我们能设想美国政府发挥更具建设性的作用吗？至少在现实中不可能，在经济利益受到威胁的情况下也是如此。如果国际合作要求政府采取与美国任何实质性业务部门的利润利益相违背的行动，那么设想美国政府接受国际合作将是一厢情愿。气候变化的案例已经清楚展示了这一点。武器销售是第二种情况。美国的武器工业规模巨大，是世界上最大的武器出口国。因此限制武器贸易的努力一直没有成功过，即使是在军火贸易遭到政府极度压制的国家也依然如此。[22]美国政府是国际武器销售的热情推动者，不仅为军方专供高价物品，而且为私人提供小武器，助长非国家行为者的暴力。知识产权是引发争议的第三个领域。发展中国家负担不起美国制药公司要求的高昂价格，许多国家只好选择忽视这些专利，特别是遇到卫生突发事件时，例如艾滋病毒。美国政府通过对这些国家实施制裁威胁，一直支持制药行业的利益。[23]

社会民主主义？

尽管标签相似，但是社会民主主义和民主社会主义是非常不同的模式。民主社会主义旨在用公有制取代私营企业，社会民主主义将经济的核心留在私人投资者手中，并依靠政府缓解由此产生的各种问题，政府的手段就是加强监管，扩大对社会福利的投资。一些社会民主主义国家，特别是瑞典和挪威，体现了"社团主义"模式，其中政府、行业联合会和中央工会联合会合作制定国家和行业层面的政策；在公司内部，工会和管理层在"共同决策"结构中合作。北欧社会民主主义国家有瑞典、丹麦、挪威、芬兰和冰岛，它们的成功证明，强大的政府作用以及政府、企业和劳工之间的合作可以带来诸多好处。[24]

经历了近40年的新自由主义的资本主义之后，许多进步主义者转而向北欧社会民主国家寻求启示也就不足为奇了。这一模式将道德资本主义和受监管的资本主义模式与强有力的环境监管相结合，与广泛的国家赞助福利条款相结合，涵盖了医疗保健、产假和陪产假、育儿和培训，也与制度化的劳动管理合作形式相结合。在过去几十年，北欧国家已经从这一模式中大幅退却，转向了新自由主义的资本主义，最近，他们对难民的热情好客引发了民族主义和民粹主义的反弹。尽管如此，该模式仍然具有吸引力。这些国家比美国更有能力确保劳动人民过上体面的生活。[25]

然而，有一个基本的制约因素，限制了社会民主主义作为一种社会模式处理我们面临的六大危机的价值。在这种模式中，改革的步伐完全受限：不能损害私营企业商业部门的盈利能力。尽管在这一约束条件下，确实还有许多进步性的变化可以实现，但是要克服面临的危机我们所需要的许多变化却难以企及。[26]

第一，社会民主主义模式让国家任由资本主义经济核心的不稳定性摆布。[27]面对当前的经济衰退，北欧各国政府为刺激经济增长所做的努力，致使各国逐渐取消了平等主义政策。北欧各国无法避免青年人遭遇长期的超高失业率，甚至远高于美国。房地产泡沫不断加速，越来越多的家庭收入为此买了单。自20世纪90年代以来，家庭债务飙升，甚至远高于美国，远超可持续发展国家的水平。

第二，北欧社会民主主义国家的员工只能在企业内部获得有限的权力。是的，员工有权选举公司董事会的某些代表，相比美国新自由主义的资本主义模式，这是一大进步。不过他们所选的代表显然是初级合伙人，他们的权力不能与投资者和雇主的权力相提并论。雇主仍然是金融投资者的代理人，遇到紧急情况，金融利益就占了上风。经济的核心仍然掌握在私人手中，因此，社会财富仍然非常集中。挪威最富有的10%的人控制着该国50%的财富，瑞典为67%，丹麦为69%。虽然这些比例都低于我们在美国看到的75%，但是这样的事实却与社会民主主义宣扬的平等主义和工人赋权完全不符。[28]

第三，应对环境危机需要采取一系列措施，这将损害许多私营企业的盈利能力，而且涉及的企业太多，我们不敢奢望私营部门自愿接受。在环境方面，虽然北欧国家（丹麦除外）的人均"环境负面影响"比美国小，但是并不比法国、意大利和英国这样的发达经济体小，这些国家并非都是社会民主主义国家。[29]虽然北欧国家在减少二氧化碳排放方面的记录比美国好，但是这还远远不够。

在国际关系中，北欧社会民主主义国家在某些方面令人鼓舞。最值得注意的是，瑞典将女性主义和性别平等作为外交关系的一个重要考虑因素。[30]不过对于瑞典政府而言，这项政策的成本并不高。相反，如果政府要削减庞大的武器出口业务，那么以萨博（Saab）和博福斯（Bofors）等公司为首的强大武器行业将与政府对立。[31]按人均计算，瑞典是第三大武器出口国，仅次于以色列和俄罗斯。瑞典持续向沙特阿拉伯出售武器，即使在残暴的也门战争期间也照售不误。[32]

或者想想挪威宣布支持应对气候变化的国际努力。尽管有这些声明和一些非常积极的政策举措，挪威的经济仍然在很大程度上依赖于石油和天然气出口。挪威是世界第15大石油生产国，按人均计算，排名世界第5。另外，挪威正在积极开发北部和巴伦支海的新油田。该国自身的温室气体排放量很低，但如果我们将挪威依靠石油销售出口的排放量计算在内，它将成为世界第七大排放国。[33]

拿科技当赌注?

数字转型方兴未艾，产生了巨大的影响。许多进步人士将这场技术革命视为积极的社会变革的先兆。它无疑代表了生产社会化的进一步发展，成效显著，促进了企业之间和企业内部相互依存关系的高效管理，带来了巨大的效率收益，催生了大量新产品和新服务。

此外，这场数字技术革命似乎非常符合时代的需要。四个机遇似乎特别令人兴奋。数字技术也许可以让我们从一个基于大型分级公司的系统转移到由小型公司和工人合作社组成的网络。数字技术支持并行生产网络，也许能取代知识产权的垄断。数字技术可以让我们大大减少工作时间，也可以极大地丰富民主审议和投票。这与上一次伟大的技术革命形成了鲜明的对比。工业革命带来的是大规模的生产流水线——这个图景不是一个令人向往的美好未来!

那么，要兑现这一承诺，需要做些什么呢? 资本主义是一个动态系统，对技术创新非常开放，竞争压力势必引导企业采用和部署新技术。但是，这一竞争过程能让四个机遇变成现实吗? 能让社会朝着更符合人类和地球需求的方向转变吗？这是各种技术乌托邦的观点带来的希望。[34]

我认为这种希望不合时宜。让我们依次回顾涉及四个主要机遇的领域。在每一种情况下，我们都会看到鼓舞人心的机会，我们可以利用这场技术革命创造更美好的世界。不过同时，我们也将看到资本主义制度的基本特征会阻碍种种福利的实现。生产的社会化创造了进步的机会，但资本主义私营企业制度会施加限制，在数字革命的背景下，这两者之间的基本矛盾前所未有的尖锐。

首先，有人认为新技术推动了从大型、集中化企业向小型、本地化生产的转变。[35]他们突出强调两个主要趋势。首先是开发低成本数字生产技术，如3D打印和计算机控制的加工工具。这些技术减少了生产中的规模经济和范围经济。如果使用较旧的前数字化技术，为了获得更大的生产量，工厂、仓库或办公室就得投资买进更专业的设备，雇用更多的员工，并将间接成本分摊到更大的产量上，从而降低单位成本。有了新技术，至少在某些行业中，公司生产一到十个单位的产品，其单位成本可以接近生产一万个单位的该产品的单位成本；另外，公司确实能够生产一种产品的多个变体，而且其单位成本与生产同样数量的单个变体的单位成本不相上下。

新的数字技术不仅降低了生产成本，还降低了通信成本。想想互联网和相关技术，比如云计算、社交媒体和移动电话。种种技术降低了公司间协调的成本。这将使小型专业公司组成的网络能够更成功地与大型垂直整合公司竞争。如果使用前数字化技术，对于公司而言，要与供应商合作迭代优化组件的设计，既麻烦又昂贵，因为这需要来回派遣工程师。公司通常更倾向于为自己生产这种定制组件。相比之下，利用新的数字技术，供应商和客户可以在计算机屏幕上共享数字原型，并在计算机模拟中进行测试。协调的成本要低得多。

毋庸置疑，新的通信技术使公司能够扩展网络。这是社会化进程的一部分，由技术进步推动，反过来也促进了技术进步。然而，对于小公司而言，这一趋势似乎不太可能实现，原因很简单，同样的生产和通信技术也使大公司能够提高内部运营的效率和灵活性。[36]

可以假设，我们确实看到了小型公司的发展趋势。但这种转变将如何影响我们？一方面，正如支持者所说，这种转变可能有助于缓解我们的权力丧失危机。一个由小公司和灵活网络组成的经济体可能确实更能满足雇员和本地社区的需求。此外，由于较低的资本要求，这些公司更容易变成工人合作社。

另一方面，这一转变本身并不能缓解其他五场危机。问题很简单：其他危机的根源不仅仅来自个体公司，而且来自资本主义政治经济的更广泛的结构。小型灵活的网络经济的特点仍然是短视的资本主义竞争，存在于各种公司和各个网络之间。因此，我们仍将面临经济的非理性发展，衰退反反复复，生产过度浪费。政府仍将受到要保护这一新配置的私营企业部门的盈利能力的限制。面临利润压力，这类小公司会像今天的大公司一样，恶化构成我们福祉的环境的、社会的和国际的先决条件。[37]

数字革命也对产权提出了挑战，使这些权利更难实施。例如：最初引入的录音技术使音乐行业发生了革命性的变化，销售的唱片远比音乐厅的座位多。最近，通过互联网进行的音乐数字化和发行使复制这些录音的成本几乎为零。事实上，原始音乐本身可以通过电子合成器和对现有录音进行电子采样来制作。[38]与此同时，这项技术使知识产权的实施更加困难了。

"开源"的支持者抓住了数字技术的这些特点，认为它们预示着一个"并行生产"的新时代。数字内容的获取可以向所有人免费开放，参与制作内容和获取结果也应如此。开放源代码软件（Linux）现在运行于支持互联网的大多数服务器中。它主要是通过开发人员的无偿贡献产生的，每个开发人员都致力于他们认为需要改进的系统的某些方面。维基百科是一个令人鼓舞的例子，它展示了开源并行制作的力量。

这些例子令人鼓舞，表明在没有老板或市场竞争的强制压力的情况下，自愿合作可以取得的成就到底有多大。并行生产提供了一个模式，说明我们如何能够克服工作场所失权和对逐利生产的依赖。

然而，问题是社会的许多需求是否可以通过这种方式得到满足？首先，大多数并行生产发生的领域都不需要太多的设备，基本上只需要几台计算机，并有互联网接入就行了。如何把该模式推广到需要大量资本投资的行业，目前还没有答案。其次，并行生产项目都以高度的"模块化"为特征，组件彼此独立（如维基百科的单个条目），或者它们的相互依存性通过易于实施的接口标准（如在Linux系统中添加新模块所需的标准）来实现。但是在这个意义上，我们每天所依赖的很多东西并不是模块化的。这就是为什么绝大多数房屋仍然是由工匠逐个建造的。工匠需要定制每一个子系统（例如，电气布线、照明及管道）以适配别的子系统（房屋的物理布局和其他子系统的空间配置）。此外，即使这种模块化形式可以推广，我们仍然需要对社会系统进行彻底的变革，才能保证并行生产项目的贡献者可以获得赖以生存的收入。[39]

受数字革命影响的第三个领域是就业。加速新数字生产技术（在这方面最常提到的是机器人和人工智能），可能意味着在不久的将来，我们的经济将不再需要那么多工人。如果我们能够利用这些技术来减轻工作负担，这将大大有助于解决经济非理性的危机和工作场所权力丧失这一危机的某些方面。但是我们怎么才能做到呢？

我们有理由对这场技术革命将引发大规模失业潮的预测持怀疑态度。[40]是的，资本主义总是导致失业，但主要的失业危机与技术变革几乎没有关系。（部分原因是，不断增长的失业率降低了消费者需求，这反过来又使得对自动化的进一步投资无利可图。）然而，这场技术革命有可能不同于早期的技术革命，现在我们面临着大规模和永久性失业的前景。我们该如何应对？

有人提出"普遍基本收入"的概念，以保护人们免受这种破坏的负面影响，并为自我发展开辟新的机会。这一概念的吸引力显而易见。如果收入水平定得足够高，将大大减轻劳动人民的经济不安全感。这将为工资设定一个较高的下限，并有助于调和雇主与雇员之间的权力失衡。这将允许更多的人参与创造性活动或关爱活动，这些活动目前在市场上得不到回报。此外，这一想法的潜在假设是合理的。至少在发达经济体中，我们已经达到的生产力水平，肯定可以保证每个人都能过上体面的生活，无论他们的就业状况如何。[41]

然而，这种设想面临三个问题。第一，若要确保人们获得在贫困水平收入之上的其他需求，所需的资金就很难得到保障。普遍基本收入水平定得越高，就有越多的人离开有薪就业岗位，申领普遍基本收入。随着该计划越来越接近目标，其融资变得越来越不可行。

第二，如果要满足我们需求，我们的每周平均工作时间是20小时的话，那么让一半人口工作40小时，而另一半人根本不需要工作，就显得不合情理。如果事实证明，数字革命能够大幅（而不是逐步）降低经济中广泛（而不是狭窄）领域的劳动力需求，那么更合理的做法、更鼓舞人心的目标将是利用这一机会重组工作，减少工作时间，并维持每个人的薪酬水平。[42]

第三，目前尚有大量的需求未能得到满足，比如环境修复，破旧基础设施的更新，儿童、病人和老年人的护理，等等。在这种情况下，普遍基本收入很难变成一个令人振奋的想法。上述需求没有得到满足，原因很简单，即私营企业没有找到有利可图的办法来满足此类需求。在这些需求中，虽然有些可以通过基本收入的受益者的自愿活动来满足，但是许多别的需求则无法如此满足。解决大规模待业问题，最直接的办法不是为无法找到有薪工作的人提供普遍的基本收入，而是创建公共资助的项目，让他们参与工作，为满足这类社会需求出力。联邦就业保障将是第一步。[43]我们已经看到，要实施这样一项保障，我们的政治经济制度需要发生更为根本的变化。

民主是受数字革命影响的第四大领域。互联网提供的通信便利使我们能够想象，如何通过更频繁的公民协商和投票、更广泛的辩论，以及更系统的信息传播来加强民主治理，这远远超出了我们传统的选举周期和前数字化媒体所允许的范围。这些前景令人兴奋。可惜我们很难看到它们会变为现实，或者更准确地说，看到它们如何在没有根本社会变革的情况下，以加强而不是破坏民主的形式变为现实。

回顾改良资本主义的主要模式，可以得出有理有据的结论：在新自由主义盛行的年代，资本主义的主要模式给出的改良策略不无裨益，将带领我们向前迈进，可惜没有一种模式能彻底解决我们面临的六大危机。只要我们的经济核心仍是由利润驱动的资本主义公司构成的，我们就没有希望战胜危机，释放先进技术的红利。事实上，有了生产的进一步社会化与私营企业维持现状之间的矛盾，这些危机注定会加深。我们需要一种方法取代市场竞争，让我们能够民主地共同决定我们生产什么，以及如何生产。民主社会主义便是这一方法的名称。

第五章　以民主高效的方式管控经济

　　考虑到我们已经达到的生产社会化程度，我们只有将社会生产资源的控制权在相当程度上社会化，才能解决我们面临的危机，确保生成我们所需要的进步。换言之，我们需要确保，利用资源不是为了满足私营企业的盈利需求，而是为了满足社会的需求。这是民主社会主义的根本目标。

　　在民主社会主义制度中，我们将共同决定经济、环境和社会目标，我们将战略性地管理资源，实现这些目标。我们将民主地决定社会生产的产品的数量和组合，决定我们用于制造这些产品的技术，决定不同企业、行业、地区和研发计划的投资水平和类型，决定经济范围内的工作时间和薪酬水平，决定我们用来评估政府计划、企业绩效和投资方案的经济、环境和社会标准，而不是将这些决策事项留给个人公司和市场竞争。

　　如果我们想要克服工作场所失权危机和政府反应迟钝危机，这一全经济的战略管理方式必定要民主，同时也必须有效地克服我们面临的其他危机。在最普遍的层面上，我们的体制要想有效，还必须应对三大挑战。首先，必须支持创新，我们面临的危机需要许多人的创新贡献，而不仅仅是少数人。其次，体制一定要有效率，如果有人认为在民主社会主义社会中，物资匮乏将消失，或者效率不再重要，那就很愚蠢了。最后，这一体制必须确保人们有足够的动力为创新和效率目标做出贡献。即使在乌托邦，我们也不能设想人类就是天使。

民主社会主义如何应对民主、创新、效率和动力的挑战？要回答这个问题，我们需要在现实主义与想象之间找到一个艰难的平衡。一方面，如果忽略了物理学或心理学的基本规律，或者如果这一体制意味着人们生活质量的下降，我们对这一体制的想象就不太现实了。

另一方面，绘制一幅民主社会主义的图景需要我们想象一个从未经历过的世界，这很困难。哲学家亚里士多德生活在古希腊，那里的经济以奴隶劳动为基础。他是那个时代，确切地说，是所有时代最伟大的思想家之一。他坚信拥有普遍投票权的政治民主永远不会成功。[1]今天我们大多数人都致力于政治民主，即使我们承认政治民主依然还有待改进。前几章的分析得出的结论是，民主原则必须从政治领域延伸到经济领域。然而，我们在资本主义世界长大，因此，让我们想象一个切实可行的经济民主世界就很困难，就像让亚里士多德想象一个切实可行的政治民主世界一样困难。

在接下来的段落中，我提供了一个初步的草图，它是从一些大公司的战略管理实践中推断出来的。我认为，在这些公司的内部运作中，每一家公司都像一个小型的经济体。在其中一些公司中，我们发现了一个微型的运作模式，它以一种令人惊讶的民主且有效的方式管理着经济体。为了使这一模式的基本原则在企业层面扎根，并在整个经济规模上得到广泛应用，我们需要将新的管理制度与新的所有权制度相匹配。我将在下一章中概述由此产生的民主社会主义制度。然而，首先让我们试着想象一下，对经济的、民主的和有效的管理会是什么样子的。

管理整个经济

为了将民主引入个体企业的管理中，我们需要将每个企业置于董事会之下，董事会由员工代表和其他外部利益相关者代表组成。如果董事会代表了这一系列的利益，而不是像今天的董事会那样只代表资本主义投资者的利益，那么董事会可以引导企业服务人民，爱护地球，而不仅仅是为利润服务。

然而，如果我们要实现经济领域的民主化，那么仅仅实现个体企业董事会的民主化是不够的。还需要采取两个步骤。

首先，这些企业内部的管理也必须民主化，取代资本主义企业特有的专制和自上而下的控制。如果今天的大型（资本主义）企业被分解为小型（合作）企业，民主化可能会更容易。正如我们在前一章所看到的，也许新的数字技术将帮助我们朝着这个方向前进。然而，我们不想放弃规模经济和范围经济的所有高效收益。因此，我们需要找到一种方法来确保管理的民主质量，即使在大型企业中也是如此。

其次，我们不仅需要对企业内部的活动进行民主管理，还需要对企业之间的相互依存性进行民主管理。前几章表明，考虑到我们已经实现了的广泛的生产社会化，有一些关键的、系统性的相互依存关系，无论每个参与企业如何做出决策，使用分散的方法都无法有效地进行管理。即使把民主化的企业董事会与民主化的内部管理相结合，也无法消除周期性失业，也无法确保迅速彻底地实现二氧化碳减排，也无法解决各种社会危机和国际挑战。这些更广泛、更系统的相互依存性必须集中管理，用一种方法，让本地企业层面的选择与我们在区域、行业和国家的更高层次上通过民主方式确定的需求保持一致。

对于许多进步人士而言，这是一个难点，因为这意味着我们的决策过程存在很大程度的集中化。我们习惯于将中央集权视为统治和剥削的工具，因此很难想象它如何成为加强民主的工具。然而，除非我们拥有更高级别的治理——它可以挑战损害了社会整体福祉的本地企业；除非这些更高级别的治理能够代表我们所有人进行投资，否则我们无法战胜当前面临的经济、环境、社会和国际危机。

这里，我们遇到了想象力的极限。对于如此大规模的集中决策，我们尚不清楚如何保证它的民主质量。更不清楚的是，我们如何才能确保这样一个系统能有效地应对其他三个挑战，更不用说确保其比一个基于私营企业的、有着各种各样局限的系统更有效了。如果没有资本主义市场体系分散创业的好处，那么创新如何能够持续？在没有外部竞争压力或管理指挥权的情况下，如何在这样的系统中保持效率？人们既要服从集体的效率需求，又要保持自我，用发散思维来支持创新，在他们左右为难时，这样一个系统如何能够激发出人们的积极性？

向资本主义企业学习

如果我们正在寻找这些问题的答案，那我建议我们从一些最大的商业公司开始研究。是的，这不是一个显而易见的地方，不过有三个因素使这些公司的经验成为民主社会主义的宝贵经验来源。

第一，这些企业中规模最大的能与某些国家相提并论。其中一些公司的规模和复杂性确实令人震惊，反映了生产的逐步社会化。沃尔玛在全球拥有11700家零售店，230万员工，销售来自10万多家供应商的400万种产品。亚马逊在全球拥有740多个分销设施，每年从这些仓库向大约3亿客户运送近20亿件商品。

第二，许多企业内部的活动，即投入品供应和产出销售之间的活动，主要由战略管理协调，而不是由子单位之间的资本主义市场竞争协调。[2]也就是说，它们的子单位在与其他子单位的竞争中不追求自己的盈利能力。相反，它们朝着共同的目标努力，并协调各自的计划。如果它们向其他子单位收取其提供的材料和服务的费用，则其价格应反映公司的总体目标，而不是交易子单位的独立利润目标。公司的管理系统旨在最大限度地减少单位互动时的负外部性，以及最大限度地增加正外部性。负外部性是指一个单位退出新市场的计划会削弱另一个单位的竞争地位，正外部性是指一个部门开发了可与其他部门共享的新技术。[3]

研究这些大公司的第三个原因是，这些公司在其自身组织的微观世界中面临着与我们在整个经济的社会主义管理中相同的四个挑战。在努力应对这些挑战的过程中，这些公司中的一些，特别是那些遵循我之前所说的道德方法的公司，已经制定了组织原则，我们可以在更大范围内使用这些原则。我称之为协同战略制定、协同创新、协同学习和协同工作。[4]重点是协作，即共同确定我们的目标，以及我们需要做什么来实现这些目标。[5]

当然，即使是最先进的有道德的公司，这种合作也有限度，而且经常受到持续的利润和增长压力的影响，受到资本主义竞争的压力以及雇主对雇员的权力的影响。然而，如果我们要使这些企业的治理民主化，那么每个工作场所的合作应该更加系统化。在一个民主社会主义社会中，这些原则可以扩大，帮助我们在地区、行业和国家层面上民主有效地管理经济活动。

在描述这些原则之前，我们应该停下来注意，资本主义公司的管理实践为我们的民主社会主义愿景提供了参考，这并不奇怪。如果社会主义要超越资本主义，部分原因在于社会主义可以建立在资本主义成就的基础上。在其中，生产社会化也许是最大的成就。这种社会化不仅带来了技术上的巨大进步，也为大型复杂企业的战略管理带来了强大的新技术。公司为管理这些内部相互依存关系而开发的技术是宝贵的遗产。批评家们认为，这些技术就像当前设计和使用的技术一样，是为了支持资本主义剥削和统治，这一点肯定是有道理的。但是，民主社会主义仍然可以从这些技术及其所依据的原则中获益，使它们适应新社会的需要，这一点不言而喻。[6]

协同制定战略

想要通过管理企业、地区、行业以及整个国民经济来战胜这六大危机，我们需要一种方法，据此确定共同的目标，制定相应的计划，分配资源实现目标，并根据成败随时调整计划，修改目标。[7]大资本主义公司通过其战略管理流程在内部实现这一点。在许多这样的公司中，战略管理是一个非常专制的自上而下的过程，完全是民主的反面。然而，有道德的公司已经开发了一种不同的战略管理方法，这种方法在实质上更接近我们的民主社会主义愿望，不过在实践中它们做得还不够好。

道德战略旨在让全体员工参与寻找解决商业问题的创造性解决方案。因此，在战略规划流程中，这些公司试图给较低级别的管理人员和一线员工赋权。它们这样做，就造成公司在微观层面上所面临的民主挑战，与我们努力用民主社会主义的方法管理经济时面临的挑战一样。这一挑战可以简单地概括为：集中决策似乎与自主性背道而驰，许多人把自主性看作真正赋权的关键。

这些有道德的公司发现，应对这一挑战的关键在于参与。在活动相互依存的情况下，赋权并不取决于自主，而是取决于参与。毕竟，自主只是一种消极的赋权形式，它代表着摆脱强制约束的自由。诚然，这是一种重要的赋权形式，但我们也必须考虑积极的赋权形式——实现个人潜力的自由。[8]如果我们的个人自主性阻碍了一起合作的机会，自主性就没有体现出太大的赋权。

大型复杂组织中的有效战略管理要求集中化，当集中化与大众参与相结合时，可以创造赋权（以积极自由的形式出现）。集中化是具有自主决策权的集中，或者是受到适用于所有人的全系统政策约束的集中。参与是指你在制定这些全系统政策时有多少发言权。集中是自治和消极自由的对立面，但是，集权结构可能更民主，也可能更专制，这取决于它的参与程度。[9]当然，在大型组织或社会的治理中，以直接民主形式参与不大现实，但是，以代议制民主形式参与可以在任何规模上运作。[10]

集中和参与的结合似乎相互矛盾。集中往往被认为是参与的反面。事实上，在资本主义企业和社会中，这种情况很常见。决策权通常集中在有权势的精英手中，这种集中是对抗下属的武器，也是对抗他们参与的武器，因为当权者的经济利益往往与底层人的利益对立。在资本主义公司中，高管通常将决策权集中在自己手中，并限制员工参与的范围和强度。对于许多进步人士来说，集权思想已经被这段历史玷污了。

有道德的公司试图摆脱这一历史遗留问题，在战略规划流程中将参与式集中制度化，其使用的原则我称之为合作战略制定。根据这一原则，公司中大部分人员都有发言权，可以参与制定公司目标，决定如何以最佳的方式实现目标。

资本主义基本结构持续存在，公司内部是雇佣关系，公司之间是市场竞争关系，在这种情况下，公司实施这一原则的成功受到了限制。由于这些因素，参与很少从公司的权威层级延伸到一线员工，很少深入公司面临的关键战略问题，很少扩展到所有平级的子单元，而且很少对被咨询者产生真正的影响。这些令人失望的有限的参与经历也玷污了参与的理念。

尽管存在这些限制，我们仍可以在许多有道德的公司的合作战略制定中找到有益的尝试。[11]让我们研究其中一些原则，并考虑如何在企业内部加强这一原则，并将它扩展到民主的全经济战略管理中。

第一，考虑集中化维度。我们应该注意，许多大公司在整合战略管理所需的所有信息方面取得了非凡的成就。"企业资源规划"和"销售和运营规划"的现代系统基本上整合了现代企业制定战略所需的所有数据，从财务和会计数据到产品和流程的工程数据、需求和销售预测、项目管理工具、个人记录，以及与客户和供应商的互联互通信息。[12]更高级的版本甚至包含了"知识库"，允许员工在任何问题上快速识别所有知识的专家。这样的系统打破了大型企业中常见的组织领域之间的隔墙，从而为集中决策奠定了重要基础。这些系统的有效性更令人印象深刻，因为我们记得，就在几年前，反对社会主义的一个流行论点是现代经济太复杂，没有中央机构能够及时获取或整理所有相关信息，特别是考虑到这些信息中的大部分本质上是物理上的数量和工程上的规格，而非财务数据。[13]

第二，我们应该注意技术的发展保证了子单元目标的有效协调。几十年来，大公司一直依赖于一个级联过程，将顶层战略目标转化为子单元目标，并转化为组织各层的相应资源分配。例如，如果高层决定公司应进入一个新的地理市场，则下一层会给出一个方案，说明如何构建该计划以及该计划的成本，然后再进一步，将该计划转化为特定团队和特定预算的分配。这种级联过程通常将确定下一阶段的目标和预算与上级单位对下级单位在上一阶段的绩效评估相结合。此外，这种向下的级联并不局限于业绩的财务方面。对新产品的规划也开发出了类似的级联过程。例如，在"质量功能部署"过程中，客户重视的功能被转化为详细的工程需求，然后转化为特定员工团队的设计任务。

这一庞大的集中战略管理机构的发展已经被融合在许多道德公司中，并在扩大自下而上的参与方面做出了同样令人印象深刻的努力。在这些有道德的公司的级联过程中，高一级的目标作为"提案"，而不是命令，被交给低一级的人员进行审查。在这一进程中的每一步，如果上级提出的目标因为忽视了本地的制约因素而过于雄心勃勃，或者由于没有利用本地的机会和资源而不够有魄力，则下级就会受到鼓励把提案打下去。这些公司还通过创建论坛鼓励横向参与，来自公司不同部门的，以及多个垂直权力层的人员共同评估过去的业绩，制定战略目标和预算。

凯泽永久医疗集团（Kaiser Permanente，简称凯泽，或KP）是协同战略制定的践行者，为协同战略制定树立了有趣的形象。凯泽共同战略下的活动规模令人印象深刻。凯泽是美国最大的医疗保健提供商和最大的医疗保险公司之一。2017年，它拥有近1200万名健康计划成员、约20.8万名员工、2.1万名医生、5.4万名护士、39家医院和680个医疗办公室。凯泽在其经营领域和规模上都与众不同，它将参与的医生、医院和保险活动纳入单一的统一战略。这将大大节省行政成本。它带来了比分散结构更好的预防性护理，要知道分散结构在美国大部分医疗保健系统中占主导地位。在美国的医疗保健系统中，保险公司与医疗保健提供者竞争，医院争抢医生，而独立执业的医生则相互竞争。[14]

合作战略制定在凯泽以各种方式被制度化了。其中一个关键组成部分被称为"价值罗盘"。价值罗盘通过明确全系统对四个关键战略目标的承诺，为凯泽的集中化做出了贡献，这些目标在视觉上表现为罗盘上的四个点：最佳质量、最佳服务、最实惠和最佳工作地点。[15]在这四个方面的每一个方面，具体目标逐级下降，从总部到区域，从区域到所有机构和每个机构内的所有部门。在每个级别，"仪表盘"都跟踪了与目标相关的所有四个维度的进度，以及与外部最佳绩效相关的进度。这一信息被广泛分享，人们对其的解释和行动影响也进行了广泛辩论。每个维度的绩效都被纳入领导的评估和激励计划，并成为一线的工会员工的奖金基础。业务领导人对实现这些目标的进展负责。业绩的每个方面本身就很重要，而不仅仅是作为改善财务业绩的工具。[16]

不仅因为其集中化，凯泽还因为其员工的参与程度而令人印象深刻。这种参与反映了凯泽作为有道德的企业的悠久历史。[17]自1945年成立以来，工会一直是凯泽永久医疗集团的重要组成部分。如今，大约80％的凯泽非医生人员和非管理员工加入了工会，包括护士、技术人员、办事员、社会工作者、食品和清洁服务人员、验光师和IT人员。1997年，凯泽的大多数工会，在"服务雇员国际联盟"（SEIU）的领导下，共同签署了一项历史性协议，启动了规模宏大、雄心勃勃、旷日持久的劳资合作关系。[18]新的劳资合作关系使员工参与程度达到了空前的高度，而且从制度上使其得到了保障。在很大程度上，由于新的劳资关系非常成功，凯泽在几乎所有关于临床质量、创新、效率和患者满意度方面的医疗服务机构排名中均接近榜首。[19]对员工进行的匿名调查显示，员工士气高涨，并普遍支持劳资关系的实施过程，对最终结果也很满意。这些结果包括工资和福利的增加，以及工会成员的增多。[20]

协同战略制定的参与维度在凯泽被以多种方式制度化了。第一，在参与级联规划过程的各个管理层中，较低级别被鼓励向上传达他们的关切和创新解决方案。在某些情况下，区域单位认为改善临床结果的顶层目标过于激进，不同意实施，上层的目标便会调整。在其他情况下，地方单位看到了总部看不到的降低成本的机会，向上层呈报以后，总部也会相应地修订目标。

第二，不管纵向还是横向，各个部门的参与度都异常高。要做到这一点，有个关键技术便是"矩阵"权力结构，其中来自不同部门的管理人员对需要跨部门协作的活动共享权力和责任。矩阵管理在美国许多行业中声誉不佳。更专制的企业组织通常不会使用，因为它要求管理者分享权力和责任。为了让分享有效地发挥作用，管理者需要对一些共同的更高级别目标有所承诺，但是专制的领导者依靠的是指挥权，没有耐心培养下属，让他们关注更高级别的目标。相比之下，凯泽重视矩阵结构提供的横向参与，坚定不移地为成功部署矩阵结构创造条件，特别是通过辅导和财务激励来实现这一目标。[21]

第三，参与既深入战略层面，也贯穿整个组织。价值罗盘的顶层目标不是由最高管理层决定，而是由凯泽的三个组成部分（健康计划、医院、医师团体）和工会联盟在内部和各个部分之间，通过密集对话共同决定的。[22]由于这种参与，凯泽制定的最高战略目标不是让债券持有人满意，也不是增加市场份额，而是雇员和管理层及医生都觉得是它重要的目标。从雇员的角度来看，这样的目标不仅仅确保了公司的财务成功，而且保住了他们的工作和工资。这些目标不仅仅是工具性的，更是有价值根基。[23]

与管理层级内不常见的参与性结构相一致，凯泽在国家、区域、设施和部门层面有一个联合劳工/管理论坛系统。这种联合治理结构无疑以更多会议的形式增加了组织的开销，但也有助于确保较高层做出的战略决策被较低级别的员工和工会代表视为合法。它让员工相信，这些决策面向的不是管理层的单独利益，而是他们的共同利益。

这一合法性使凯泽得以进行几项变革，且没有引发重大冲突。之所以这些变革中一些涉及文书的部门大幅裁员，是因为他们的工作正在被电子健康记录（在这个领域，凯泽是世界领袖）取代，实现自动化。由于提前做了联合规划，凯泽承诺对被裁员工进行再培训和重新安排，所以裁员没有造成冲突。[24]

凯泽并不是唯一一家致力于将战略规划流程民主化的企业。事实上，在激烈的竞争和商业以及技术环境加速变化的压力下，少数公司（逐渐增多）走得更远，选择了基于群智的"开放战略"模式。在这种模式下，员工和外部利益相关者常常受到邀请，参加公司范围内关于关键战略问题的网上对话。[25]

无论在凯泽，还是在不同规模的其他公司，协同战略制定已经被证明富有成效。我们应当有信心，在民主社会主义制度中，这一原则可以用来确保员工更广泛和更深入地参与企业在民主化治理下的战略制定工作。

此外，鉴于协同战略制定在凯泽这样巨大的规模中都富有成效，不难想象，协同战略制定的要素可以在更广泛的区域、行业和国家范围内扩大，以指导战略管理。其要素本质上并不局限于单个企业的规模。这些要素都可扩展：民主确定最高目标（与价值罗盘平行）；将最高目标向下转化为较低级别目标的级联过程，同时鼓励较低级别向上沟通各种关切和建议；在规划过程中提供平台，进行横向（跨单位）和纵向（跨级别）的对话。

例如，想象一下，我们怎样利用协同战略制定原则，指导国家迫切需要的快速转型，脱离化石燃料。在全国范围内，我们可以组织一场辩论，讨论这一转变需要多久，讨论如何平衡和整合脱碳目标与我们的其他目标（例如提高收入、提供良好的工作）。根据这场辩论的结果，一个民主的"国家经济委员会"可以确定政府需要推动投资的领域（如旨在推进关键技术和关闭污染最严重活动的研发项目）。管理城市、州和行业的民主经济委员会（通过抽签选举或从公民中选出[26]）将向全国委员会提出为过渡目标做出贡献的建议。如果较低级别的提案积极性不高，难以实现我们的国家目标，并且彼此不兼容，国家委员会将把它们驳斥回去。关于如何实现我们的战略目标的对话，这个问题不仅是纵向的，而且是横向的，它们将全国委员会的代表与来自城市、地区、行业和社区团体的代表聚集在一起，大家相互学习，制定共同的过渡战略。

协同创新

为了应对我们面临的危机，并从生产社会化中进一步受益，我们需要在技术、产品和工艺方面进行大量创新。关于如何大规模管理创新，我们可以从资本主义公司学到很多东西。

大型资本主义企业利用生产社会化及其规模来加速创新。它们通过在集中的研发单位中动员足够数量的专家来实现这一目标。一方面，公司可以在运营部门避免重复、平行的研究工作，从而节省资金。另一方面，公司可以把研发的正外部性"内部化"。在资本主义市场过程的作用下，若其他单位开发和使用研发单位的创新成果，则研发单位会收取费用。然而，大型公司不依赖资本主义市场过程，而是直接从运营单位支付给总部的"税收"中为研发提供资金，并使所有单位都可以免费获得创新。[27]

我们民主管理的经济同样可以建立集中的研发组织，不仅可以建在企业内部，就像我们在资本主义中看到的那样，还能建在地区、行业和国家层面。在民主指导下，这些研发组织的任务将是推进我们的共同目标。这与企业研发不同，企业研发的使命总是有限的，并因自身服从利润目标而遭到扭曲。

但无论是在资本主义还是社会主义制度中，无论是在企业层面还是在其他更高的层面，创新的集中都会遇到一个潜在的重要障碍。相对于我们在分散的资本主义市场体系中看到的，这种集中是否会削弱创新创业精神？在资本主义制度中，企业家利用他们对本地环境的隐性知识来识别新的商业机会，而企业家之间的市场竞争会找出这些机会中哪些真正有利可图。资本主义的支持者承认，在这个市场过程中，企业之间以及企业与消费者之间的协调可能只是个大概，因为这里的协调只发生在事后，是在公司评估自己的创业押注是赚是赔时。因此，平行项目中存在一些重复工作，在试错过程中浪费了社会资源。然而，支持者认为，这一过程比通过集中管理的事前协调更有可能带来更多的创新和更快的增长，因为只有本地企业家对本地情况有足够详细的第一手知识。而且企业家们发现，即便是可能的，他们也很难将这些知识传达给公司总部的远程管理人员，因为这些知识往往是隐性的，难以量化。[28]

然而，在现实中，并非所有创新都来自分散的企业家，他们在本地经营环境中发现机会。相反，一旦生产的社会化达到了一个适度的水平，创新的重心就从工匠的本地实验转移到全球化的科学和工程世界。今天，基于远离日常车间操作的研究带来的科技新发现，成了工业中许多创新的来源。

然而，过度集中化的风险是真实存在的，因此，一些公司，特别是那些采用道德战略的公司，在创新管理方面比建立集中研发单位走得更远。它们认识到，如果创新活动仅限于少数专业人员，这就意味着放弃了挖掘更多员工创新想法的机会。它们还认识到，当集中的研发人员孤立地开发他们的创新想法时，他们的创新努力可能会因为他们对创新部署环境的无知而受到阻碍。例如，他们可能没有意识到操作部门面临的最大障碍，因此可能没有将他们的努力指向最富有成效的目标。他们可能会提出难以实施的创新设计。

认识到自己可以在集中与参与之间自由选择，有道德的公司依赖我所称的协同创新的原则，该原则鼓励集中研发人员和地方运营单位的创新，既单独又联合工作。在协同创新原则下，这些公司创建了激励、捕获、筛选和快速部署来自中央和地方单位的创新想法的系统，并为员工和一线人员创造了合作确定研究目标和开展创新项目的机会。

如果说这种协作创新的想法似乎有点不合情理，那部分原因是集中和参与的潜在组合非同寻常，部分原因在于我们习惯于看到非道德的资本主义公司急于节省劳动力成本，将"创造性"工作（如研发）与"常规"工作（在其运营单位）分开。事实上，协同创新成本高昂。它需要对较低级别的人员进行培训，以便他们能够有效地参与机构的创新工作。它要求机构中的上下级之间以及研发与运营单位之间保持有效的沟通渠道。非道德的公司回避相关成本。但有道德的公司将这些成本视为投资，并相信它们将以更高的创新率在长期内得到回报。

　　凯泽同样提供了使用这种协同创新方法的例子。凯泽的创新实践是自上而下与自下而上的混合。在自上而下的模式下，集中的研发人员单位提出了新产品、服务和工作流程，把它们带到本地的、运营的和生产线单位。凯泽努力使这一自上而下的过程具有参与性。工作人员专家不是孤立地工作，而是与一线单位的人员联合起来，确定机会，设计解决方案，并制定适当的实施计划。[29]

　　例如：在多个中央研发部门中，凯泽创建了一家名为创新咨询的部门，该部门与一线人员和患者合作，以确定问题领域并重新设计工作系统，以提高医疗服务的交付水平。2007年启动的一个项目，以改善换班时护士之间的信息传递作为重点。护士们经常忙得连轴转，而这种交接很费劲，因此在这个过程中往往无法传达危及患者健康的关键因素。通过与一线护士和患者合作，该团队开发了一种新的任务管理方法，即在患者床边而不是在中央护理站进行交流。其中一个关键优势是鼓励患者参与，确保不会忽略任何关键信息。该团队还开发了一种新的软件工具，用于以标准格式捕获交接时的关键因素。然后，创新的移交程序与凯泽的所有医院共享。我们还应该注意到，这家创新咨询公司随后创建了一个由16个志同道合的医疗保健组织组成的"创新学习网络"，研究共同问题并分享由此产生的创新成果。[30]

　　自下而上的创新路径主要通过基于单位的团队（UBT）驱动。在整个凯泽的组织体系内，每个部门的员工都被编进了UBT，其中超过3500人在管理层和工会的共同领导下运作。在这些UBT中，工会和非工会员工、管理层和医生在管理日常工作和创新工作方面合作，旨在实现与当地相关的价值罗盘优先事项。[31]在部门规模足够小的情况下，所有员工在UBT中共同工作，通常每周开会讨论创新项目。在部门规模较大的地方，UBT由志愿者员工代表组成。（由此类具有代表性的UBT制定的提案，定期要与其他部门的成员讨论，他们也要参与旨在测试这些提案的实验。）UBT"展销会"允许团队在各部门之间广泛分享成功的创新成果。

在这些UBT中，管理人员和医生面临着挑战，他们要放弃他们的等级身份和基于其地位而来的权力，并与护士、技术人员、看门人和文书人员合作。[32]这些一线人员被吸引到旨在产生和测试创新想法的更具创造性的活动中。这些项目通常侧重于提高服务或临床医疗的质量，在不损害质量、员工参与度、人员配置、工作场所或患者安全的情况下降低成本。一些UBT将患者纳入旨在改善患者体验的项目中。

其他有道德的组织已经开发了更多的技术来支持协同创新方法。其中印象令人最深刻的是国际商业机器公司（IBM）。IBM拥有约36.6万名员工，全球最大的企业研发组织IBM研究中心拥有分布在6个国家的3000多名研究人员。它在专利申请方面领先世界。2006年，当首席执行官萨姆·帕米萨诺（Sam Palmisano）参观实验室的时候，他对所看到的技术感到兴奋，不过对其中很少有技术被转化为有用的产品和服务感到失望。几年前，IBM开发了一个流程，用于在组织范围内讨论公司的方向和价值观；他们称之为"即兴风暴"，让人联想到爵士乐的即兴创作。IBM的领导人决定部署这一即兴流程，让他们的全体员工参与集体头脑风暴，旨在确定技术的新用途。"创新即兴风暴"于2006年分两个阶段进行，为期三天。大约15万名参与者参加了会议，其中大部分是IBM的员工和管理人员，也有一些供应商、客户和大学研究人员。[33]

"即兴风暴"是一场大规模并行的在线对话，分为几个讨论论坛，由许多相互关联的公告板和网页支持。超过46000个关于如何部署正在讨论的新技术的想法浮出了水面。高级管理人员和研究人员在第一轮中筛选出31个最有希望的项目，然后是第二轮的即兴风暴，旨在将这些项目转化为商业提案。结果，公司承诺为10家新企业提供约1亿美元的资金。[34]

在凯泽和IBM，协同创新已经被证明富有成效。这应该能给我们信心，协同创新可以在民主管理的经济中得到更广泛的应用。不难看出，我们可以把协同创新引入民主化治理下的任何一家企业。可以提供教育、培训和工作时间机会，让更广泛的人来有效参与并解决我们面临的创新挑战。

此外，凯泽和IBM的大规模成功给了我们信心，协同创新原则可以进一步扩大，进而保证区域、行业和国家层面的快速和有针对性的创新。其关键因素不受规模限制。所有这些都可以在任何规模上实现：集中研发的投资和地方创新活动的投资；汇集研发人员和一线人员的项目；对必要的培训、支持和激励措施的投资；指导这些创新实践的总体目标。事实上，在国家卫生研究院的医疗保健行业和国防高级研究项目局的国防基地，我们已经有这样一个国家级别组织的某些关键因素，这些模型可以适用于其他行业。[35]

为了使这一想法更加具体，让我们看看如何部署协同创新原则，以支持前面讨论过的快速脱碳转型。我们需要大量的研发投资，以推进太阳能、风能、储能等技术。国家经济委员会将部署联邦资金，以创建几个针对我们所需关键技术的国家研发项目。大学实验室受邀提交参与和接受资助的提案。我们还希望刺激当地创新中心，致力于开发降低能源消耗的方法，例如家庭和商业建筑使用隔热材料，以及使用更广泛、更便宜的公共交通出行。国家和地方创新实践将进行对话，并在项目上合作。在横向上，各个地方的创新中心将展开合作，定期举行会议，并就各项努力不断交流信息。在民主管理的经济中，企业间竞争的离心效应将消失，企业间的研究合作将更容易形成和维持。作为公民和工人，我们不仅将被鼓励去使用由此产生的技术，而且还将发展我们自己的节能和发电创新理念。对科学和技术教育的投资也有助于促进这一领域的"公民科学"倡议，因为我们整个社会都在协同创新原则下被动员起来，以应对快速合理的能源转型带来的巨大挑战。[36]

协同学习

我们的民主社会主义经济需要有效率。尽管自动化取得了巨大的进步，但是今天的大多数工作都是例行的、重复性的操作，而不是创造性的任务。在未来的一个世纪里，自动化很可能会消除许多这样的工作，但这种转变不会很快发生。[37]因此，对经济的管理，我们必须确保我们能够有效地开展这些日常活动。作为工人，我们可能更喜欢轻松的工作，但作为消费者甚至社会主义消费者，如果其他工人效率低下，我们会感到不满。这意味着，效率（它与创造力和创新不同）在任何可预见的未来都将是一个重大挑战，包括在社会主义制度下。

如何应对这一挑战？从资本主义管理实践中，我们可以得到哪些启示？答案并不明显。诚然，资本主义企业往往实现了高水平的效率，可是实现这种效率的道路往往丑陋不堪。在较小的公司中，它通常依赖于胁迫性压力和威胁。在大型公司中，许多人执行相似的任务，管理层指派人事专家为每项任务确定最有效的程序（或者更准确地说，确定专家认为最有效的流程）。然后，专家将这些程序编入工作标准，并将标准传达给生产线经理，生产线经理反过来命令员工遵循这些标准。[38]管理者可以利用薪酬激励和解雇威胁来迫使员工遵守这些标准。当自动化系统足够便宜时，管理者可以用自动化系统取代员工。管理者可以用成本较低、技能水平较低的员工取代成本较高、技能水平较高的员工。如果与同行相比效率太低，竞争就会迫使企业倒闭。

那么，我们民主管理的经济是否也需要依靠"效率专家"来为工人制定标准和程序？当然不需要！这种自上而下的方法将加剧而不是缓解我们当前的工作场所失权危机。

有道德的资本主义公司的经验教训在这方面特别有趣。有道德的公司认识到标准化是效率的关键，但传统的自上而下的标准化方法也存在缺陷。人事专家通常对实际操作条件了解不够，无法提出可在实践中有效实施的标准。即使他们制定的标准原则上是好的，但是将这些标准强加于一线员工会造成疏离和抵制，特别是当员工本来就在高强度地工作时。

有道德的公司通过动员普通员工参与标准化工作，避免了这些缺陷，并进一步提高了效率。利用我称之为协同学习的原则，这些公司培训和动员员工学习自己的工作流程，并找到提高效率的方法。在协同学习原则下，人事专家支持一线员工参与标准化实践，而不是把他们自己的最佳实践想法强加给员工。有道德的公司保证不会因为员工驱动的效率提高而裁员。这些公司承诺对因员工驱动的效率提高而冗余下来的员工进行再培训。他们对员工进行人体工程学方面的培训，以便识别压力过大的工作设计。他们经常以奖金或更高工资的形式与员工分享由此产生的生产力收益。

在这些道德条件下，员工经常合作设计、实施和完善工作实践。员工认为由此产生的标准化是有利的，而不是强制性的。只要一线管理人员在日常运营中保持适当的参与性和尊重态度，这些标准就能被用作最佳实践模板,为一线活动提供信息并增强积极自由,而不是强制控制。在这里,标准化成为一种方式,大家以此协同学习怎样把工作做到最好,并加速了学习改进的过程。[39]

如果说这种协作学习原则看起来似乎不可行,那是因为我们习惯于在非道德公司的背景下考虑标准化。在非道德公司中,员工和管理者的利益常常针锋相对。标准化在那里被用作对付员工的武器。因此,员工们感到迫切需要从强制性监管和压迫性标准中被解放出来。在这种情况下,我们发现工作动机理论非常可信,这些理论告诉我们,标准化降低了工作的内在满意度,因此标准化从本质上降低了人们的积极性,增加了他们的疏离感。[40]当管理者自上而下地将标准化强加给员工时,当标准化的目标是以牺牲员工福利为代价实现公司盈利时,标准化确实会降低员工的积极性,让员工变得疏远。

相比之下,在有道德的公司中,管理者将员工的参与视为竞争优势的来源,员工可以与管理层共同努力提高效率,以实现共同利益。由于这些公司仍然是资本主义公司,协同学习原则在实践中经常出现短路。管理者往往对业务结果感到不耐烦,为了加快速度,而忽视了安全考量,利用自己的权力滋扰员工。但基本原则我们是可以采用的。

协同学习是我研究过的一家汽车公司的一个突出特点。公司名叫新联合汽车制造公司(NUMMI),位于加利福尼亚州弗里蒙特,是一家工会汽车装配厂,由通用汽车和丰田共同拥有,在丰田的日常控制下运营。在工厂于2010年关闭之前,NUMMI一直遵循道德政策。[41]通用汽车公司于1982年关闭了弗里蒙特工厂,因为该工厂在质量、生产力和工作故障方面是整个通用汽车系统中表现最差的工厂之一。NUMMI从通用汽车公司接管了设施和几乎所有员工(但没有管理人员)。NUMMI拥有与之前几乎相同的劳动力,但却在丰田管理下运营,在开业的两三年内,NUMMI达到了世界一流的生产力和质量水平。

这一惊人的转变是严格实施了丰田生产系统，以及与工会保持道德合作关系的结果。集体谈判协议使公司经营的许多方面受到工会的影响，并给予工人不裁员的保证。[42]

丰田系统的一个关键部分是它的"标准化工作"政策。在通用汽车公司，工作标准由工作方法人力工程师确定，并经常引起争议，而在NUMMI，标准化是一线工人自己的任务。丰田公司教工人如何使用秒表，教他们如何分析和比较替代工作方法。目标是最大限度地提高工作效率和生产质量，同时保持工人的健康和安全。事实上，装配线员工通常在每60秒的周期中工作约57秒，而通用汽车的工作时间约为35秒。然而，由于他们精心设计了姿势以及零件和工具的放置位置，工人们发现新的节奏没有那么繁重。下面引用一段我在NUMMI采访的一名装配线工人的话：

> 在弗里蒙特的通用汽车厂……我们快速工作，建立库存缓冲，这样就可以休息几分钟，抽支烟或和朋友聊天。那种"快干然后等待"的模式让工作真的很累。这该死的地方到处都是材料和成品零件，而且有一半是有缺陷的。（在NUMMI）持续忙碌，却没有这样的麻烦，也没有过度工作，让工作不再非常痛苦。你在NUMMI工作更努力，不过我敢保证，一天结束后回到家里，你却感觉不那么累，感觉自己好多了！[43]

鼓励员工留意改进的机会，主管和人力工程师负责跟进这些建议。虽然建议得到的报酬非常有限，但是80%以上的蓝领工人每年至少提出了一项建议。平均每个工人每年提出三项以上的建议，其中85%以上被接受并实施。

工人们接受了这种标准化。用其中一个人的话说，比较弗里蒙特的通

用汽车旧工厂和NUMMI的工作方法和标准:

> 通用汽车系统依赖于权威。有级别的人,也就是管理者说了算,而不考虑他们的能力或他们所说的话是否有效。这基本上是一种军事等级制度。在NUMMI,级别并不意味着什么,标准化工作意味着我们所有人都能制定出客观上最好的工作方式,每个人都这样做。我可能会因此做出一些小的调整,例如根据我的身高,不过我遵循我们制定的程序,因为这是有意义的……管理层已将责任下放给工作人员,这使工人对自己的工作感到自豪。

NUMMI的协同学习实践代价高昂。其对工人的培训远远超过了与其类似的通用工厂。工程师被派去跟进工人的建议。管理所有这些改善活动需要大量的时间和注意力。但是NUMMI将这些成本视为投资,不仅在改善劳动关系方面,而且在不断提高效率和质量方面,回报丰厚。

凯泽提供了协同学习原则如何制度化的另一个例子。以凯泽的临床指南为例。[44]临床指南规定了临床诊断和治疗的分步说明,这有点像丰田的标准化工作。虽然许多医学专业协会制定了指南,并向成员宣传,可是这些协会无法向医生施加压力,要求他们采纳这些指南。保险公司也制定了指导方针,这是最大化自身利润的指导方针,与医学专业协会不同,他们通过拒绝支付不符合规定的服务费用,将指导方针强加给医生。医生们对被迫以这种方式实施利润驱动的"食谱式的医疗"深感不满。

与医学专业协会和保险公司不同的是,凯泽将医生与其同行以及其他临床和非临床人员聚集在一起,制定了提供最佳质量和最实惠护理的指南。凯泽创建了一个管理系统,有效地鼓励医生采用指南,而不取消他们的专业自由裁量权。在征求从业者和患者的关注和建议后,凯泽定期更新指南。因此,其指导方针没有受到抵制,而是作为有用的路线图被采纳。

事实证明，其在消除治疗中不必要的变化方面非常有效，这有助于降低成本，同时提高临床质量。[45]

凯泽的UBT也采用了这种标准化形式，以提高各个部门工作流程的效率。基于单位的团队成员，包括医生、管理人员、护士、文员和清洁人员等，共同分析工作流程的每个步骤，然后开发和测试流程改进的想法，从而开发出高质量、标准化的工作流程。许多单位安装了显示板，以显示标准化工作流程、状态和改进项目的进度。人事专家还将UBT的创新编纂起来，以促进创新成果在各个地区的传播。

标准化也为UBT的改进活动本身带来了效率。UBT依靠标准化的"计划—做—学习—行动"周期来提高改进工作的效率和有效性。他们定期举行"每日会议"，在轮班开始时，由劳工或管理层UBT共同领导的整个部门团队的简短站立会议（通常约5分钟），目的是审查当天的运营日程表和团队在改进自身程序时进行的任何"变更测试"。[46]

凯泽的协同学习努力并不便宜。在指导方针和培训一线人员的过程改进技术方面，凯泽投入了大量的时间和精力。为了确保有效地相互配合，UBT通常也需要指导。一线人员需要时间离开他们的常规任务，要么用于培训，要么参加UBT会议。好在投资的回报丰厚，服务质量更高了，工作流程更高效了，而员工也更投入了。

现在考虑第三个例子，其属于软件开发领域。与医疗诊断和治疗一样，软件开发是一个相对非常规的工作领域，你也许认为标准化会适得其反。但是你错了。事实上，软件开发比医学更进一步，开发了一种全行业的标准化方法。因此，软件开发为经济的民主管理如何确保效率提供了进一步的经验参考。

这一全行业努力的起源在于，大规模软件系统遭遇下列情况的比例极高：要么完全失败，要么延迟交付；要么超出预算，要么质量低下。[47]

1984年，美国国防部对软件开发中的这种"混乱"感到沮丧，他们资助了位于卡内基梅隆大学的软件工程研究所（SEI），以期创建一个更可靠的软件开发过程模型。[48]在这项工作中，SEI动员了来自整个软件行业的近1000名"外部评审员"，研究结果于1991年发布为能力成熟度模型（CMM）。CMM的灵感来自与丰田非常相似的全面质量管理原则，强调标准化作为一种制定学习机制的力量。它确定了软件开发过程的五种逐渐"成熟"的形式，其中更高的成熟度意味着更广泛的标准化。第1级代表一种临时的方法。第2级代表独立项目的标准化管理。在第3级，标准流程被设定并用于组织的整个项目组合。第4级进一步推动了标准化，规定了量化开发过程的机制。第5级规定了确保该过程持续改进的标准。[49]

CMM本身并未规定组织应使用的标准内容，相反，它作为评估公司自身标准成熟度的框架发挥着作用。公司邀请认证评估团队评估其流程的成熟度水平。他们宣传高水平的成熟度，让客户对他们的可靠性放心。一些客户为他们雇用的软件咨询和服务公司设定了最低的成熟度。

CMM（自2000年起扩展到包括更广泛的功能，因此更名为CMM集成，或CMMI）迅速扩展到国防领域之外，并成为提高大规模软件开发效率和质量的最流行手段之一。强有力的证据表明，实现更高水平的CMM流程的成熟度确实会提高质量、减少成本和加强及时性，而不会损害最终软件的创新性。一份关于在CMM成熟度最高水平上实现的超常规效率的早期报告，描述了由260名开发人员组成的团队的工作，他们编写了控制航天飞机的软件："该程序的最后三个版本，每一个都有42万行，每个都只有一个错误。该软件的最后11个版本总共只有17个错误。而同等复杂度的商业程序会有5000个错误。"[50]

早期将标准化引入软件的努力采用了一种强制性的自上而下的方法。不出所料，这激起了软件开发人员的反抗，并彻底失败。然而，随着时间的推移，大多数软件组织转向了协同学习的高级方法，并与他们的开发人员一起制定软件开发标准。

计算机科学公司（CSC）的政府服务部门就是其中的有道德的公司之一。[51]在我开展研究的时候，也就是在它与惠普合并之前，CSC是世界上最大的专业软件服务公司之一。在采用CMM的部门中，标准化水平令人惊讶，这些标准是在开发人员自己的广泛参与下起草的。单独的"工作说明"涵盖了高级设计、两种类型的低级设计，以及两种类型代码的审查、测试、变更请求实施、变更请求解决和根本原因分析等任务。每个指令都有几页长的详细说明，通常会指定要填写的表格，并显示流程图来描述所涉及步骤的顺序。过去，描述这些过程的活页夹占据了大约8英尺（1英尺约合30.48厘米）的货架空间。现在，该文档已经被放到了网上，工作流程及步骤越来越多地被构建到自动化协作系统中。一个由开发人员和管理人员组成的常设委员会——软件工程过程组——鼓励开发人员提出标准变更建议。开发人员定期参与旨在审查和完善现有标准，并开发新标准的流程改进项目。

因为每个软件开发项目都是不同的，这通常体现在关键性的方面，如果盲目应用这些指令，它们确实会扼杀创新。但CSC的标准化流程并没有放弃标准化，而是包括了一个初始阶段——"裁剪周期"——在此期间，项目负责人将与开发人员协商，确定他们需要在本项目中使用哪些标准，哪些标准不相关，哪些标准需要适应项目须应对的具体挑战。

在这种协同学习模式中，人事专家的作用与自上而下的模式非常不同，因为它基于参与而不是强制控制。以质量保证（QA）为例。过去，QA通常远离开发人员的日常工作，在工作周期结束时到达现场审核输出。人事专家与开发人员之间的敌对关系是出了名的。现在，一位QA人员解释说：

标准化的流程迫使人们离开他们的功能或模块竖井，进入跨越这些边界的结构化通信。例如，质量保证在我们的评审和过程改进周期中占有明确的位置。但QA不是警察！QA将帮助项目确定你需要的流程，根据你的需求定制现有流程，学习该流程，并检查你是否正在使用该流程。如果我发现问题，我的工作就是帮助项目找出解决问题的方法，以及提供帮助。

使用这种协同学习方法，CSC的标准化被开发人员视为帮助而不是阻碍创造力的工具。这些标准有助于明确开发人员的目标，并为他们实现这些目标提供了宝贵的最佳实践指导。开发商喜欢它：开发商的人员流动率远远低于该行业的平均水平。CSC的性能结果令人印象深刻。在以CMM 5级运行的最"成熟"单元中，相对大型和复杂项目的成本在10年内降低了60%，错误率降低了90%，预测进度和预算的准确性提高了一倍。

在丰田、凯泽和CSC等不同的企业中，协同学习已被证明能有效提高效率。这应该让我们相信，民主治理下的企业可以在任何行业实施协同学习原则。此外，鉴于这些企业规模庞大，我们应该相信，这一原则也可以为提高区域、行业和国家层面的效率提供参考。这一原则也可以提供教育、培训和工作实践机会，使大部分的人能够有效地参与流程改进活动。专家可以在企业间传播CMMI等框架，他们可以将这些框架的应用所产生的最佳实践编撰成册，以促进实践的传播。

让我们想象一下，如何在民主管理的经济中应用协同学习原则，以提高我们的医疗服务系统的效率，并减少可避免的医疗错误的数量。这一目标似乎很有价值：我们的医疗系统效率之低下臭名昭著，可避免的医院医疗差错如今是病人第三大死亡原因，每天发生约700起。[52]现在想象一下，我们的国家经济委员会动员所有的医学协会、护理协会、医疗联盟和患者权益团体，制定了一个系统，为所有病例数量充足的医疗状况制定临床指南。[53]同样想象一下，在每一个医疗保健服务组织中，如凯泽那样动员团队来审查这些指南，使其适应当地需求，审查实施效果，并将这些审查的结果传递给更高级别的委员会，以便随着时间的推移对指南进行完善。通过这种方式，我们可以减少患者接受的治疗在类型和质量方面的巨大的、不公平的变化（这种变化取决于他们所处的地理位置、收入水平、购买的保险以及种族），同时提高整体的护理质量并降低成本。每一个行业都可以组织同样的行业范围内的努力，并释放出一股提高效率的浪潮，这将彻底改变我们的经济。

协同工作

社会主义长期以来与集体主义联系在一起。没错，一个有效的民主社会主义经济必须接受一种广泛的共识，即对整个企业和整个社会最有利的东西应该在我们个人的偏好中占重要地位。但是，令许多人担心的是，这种集体主义精神会破坏个人主义，要知道，在资本主义制度下，个人主义可以很好地激发出人的冲劲、创造力和创新。[54]

个人主义是资本主义的一项重要的历史成就。在前资本主义社会，大多数的个人的愿望受到集体传统和继承地位的限制。在将人们从这些约束中解放出来的过程中，资本主义释放了个人主义、发散性思维和行动的力量，而这正是创造力、创新和经济发展的源泉。[55]

因此，民主管理的经济既需要集体主义动机，也需要个人主义动机，这似乎构成了一个两难的局面。

大型资本主义企业在微观上面临着这一困境。一方面，他们需要集体主义精神，以鼓励遵守集中政策和标准化程序。另一方面，他们需要个人主义来激发创造力和创新。

　　非道德公司通过将常规任务和创造性任务分开来解决这一难题。处理日常任务的单位（如装配线上的工作，或者医院和专业服务公司的大部分支持活动），要求员工采取符合标准的导向。从事更具创造性任务的单位（如医疗诊断和治疗、软件开发或研发），则容许员工，甚至经常鼓励员工采取更个性化的取向。

　　我们在非道德公司中看到了这种一分为二的优点和缺点。这种专业化有助于降低成本，因为公司需要完成创造性任务的人很少。不过由于些许原因，它的效率较低。两个群体之间的沟通和协作受到了损害。从事创造性工作的人具有相当大的自主性，但是很少有兴趣利用它来提高效率。从事日常工作的人自主性较低，对提高效率的兴趣也不大，他们也没有能力或动力为创新做出贡献。如果没有机会贡献自己的想法，员工很可能就会觉得这样的日常工作与己无关。

　　我们也看到，有道德的公司旨在通过培养员工来克服这一困境，员工既致力于实施商定的计划，又致力于在该计划的制定过程中提出新的想法。他们有效地执行日常任务，并为改善绩效提出创造性的想法。这意味着人们以某种方式将集体主义和个人主义动机结合起来了。这真的有可能吗？如果可能，各个组织应该如何鼓励这种综合呢？[56]

　　有些有道德的公司在应对这一挑战方面取得了相当大的进展，它们培养了一种相互依存的道德观，创造了一种超越独立和依赖的激励基础。人在独立的时候，自我价值要靠个人成就才能实现，而在需要依赖的时候，自我价值则基于周围人的认可。在这里，最重要的是个人和团队对整个组织目标的贡献。当创造力需要个人主义、发散性思维的时候，我们也不会觉得这与对目标的长期的集体主义承诺相冲突。在日常工作需要接受集体决定的标准的情况下，这种集体主义不会与个人创造力相冲突，创造力可以识别改进机会，开发出有助于实现这些目标的创新成果。

如果说个人主义与集体主义在相互依存的道德观中结合在一起显得如此不合情理的话，那是因为在任何资本主义社会中，对自己的关切（个体主义）与对他人的关切（集体主义）之间存在着一种实实在在的对立，一种真正的权衡。在要获得成功就需要竞争的社会中，企业间的竞争就像劳动力市场上的人之间的竞争一样，为自己的成功而奋斗往往以牺牲他人为代价。[57]在工作场所，公司的目标，特别是非道德公司的目标，往往与员工的目标相冲突，因此，对这些目标的集体主义性质的承诺只有傻瓜才会相信。但反过来看，在家庭餐桌上和员工午餐室里，相互照顾合情合理，个人主义似乎成了一种负担不起的奢侈品；而在市场非理性和强制性管理所造成的动荡世界中，集体主义的相互支持似乎对生存更为重要。[58]因此，个人主义往往表现为一种异化形式，即占有、竞争和反社会，而集体主义则表现为抑制个人愿望和创造力的依赖形式。

有道德的公司试图克服这一困境，并将我称之为协同工作的原则制度化，以此来合成一种相互依靠的伦理。协同工作依靠四个主要的杠杆。第一，要阐明集体目标对员工的意义。当有道德的公司的高管宣称，满足股东的利益不比满足客户的需求更为重要时，我们有权对此表示怀疑；但我们也需要理解他们为什么要这么说。原因很简单：如果员工一起工作，为公司的成功做出创造性的贡献，那是因为他们认为公司的成功对他们个人来说是有意义的。提供大股东回报通常无法做到这点。而对保住工作的担忧只会产生非常有限的谨慎努力。[59]

第二，协同工作依靠持续合理的讨论，讨论所设定的集体目标如何与日常工作决策相关联。建立联系需要专门的时间和构造用于讨论的论坛。正是在这种论坛的背景下，才有可能进行真正的审议，要求参与者不从个人利益出发，而是从每个人的福祉出发，捍卫自己的观点。我们不能把人假设成天使，不过当有人在这种审查的环境中表达自己的观点时，"更好的天使"就出现了。[60]

第三，协同工作依赖于评估和薪酬制度，通过承认个人和集体对组织共同目标的贡献，加强个人主义和集体主义的结合。虽然评估和薪酬制度本身无法在灌输相互依存的道德观方面起到很大作用，但它们可以支持而不是破坏这种道德观。这种支持很重要，因为评估和薪酬体系不协调会迅速侵蚀任何相互依存的感觉。只承认个人绩效的系统会极大地削弱对共同目标的承诺。不论每个人对组织成功的贡献如何，对他们给予同等奖励的制度都会阻碍个人的努力。

第四，协同工作依赖于一套独特的技能。如果没有这套将相互依存的动机转化为有效的相互依存的行动的技能，员工就无法维持这种精神。因此，有道德的公司投资发展了员工的"T"形技能。T的垂直条表示个人专业化的深度，T顶部的水平条表示与其他专业有效合作所需的互补技术、管理的和社会化技能的广度。[61]

我们讨论过的四家企业都提供了协同工作的有趣图景。凯泽是最好的例子，它证明了以对员工有意义的方式确定集体目标的激励效应。如前所述，通过与工会联盟对话，公司确定了价值指南的最高目标——最佳质量、最佳服务、最实惠和最佳工作地点。这些都是员工、医生和管理者都认为对个人有意义的目标。他们都可以认同目标，并将目标内化。

协同工作的相互依存的道德观在凯泽的医生群体中体现得尤为突出。医疗行业有着根深蒂固的职业文化，特别重视个体医生的自主性和独立性。凯泽努力超越这种个人主义。正如我们所看到的，凯泽的内科医生的工作是由临床指南建构的，医生积极参与制定指南。凯泽还组织医生定期讨论成本和质量绩效，以及改进方法。在医学科室的会议上，每个医生都看到一张图表，显示他或她自己的表现与科室同行的排名。部门成员将讨论他们之间的差异，讨论每个人遵守或忽略指南的频率和原因，以及这些不同案例的结果。

同样，药物以药物处方集的形式被标准化。一个由医生、护士和药剂师组成的委员会评估现有的非专利的和品牌药物，确定那些能以最低成本提供最大临床效益的药物。医生可以根据病人的需要，开出清单上的任何药物。他们也可以开不在清单上的药物，但如果他经常这么做，就会接到同事的电话，要求对他们的选择进行同行评议。

以下是我采访的一位医生的观点，他谈了他在一家公司的经历，该公司最近正在大力推动加强这种相互依存的道德观：

> 这里的团队倾向于像个人从业者一样进行实践，只是租用了办公空间。他们会在跨学科团队中会面，但是这些团队实际上并不是临床治疗团队，而是社交沟通的渠道。这些人是你所看到的患有疑难杂症的人，这些人是与你一起吃午饭的人，诸如此类。但是在这些团队中不存在临床治疗的相互依存性。我们正在转向一种情况，人们实际上在一起工作，更多的人在谈论我们的病人，而不是我的病人，更多地考虑什么对诊所有益，而不仅仅是对他们自己的实践有好处。

当然，这种个人主义与集体主义的结合，并非总是得到这般积极的实践，并非能放之四海而皆准。在某些情况下，医生认为凯泽的底线担忧对他们个人判断构成了挑战，并有可能牺牲患者的健康利益。而在另一些医疗中心，则盛行着更加传统的思想。但是在这些合作讨论中，医生的平均参与度都很高，医生的工作满意度也很高。

如果说在医生之间，相互依存动机的主要障碍是他们的个人主义，那么在凯泽的非专业人员中，其主要问题是要确保每个人都能自由发言。在凯泽，发言已经制度化了，是一项发挥个人的主动性以提高团队集体绩效的事务。UBT和私下碰头都依赖于并培养了这种相互依存感。凯泽的内部文件解释说：

> 建立鼓励员工直言不讳的机制，是促进围绕错误和绩效改进的公开沟通的另一种方式。这些系统还提供了一个平台，让人们学习如何清晰、不带感情地表达自己，并帮助他们重新把自己与工作的价值和目的连在一起。[62]

凯泽通过其评估和奖励系统支持协同工作。凯泽的新医生要经历三年的试用期，在此期间，他们不仅定期评估个人技术能力，还评估他们与其他医生的同事关系，他们对其他员工和患者的尊重，以及他们为改善组织绩效贡献想法和努力的意愿。试用期结束后，医生继续定期接受这些方面的评估。任何承担监督责任的医生都是定期受到"360度"审查的对象，下属、同事和上级都参与了他们的评估。凯泽的医生都是领薪水的，因此没有经济压力去催病人就诊，或者要求他们接受昂贵的检查或治疗。他们的年度奖金完全基于患者满意度和临床医疗结果，而不是基于由医生决定的成本因素或他们的勤奋程度。医疗集团节省的任何成本（相对于按患者数量平均的目标年总成本）都被重新投资于医疗设备和项目。[63]

凯泽致力于为员工经理、医生、护士和其他员工提供协同工作所需的"T"形技能，这一点也令人印象深刻。除了通过正常的机会来加强他们的技术技能和加强T的竖杆之外，医生还面临一种挑战，他们要通过建立管理、商务和领导能力等方面的新技能来加强和扩展T的横杆。凯泽所有的员工，包括车间管理人员和普通员工，都参加了广泛的培训计划，旨在培养水平杆技能，例如：解决问题、主持会议、分析工作流程、确定改进机会、团队领导能力、集体谈判合同管理、处理相互冲突的观点和不同的利益，以及理解凯泽的商业方面和医疗保健的经济学观点等。为了支持这些技能发展的方案，综合课程已经开发妥当，培训预算也已做好。

在NUMMI，发展相互依存的动机首先需要重新定义企业的目标，使其对员工有意义，使员工有自豪感和目标感。战略重点是质量而不是成本，基于丰田法则，提高质量是降低成本的最可靠方法。丰田使客户的详细质量评级对装配线各部分的工人可见。这样，员工可以看到他们的工作对客户的影响，能够确定需要改进的活动。管理层致力于倾听每个人关于提高质量的想法。通用汽车的经理在弗里蒙特非常重视最大限度地延长装配线的运行时间，丰田鼓励工人在发现质量问题时停止生产。如果工人注意到问题，他们就会按照指示拉一根绳子或按下按钮提醒他们的（工会组织的）团队领导，如果他们在60秒内无法解决问题，生产线就要停止，要召集团队解决问题，并根据需要叫来经理和工程师。

在日常活动中，工人们在一名组长的领导下，将四至六人组为一个团队，在轮班期间轮换任务。制定和修订标准化工作表也属于团队工作。每个团队中的工人需要就他们将要遵循的方法达成共识，并在其他轮班时间与相应团队达成一致。

有了更具意义的目标，丰田可以鼓励工人丢开强烈的防御性集体主义，这种集体主义曾在通用汽车弗里蒙特老厂极其严重。这种旧的集体主义表现为工人极度团结和反对滥用监督的多次罢工。在NUMMI，集体认同感仍然很强烈，但是现在，这种认同感与个人对创造性想法的渴望相结合了。通用汽车时代的一位经验丰富的装配线工人这样说：

> 在这里，我们不是自主的，因为我们都（通过装配线）被紧密地联系在一起。不过这并不是说我们只是被迫更加努力地工作。因为是我们，工人们，让整个工作顺利进行，我们是制定标准化工作和改善建议的人。我们运营工厂，如果工厂运行不正常，我们就停止。

其他工人看到他们相互依存的范围进一步扩大，反映了丰田努力挖掘员工和供应商的创造力：

> 在通用汽车公司工作的23年里，我从未见过供应商。除了包装箱上印的名字，我甚至不知道他们叫什么。而现在，我们正在与供应商合作改进我们的产品。工人们与工程师、经理和供应商坐在一起，我们分析缺陷并制定改进建议。我们甚至与设备供应商合作。这样的事情真的让我们更好地了解了我们的工作与整个流程的关系。我们不再只是在螺栓上钻孔，敲打螺母。现在，我们有权决定如何制造产品。

对一些工人来说，相互依存成为一种内在的规范，塑造了他们在工作场所之外的态度和行为：

> 我希望你能和他们的妻子谈谈她们看到的变化。我在通用汽车公司工作时是一个典型的大男子主义者。回到家里，我会喝一杯啤酒，支起双脚躺下，等待晚餐。我想："我已经完成了8小时的轮班，所以让我歇一会。"而现在，我是工作团队的一员，便把这种态度带回家，而不是把工作上的挫折抛给家人。我更像是家里的伙伴。我帮忙洗碗、购物等。我在这里的工作是护理，我每天花8个小时做这项工作，所以自然而然地，工作态度就被带回家里了。

IBM提供了一个案例，把一场精心设计的、高度参与的价值观讨论作为通向相互依存道德观的一种途径。正如我前面提到的，IBM的创新即兴风暴是以早期的即兴风暴周期为模板的，其中第一组即兴风暴在2003—2004年明确关注价值观和文化。[64]在这第一个三天周期中，近4000名员工发布了9000多个帖子，另有6万到65000名员工在没有发布帖子的情况下参与了对话。第二个周期侧重于如何灌输这些价值观，吸引了13000多名积极参与者和35000多个帖子。这些讨论是"自由全面的，经常充满激情、经常充满冲突，涉及公司的各个层面，从上到下，跨越职业群体和地域"。[65]这些风暴没有导致正式投票，但是它们确实影响了第一次即兴风暴后采用的正式价值观声明，并为2004年的第二个周期奠定了基础，该周期侧重于将这些价值观转化为运营政策。

第一周期的价值观大讨论中的一个关键焦点是"老IBM"的价值观——"尊重个人，最佳服务，追求卓越"——是否适合IBM面临的新业务环境。在实践中，旧的IBM文化强调对老板和公司的集体主义忠诚（以无处不在的蓝色西装、白色衬衫和深色领带的IBM制服为象征），这与个人对道德、诚信和技术卓越的理解不太平衡。正如一位员工所说：

> IBM以一个简单的信条而闻名……只要你努力工作，做好工作，公司就会照顾你。[66]

新的IBM需要一种相互依存的道德观，鼓励人们与客户合作，了解客户需求，并与IBM各部门的员工合作，为客户需求开发解决方案。即兴风暴清楚地表明，我们需要一个更强大、相互依存的激励基础，以支持"灵活性和响应能力……改善围绕客户解决方案的跨部门协调"。[67]为了帮助实现这一转变，IBM随后对培训、薪酬和业务流程进行了重大更改，新的业务流程包括了如何为投标定价，以反映IBM的整体利益，而不仅仅反映本地业务部门的利益。用一位参与更改的日本工程师的话来说：

> 为了团队的成功，团队成员需要相互依存的精神，而不是依赖和独立。我们应该互相帮助，相互尊重。我建议我们建立一个制度，奖励乐于助人的人。[68]

事实上，随后的即兴风暴也本着这种精神解决了奖励和绩效管理问题。[69]

在CSC，开发人员敏锐地意识到CMM规程所要求的价值观和动机的转变。最引人注目的是，开发人员并不怨恨自己在这个更严格的过程中承担了记录代码的巨大负担。然而在不太成熟的组织中，这项工作是开发人员抱怨最强烈的地方之一。[70]记录他们所产生的代码现在被视为开发人员工作的一个自然组成部分，因为这项工作与其他人相互依存，对他们来说，记录必不可少。正如一位开发者解释说：

> 我认为我们的流程，甚至其中的文书工作，基本上都是一件好事。无论是测试还是维护，我的记录文档将帮助下一个处理这段代码的人。当我在接收端时，也是这样。

另一位开发者用体育类比来表达这种新的相互依存精神：

> 一个更成熟的流程意味着你从以自己的方式自由做事，转变成被人监督。这意味着从混乱到结构。这有点像街球对NBA篮球。街球粗暴，为的是炫耀。你为自己而不是为球队打球，你这样做是出于热爱比赛。在职业篮球中，你是一个团队的一部分，大家经常一起训练，练球和打练习赛。你这样做不仅是为了你自己，甚至不仅仅是为了你的团队，还有其他人参与其中……你必须对其他人负责，包括你的队友，也要负责指导其他即将到来的球员。

以民主和有效的方式管理我们的经济将需要一种工作动机，在相互依存的道德观中把个人主义和集体主义结合起来。我们在凯泽、NUMMI、IBM和CSC等公司看到的协同工作原则已经证明了培养这种动机是有效的。在这里，我们不难看出在民主治理的企业、行业、地区和国家范围内更系统地使用所有要素。

第一，当我们的企业和各级政府面向直接反映人民实际需求的目标，而不是股东财富或GDP增长或股市指数等目标时，我们可以预期这些目标会引发更强烈的承诺。

第二，将民主审议作为设定这些目标并决定如何实现这些目标的手段，将鼓励这种相互依存道德观的传播。使我们企业的运作民主化意味着让每个人都定期讨论他们的工作团队、部门和整个企业的目标。同样，要使我们的政治制度和经济管理制度真正实现民主，公民必须在社区、城市、地区和全国范围内进行定期审议。在更大范围内，工人和公民的参与可能只是间接的，无论是通过选举产生的代表，还是随机选出的代表。在一个真正民主的制度中，他们的代表将与他们所代表的人进行定期对话，从普通民众那里寻求指导，这意味着进一步的集体审议。

第三，在经济的民主管理下，我们可以通过承认集体成就和个人对这些成就的贡献，推广使用支持相互依存动机的评估体系和薪酬制度。

第四，我们可以制定全经济范围内的教育和培训政策，确保每个人都有机会深化他们所选择的专业（T的竖杆），并扩大他们与其他专家有效合作所需的社会和技术能力（T顶部的横杆）。

这些政策将使协同工作原则制度化，并使我们朝着传播相互依存的道德观及其广泛内化的方向迈进。它们将有助于确保我们的经济管理能够应对民主、创新、效率和动力这四大挑战。

从道德资本主义到民主社会主义

如我们在非道德的公司中看到的那样，在资本主义条件下，我们刚刚回顾的四项组织原则似乎行不通——内在不协调、自相矛盾、难以自圆其说。贯穿我们对这些原则的讨论的共同线索是，这种明显的不可能是资本主义私有财产基础中根本不民主的权力不对称造成的，这种不对称在今天的非道德企业中得到了充分的表现。

资本主义企业追求私人利益，损害人民福利，破坏地球。为了利益，资本主义公司的治理结构给予管理者聘用和解雇工人的权力和激励。工人在劳动力市场上相互竞争。在这种情况下，集中化排除了参与，因此协同制定战略似乎成了乌托邦。在这种情况下，创新是自上而下的，只留给精英，而大多数员工只限于日常工作，协同创新也似乎是乌托邦。在这种情况下，标准化采取强制形式，想象我们可以依靠协同学习，让每个人在最有效的标准指导下工作，似乎也过于乌托邦了。在这种情况下，个人主义排除了对他人的关注，反之亦然。如果我们试图将它们结合起来，那我们最多只能得到一点点，而不是全部，因此协同工作也似乎成了乌托邦。

如果本章所述的有道德的公司能够在实施这些原则方面尽其所能，那是因为，在一定程度上，它们设法缓和了这些权力的不对称性。

首先，有道德的公司庞大的规模使它们能够控制大量的活动，从而避免了市场竞争的离心效应。凯泽受益于永久医疗集团汇集的约21000名医生，而医疗行业的许多其他部门，医生作为独立的小企业运营，还要为了患者和利润相互竞争。凯泽还得益于医院系统、保险系统和医疗集团之间的密切合作，这也与医疗行业的许多其他部门形成了鲜明的对比。在其他部门，实体都是独立的公司，各自追求各自的竞争性财务目标，且相互之间保持着一定的距离。凯泽的医疗计划和医院部分的非营利身份也在一定程度上起了保护作用。因为由丰田和通用汽车共同拥有，NUMMI受其庞大母公司竞争侵蚀的程度得到了缓冲。IBM和CSC本身也很巨大。大规模获取绩效优势的努力，推动了协同战略制定、协同创新和协同学习。

其次，在内部，公司致力于道德建设，这缓和了资本主义雇佣关系的离心效应。在有道德的公司，员工在制定政策和标准方面有着不同寻常的影响力。在某些情况下，这反映了工会的力量（SEIU和凯泽的工会联盟，NUMMI的UAW）。在其他情况下，这反映了高度专业化的员工（凯泽的医生、CSC的软件开发人员、IBM的专业顾问）在劳动力市场的强势地位。在这种环境中，员工享有非同寻常的权力，这强烈地激发了所有的四项组织原则。

然而，另一方面，这些企业都无法摆脱公司的资本主义性质及其环境所施加的限制。因此，在任何情况下，四项原则的执行都是有限的。根据具体情况，这些限制以各种形式表现出来。

集中化只在某种程度上具有参与性，因此协同制定战略受到了限制。在凯泽，虽然一线人员可以通过工会领导人影响更高级别的政策，可惜工会领导人的影响力有限，他们完全被排除在某些政策讨论之外。在NUMMI，员工对公司更广泛的战略选择没有任何投入。最根本的是，协同制定战略仅限于单个公司，因此在市场变化无常的情况下会显得无能为力。由于这些无常的变化，NUMMI最终被关闭，CSC则被另一家公司合并。

协同创新受到资本主义企业长期存在的短期成本压力的限制。IBM进行了创新即兴风暴，不过这是有时间限制的举措，之后，工作人员重新回到工作岗位上，而这些岗位的疏离程度仅仅略有减轻。在凯泽，UBT的创新工作经常受到主管的阻碍，主管面临短期绩效压力，因此不愿意让一线员工离开单位参加必要的培训。在NUMMI，工人在车辆设计中没有真正的发言权，即使是旨在促进装配流程的微小设计变更建议，也经常遭到忽略。

协同学习经常受到破坏，因为管理人员面临绩效压力，一些人开始将标准作为"推动"绩效的武器。凯泽的医生和CSC的开发人员有时觉得指南妨碍了专业判断。正如CSC的一位中层经理所言：

追求流程改进的过程中，一个关键的挑战是保持高层的支持。我们的公司高级管理层一直承受着来自股市的压力。市场一直在关注利润率……这并没有给流程改进相关的支出留下太多空间，尤其是当这些支出需要两三年才能显示回报的时候。

NUMMI的工人遭受重复性劳损，因为管理人员忽视了他们的抱怨，即一些标准没有准确反映他们承受的人体工程学负荷。[71]绩效压力下的中层管理者对上级负责，而不是对下级负责，他们发现很难抵制强制使用权力的诱惑。

最后，协同工作往往受到狭隘忠诚和竞争性个人主义的破坏。中层管理者通常害怕老板的脸色，有时要求下属顺从忠诚。如果员工遭到管理者的虐待，这糟糕的经历会让他们感到与公司疏离，通常会采取一种个人主义的态度，觉得"对我有什么好处呢？"

因此，我的主张并不是说，这些有道德的公司完美地体现了我们民主管理的经济所需要的新的组织原则。更确切地说，新原则在这里肉眼可见，不过我们不得不眯着眼睛仔细看，因为这些原则与更传统的资本主义模式不同，传统的资本主义模式包括四个方面：专制中央化、自上而下的创新、强制性标准化和竞争性个人主义。

我同样认为，这些原则在这些规模巨大的公司中所取得的成功尽管有限，但是应该能给我们带来信心，使我们相信在社会主义条件下，这些原则可以更广泛、更系统地得到运用，确保我们能够民主高效地管理经济。如果我们能够对企业的决策和地区、行业和国家层面的相互依存性实行民主控制，那么现在看来是乌托邦式的做法将变得可行，甚至正常。那些听起来相互矛盾的原则将变成可能，同时变得必要。变得可能，是因为我们将废除资本对劳动力的控制，消除竞争对合作的压制。变得必要，是因为我们需要这些原则来应对经济管理面临的挑战，包括民主、创新、效率和动力。

当然，这些管理原则仅是原则而已。一个民主社会主义社会，需要在法律、法规、组织和规范中，通过赋予这些原则以具体的制度形式来提供给它们实质的内容。另外，要找到正确的制度形式需要大量的经验。然而，在我们遇到一个关键障碍之前，我们无法在这条试验道路上走得更远。这个障碍就是——只要我们的生产资源的所有权仍然是私有的，新的组织原则就无法主导民主管理的经济。

第六章　民主社会主义社会

　　为了克服我们面临的六大危机——经济不合理、工作场所失权、政府反应迟钝、生态的不可持续性、社会解体和国际冲突，并利用先进技术的潜力，确保所有人都有物质享受和人类尊严，保证个人和集体都有发展的机会，我们必须制定一个涵盖整个国家经济的民主战略管理办法。这一办法应该是什么样子的？我们可以从四个组织原则中得到启示。为了实施这些原则，我们需要能够推翻私营企业目前对有损商业利润的措施所行使的否决权。如果社会生产资源的所有权仍然是私有的，我们以民主方式控制和使用这些资源的努力就会受到质疑和削弱，并最终失败。[1]

　　民主社会主义模式为这一困境提供了一个根本性的解决方案。这是一个激进的方案，要从根本上解决问题，就得发生质的变化。我们必须用公有企业取代私营企业。财产控制和所有权这两个方面将在一定程度上与生产的社会化相适应。这将产生一个为我们99%的人服务的经济。[2]

　　这样一个民主社会主义社会将是什么样子？我将尝试分三步回答这个问题。首先，我将从本地层面出发简要地调查不同的地方，在这些地方，我们现在能看到类似民主社会主义的东西在发挥作用。其次，我将带领大家回到美国历史上的一个时期，在那一时期，工业控制在全国范围内实现了很大程度的社会化，尽管只是在短暂的紧急时期，即第二次世界大战的经济动员时期。最后，在这些草图的基础上，我将进一步做详细描述：如

120

果财产社会化在整个经济中都普遍化了，如果我们对经济的民主战略管理能够蓬勃发展，我们将如何战胜这六大危机。

来自我们周围的图像

如果私人财产的否决权被削弱，社会将变得怎样？在当今美国经济的边缘和空隙中，我们看到了许多这样的例子。它们让我们瞥见了民主管理的经济将是什么样子的。[3]

首先看看合作社。合作所有权结构有助于克服员工失权状况。大约40%的美国人已经是某种合作社的成员了，不过很少有人参与治理。我们有着悠久的农业合作社历史，这些合作社帮助农民将农产品推向市场。合作信用联社代表9500多万美国人持有约1万亿美元的资产。我们中的许多人都是消费者合作社的成员，如休闲器材有限公司（更广为人知的如REI）。[4]

最令人印象深刻的工人合作社不在美国，而在西班牙，总部设在巴斯克地区。在那里，蒙德拉贡联盟汇集了大约120个合作社的80000多名工人，涵盖了生产消费品和资本货物的工厂、建筑企业、一家银行、几个研发中心、一个社会保障系统、几家学校和技术研究所，以及遍布西班牙各地的零售商店。虽然蒙德拉贡合作社在产品市场上与资本主义公司竞争，但是它们在民主的基础上进行内部经营，相互合作而不是竞争。与其他工人合作社一样，如果销售缓慢，它们会减少工作时间和工资，而不是裁员。如果一个合作社需要缩小规模或完全失败了，以蒙德拉贡的规模，其员工完全可以在旗下的其他企业找到替代工作。[5]薪酬差异也由民主决定，任何一家企业的高层管理人员的收入都不超过合作社成员最低工资的8倍，而在今天的美国，最大公司的首席执行官的平均收入是普通美国工人的300倍。[6]蒙德拉贡的规划方法反映了协同制定战略的原则，与资本主义公司，甚至与有道德的公司相比，具有更强的纵向参与。[7]在蒙德拉贡的支持下，美国钢铁工人联盟发起了一项计划，在美国和加拿大建立蒙德拉贡型工人合作社。该方案已经开始产生成果，例如辛辛那提联盟合作倡议。[8]

我们还进行了一些实验，在这些实验中，合作社得到了当地社区公共或准公共机构的支持。以克利夫兰的常青合作社为例。[9]常青合作社目前是一个由三个工人合作社组成的单位，涵盖一项洗衣业务、一个太阳能企业和一项城市花园业务，旨在为低收入社区的人们提供工资，创造对社会有用的就业机会。它们得到了由克利夫兰市政府组成的财团的支持，克利夫兰基金会为它们提供了一些种子基金，民主合作组织为它们提供咨询和培训，三个主要依赖政府资金的大型非营利组织（克利夫兰诊所、大学医院和凯斯西储大学）也给予了支持，并发挥了主要作用。这些主要机构将它们的一些需求带到这些合作社。例如，为克利夫兰诊所和医院提供洗衣服务。即使在更广泛的国家政治经济没有变化的情况下，这些举措也为我们本地社区的逐步变革提供了一条途径。美国其他一些城市也出现了类似的举措。[10]越来越多的城市正在利用自己的权力，将相关行业和社区利益相关者聚集在一起，为经济发展和恰当的生态转变制定战略计划。

还有一个发展方向颇有希望，其目标是让政府不屈从于商业，而是更加注重为人民服务，更加注重保护地球。在美国，大约15%的人口从市政公用事业获得电力。尽管存在商业阻碍，我们仍有500多个城市提供了某种公共互联网服务。在一些地区，城市建造并经营着自己的酒店。我们五分之一的医院为公共机构所有。大约19个州为工人所有的公司提供财政支持。北达科他州有一家支持当地商业的州立银行。在不同程度上，它们代表了将民主控制带到经济领域的努力，所取得的成功也形态各异。

在公共部门，我们看到了许多创新成果，它们旨在让公民有更多的机会参与制定政府政策。这些创新成果出现在"协商民主"、"授权参与治理"和"协同治理"等标签下。[11]这些创新使我们想象出一种超越反应迟钝的政府的方式。如果说今天的政府反应迟钝，那么这不仅是来自它对商业部门的从属关系，还因为它从公民手中夺走了决策权，交给了少数专业代表和官僚。作为公民，我们几乎没有机会参与辩论，没有机会影响这些专家做出的选择。这些专家受到社会上最有权势的行动者的影响，这些行动者往往都来自商业部门。与此相反，创新计划鼓励立法者和监管机构让公民和利益相关者参与确定地方目标，与地方同行合作，相互学习，并与更高级别的中央行政单位合作。在美国和世界各国，越来越多的城市在市政预算、学校治理、警务和环境规划等领域，实施了此类参与式治理计划。[12]

我们还有大量提供重要服务的非营利组织，其中一些为民主社会主义提供了宝贵的经验。在非营利组织中，最新的社会创新浪潮是开源运动，它催生了维基百科等服务和Linux等软件系统。在这里，想法、软件代码、蓝图和其他材料都是免费提供的。当人们抛弃私有知识产权，以这种方式自由贡献自己的想法的时候，其他人可以更容易地建立自己的想法和改进这些想法，创新速度也会加快。互联网本身就是一项开源工程，在它的发展支持下，我们看到了软件和硬件设计、医学、教育材料、公民科学和许多其他领域的开源社区的发展。为了确保这些众多社区的协调发展，民主和参与性治理结构应运而生。[13]

作为新的社会主义制度的先兆，这些创新令人鼓舞。它们的局限性也具有指导意义。在许多情况下，这些企业和机构缺乏强有力的民主问责制，无论是因为有意如此设计，还是缺乏成员和公民的参与。更根本的是，我们很难看到应该如何扩大它们的规模，以应对我们在更广泛层面上面临的六大危机。很显然，我们需要一些更广泛的体制框架，使这些地方和社区一级的机构具有一致性，并能给它们提供支持，指明方向。同样清楚的是，在这一新框架下，如果这些创新要从经济的边缘转向核心，营利性商业部门对我们经济和政治的影响力应该要大幅削减。

来自我们过去的图像

大约100年前，美国有许多城市由社会主义者作为市长来管理，他们试图建立公有制企业替代资本主义企业。[14]这场运动在1911年达到高潮，全美共有74位市长自称是社会主义者。他们在"城市社会主义"中的努力，成功地实现了冰、水、电、气、铁路、天平、码头、墓地、港口领航、拖航和疏浚服务等领域的社会化。这些措施深受选民欢迎。可惜由于商业部门、法院中保守派的政治反对，以及城市对融资计划的依赖性，这场运动被扼杀了，或者被圈入无害的飞地。最终，这些努力留下的只是一个混乱的局面，数千个重叠的"准政府"机构提供商品化服务（用户按使用付费），而不是作为公共基础设施在发挥作用，它们缺乏民主问责制，从而削减了更广泛的社会变革的动力。这段历史应该能为今天许多进步人士提供警示，因为他们建议从地方一级向上建立上述变革的替代方案。[15]

许多美国进步人士也深情地回顾罗斯福新政，认为在这个模式上，我们可以建造更美好的未来。然而，新政受到监管和社会民主改革模式固有的限制。新政让私营企业控制了经济的核心。政府应对大萧条的努力仅限于有助于而非损害私营部门能力的行动。工程进度管理局等政府项目减轻了劳动人民的痛苦，但是他们在公共工程项目中雇用人员，而不是在私营部门声称属于自己领域的活动中雇用工人。在私营部门商业利益的支持下，法院和政府中的保守派不断压制罗斯福更激进的提议。联邦政府的赤字不准超过国民经济产出的3%。毫不奇怪，从大萧条中恢复过来的进程缓慢，时断时续。

如果我们正在寻找一种模式，一种能够为应对我们今天面临的六大危机带来更多希望的模式，我们或许可以从动员美国经济参与第二次世界大战的过程中学到很多。事实上，一些环境活动家呼吁我们采取这种动员方式，以作为应对新出现的气候危机的模式。[16]

第二次世界大战期间，约1200万美国人应召入伍，国内创造了1700万个新的文职工作岗位，船舶、飞机、弹药和其他军事材料也以惊人的速度加速生产。广泛动员迅速将失业率从战前的18%左右降至2%以下，收入不平等性大幅下降，高收入被征税，低收入被提振。战争期间，实际工资增加了，住房质量也提高了。尽管商业部门在抵制，但是政府鼓励家庭在家里种植花园。人们种了大约2000万个"胜利花园"，在战争期间供应了美国近40%的蔬菜。动员不仅成功，而且失业率、贫困率、婴儿和产妇死亡率大幅下降，妇女和少数民族的地位也大幅改善，只有日裔美国人惨遭拘留，被排除在外。[17]

政府对经济进行战略管理使得动员成功。这不是市场自发协调的结果，也不是因为工厂主爱国。事实上，许多商业领袖拒绝转为军事生产，因为它们害怕市场份额被没有转军事生产的竞争对手占去。最终，转变的动力由政府官员领导，大多数公司在胁迫下只能勉强答应。[18]

联邦政府对经济的战略管理包括军事和民用的大部分私营部门生产，以及大大扩张的公共部门。政府禁止或限制对战争没有贡献的活动，如生产民用冰箱、真空吸尘器、留声机和洗衣机。政府机构还确定了大部分经济体的产量目标、价格、租金和工资。庞大的军事部门设计和生产武器和物资。当政府机构将军事生产外包给私营部门时，他们通常会指定设计，并为承包商设定价格和利润率。政府官员通常选择次级供应商并直接提供组件，而不是让主承包商自己做出采购决策。为了让160多万工人和工头做好准备迎接新任务，联邦政府制定并部署了一项大规模的技能发展计划（"行业内培训"）。

战争结束时，政府支出占经济总产出的近50％，而1940年仅为18％。政府对大部分民用部门实施了相当强度的管理控制，控制价格和工资以避免通货膨胀，并取得了成功。同时，政府对天然气和石油、咖啡、黄油、轮胎、鞋、肉、奶酪和糖等稀缺消费品进行配给，确保每个人都得到公平的份额。政府对所有收入征收累进税，并对其认为过高的任何商业利润征收特别高的税。如果官员认为私人承包商的利润太高，政府就会保留（而且经常行使）追溯重置价格的权利。战争期间，工厂和设备投资的私人融资仍在继续（1940—1943年期间总计约69亿美元），但与政府投资（同期总计137亿美元）相比，私人部门投资显得相形见绌。其中一些投资创造了"政府所有、政府运营"的设施，尤其是许多造船厂。其中大部分是"政府所有，承包商运营"，但即使在这些设施中，政府官员也严格控制着运营。

虽然战争这样的紧急情况可能会导致更专制的政府形式，但是民主参与在工作场所和政治领域都有所扩大而不是缩小。战争的紧迫性为工人提供了一个强大的杠杆，使他们能够对公司和政府层面的政策施加影响（尽管这种紧迫性有时被用作对抗工人的杠杆，例如，在破坏未经授权的罢工时）。高级工会领导人，如西德尼·希尔曼（Sidney Hillman），他是美国服装工人联合会的负责人，也是工业组织大会成立的关键人物，在战争规划工作中发挥了突出作用。因此，战争劳工委员会将许多长期存在的工会对工会安全、申诉仲裁、年资、假期工资、病假和夜班补贴的要求制度化，迫使这些措施被广泛地应用于顽固的企业。工会成员从1940年的900万增加到了1945年的近1500万。[19]不过这种民主化是有限度的。战争生产委员会试图建立"联合劳工管理委员会",希望提高工厂和行业的生产效率,可惜商业阻力使该计划停滞不前。[20]

虽然社会生产资源的所有权基本上仍然在私人手中,但是控制权基本上社会化了。因此,动员工作的成功在很大程度上取决于私营部门的合作。毫无疑问,如果不合作,政府会强行施压。政府没收了数十家工厂,人们才明白了这一点,其中包括军用飞机、军舰、电信设备和煤炭的主要生产商,以及石油公司、铁路公司,甚至最大的零售商之一蒙哥马利·沃德(Montgomery Ward)。诚然,大约一半的扣押是由工人未经授权的罢工引起的,但是另一半针对的是公司领导人的不当行为:无能、腐败或拒绝遵守劳动法规。由于工人向政府提出的呼吁,这些扣押(以及大量扣押威胁)并不罕见。

政府的全经济战略管理奏效了,这让商业部门感到担忧。商业协会组织了一场广告活动,将实业家而不是政府或劳工描绘成动员故事的英雄。这场运动依赖于所有常见的反政府刻板印象,即过度的文书工作和无能官僚。商界领袖为该项目提供了大量的资金,反映出私营部门许多人的深切忧虑,害怕政府的动员计划一旦取得成功,在战争结束后,政府会得到支持,在经济中的作用将进一步扩大。1943年12月,通用汽车公司主席阿尔弗雷德·斯隆(Alfred Sloan)在全国制造商协会年会上发表演讲并诘问:"从经济意义上来说,赢得和平难道不比从军事意义上赢得战争更重要吗?"他说,为了确保和平时期的胜利,企业领导人必须为返回的退伍军人创造就业机会。事实上,当时许多人担心大萧条状况会再次出现,因为退伍军人重新进入劳动力市场,政府又缩减了战争开支。如果私营部门没有实现就业,政府将在扩大的公共部门为他们创造就业机会,就像在大萧条开始时做的那样,这将失去和平。用斯隆的话来说,这将意味着"企业的社会化",这完全不可接受。[21]

在当时许多观察家眼中，战争结束时，美国只有两条路可走，要么转向更全面的社会主义计划，要么转向资本主义。[22]风险确实很高。事实证明，支持政府在美国和平时期的经济中发挥更大作用的人出现了分歧，并被击败。美国民主管理经济的实验很快就退出了历史舞台。

第二次世界大战期间激发出的爱国主义情绪，让人们的目标迅速达成一致，齐心协力，这肯定有助于动员工作的成功。今天，在思考我们的未来时，我们不能假设能遇到我们在战争条件下看到的那种共同目标。另一方面，在民主社会主义制度中，企业的目标将直接反映我们需求，经济和社会形式的变化可能会改变我们的日常需求和动机，我们不应低估这一点。

因此，让我们看看这样一个民主社会主义制度是如何逐个解决我们今天面临的危机的吧。[23]

克服经济的非理性

社会主义改造旨在结束我们的经济非理性危机。协调区域、行业和整体经济活动的主要手段将不再是资本主义的市场，而是民主战略管理。这将要求我们建立社会主要生产资源的公有制体系。只有这样，我们才能确保生产、投资、融资、创新和外贸符合我们的民主优先事项，而不是资本主义的利润和增长要求。

这种社会主义经济不会经历资本主义制度所特有的经济和金融不稳定。投资和就业创造将不再是私营企业基于个人利润预期做出决定的不可靠结果。相反，它们将根据社会的需要进行民主决定。民主社会主义模式将深化、扩大和民主化成类似于二战时期的经济动员。

所有权：超越私营企业

通过将社会的主要生产资源置于公有制之下，我们将把我们经济的核心变成一个巨大的企业。今天的许多竞争性企业将转变为该企业的子单位。这将使我们能够从战略上管理这些子单位及其相互依存关系，就像大公司的高层管理人员管理公司子单位的运营一样，不过这样的管理会变得更加民主，应用协同制定战略原则的范围也将更广。

为此，我们需要将社会生产资源的所有权社会化，如设备、建筑、土地和技术知识。这意味着从私人手中获取购买和出售这些资源的权利，并将这些权利授予社区，无论是在市、地区或国家的哪个层面。需要明确的一点是：社会主义没有兴趣废除个人资源的私有制。税后工作收入由你随意消费，你的手机任由你处置。

我们应该能看到，当前的私人所有者会强烈反对这样的财产社会化。为了补偿目前的所有者，包括所有储蓄被股票、债券和土地所束缚的劳动者，政府将发行长期年金。

财产社会化将采取多种形式，提供不同程度的社会化。我们可以把社会主义经济结构的主要形式想象为三个同心环。

第一，最内部的环将以直接公有制和政府控制的形式提供最完整的社会化。所有权可能在国家、区域或市一级。因为它们的经济规模，或者它们对其他经济体的影响，对我们的福祉最为重要的行业的企业将处于这一环。这一环将包括某些行业的全部，如银行和金融、电信、公共交通、医疗保健、制药、能源、汽车、钢铁、铝和国防工业基地；包括互联网和所有土地；包括已经发展到具有系统性影响的特定公司，如沃尔玛和亚马逊等零售巨头，以及嘉吉等农业分销巨头；包括自来水、污水处理、保护服务等传统公用事业。不言而喻，在现行新自由主义政策下被部分私有化的前公共机构（如监狱和学校）的所有权将回归公共部门。经过几十年的经验，很明显，与私营企业签订合同来提供公共服务，以及"公私伙伴关系"无法满足我们的公众需求，反而会导致裙带资本主义。

第二环或中间环将由我们可以称之为"社会化的合作社"组成。合作社的董事会不仅包括企业工人（如传统工人合作社），还包括其他利益相关者，如客户、当地社区和地方政府。如果这些合作社同意在国家经济委员会的战略进程框架内工作（将设定经济、社会和环境目标），以换取其所带来的利益（我们将很快讨论这一点），它们将与第一环企业一起成为经济的"社会主义核心"的一部分。像第一环企业一样，它们不拥有自己的设备、建筑或土地，而是从政府那里租用。作为社会主义核心的一部分，它们为物质和人力资源支付的价格以及为产品赚取的价格将由更高级别的经济委员会决定。这些价格旨在将所有相关的外部因素内部化，因此将反映每种资源的全部经济、社会和环境成本。

然而，与第一环中的企业相比，第二环中的这些合作社自主性更大一点，能掌控生产什么及如何生产。每个企业都将与理事会协商制订经济、社会和环境目标，但是在规划如何实现这些目标方面，它们将保留更多的自主权，企业人员的薪酬也将部分取决于这些目标的实现程度。若投资或生产计划有任何变化，它们将提醒相关行业和区域经济委员会，以便这些计划与其他受影响企业的计划协调一致。

第三，外环将由规模小得多的私营部门组成，由小型和家族企业以及选择留在国家经济战略进程之外的合作企业组成。这些企业的工人将作为公民，参与制定最高优先事项的经济战略，但是企业本身不会参与社会主义的核心进程——参与制定实现优先事项的最佳方案。企业的收入将直接来源于其成功地为产品找到买家，而不是由高级理事会根据其对社会的贡献编入预算。它们将由银行（现为公共所有）或留存的储蓄提供资金。

因此，第三环的财产社会化受到了限制，不能直接进行。这些企业的利润仍将是私人的，不过控制权将以多种方式社会化。政府法规将保护这些企业的工人和当地社区。这些企业将依赖来自社会主义核心的产品，其品种和价格将反映我们的集体战略重点。它们将雇用那些可以选择在社会主义核心区高质量岗位就业的人。这些企业的任何外部融资都将来自银行，银行现在是公有的，将使用我们民主确定的战略标准做出信贷分配决策。

总体而言，经济将由第一环和第二环主导，此为社会主义的核心。一些人担心，这将导致政府垄断，而这些垄断将比今天的企业垄断效率更低，对客户和社区的反应也更差。有三个因素可以缓解这些担忧。

首先，我们已经在公共控制下的公有企业方面拥有丰富的经验。即使在目前受到的限制下，这些企业的平均经济效率也与私营企业一样。[24]

其次，如果规模经济不见效益，我们可以建立几个相互竞争的企业。我们通过为这些企业的服务制定共同价格，鼓励它们在质量和服务方面进行竞争。（如果我们允许价格竞争，将会创造一个强大的动机来挤压劳动力，这将与我们的目标背道而驰。）

最后，相对于我们今天在公共部门看到的情况，我们将改善核心企业的监督和问责机制。目前，政府对商业利益的顺从严重阻碍了本应提供这种监督的机构的发展。这些机构的预算一直处于匮乏状态。而存在的一些障碍使它们难以吸引高质量的工作人员，而"旋转门"则破坏了它们的严谨性。在民主社会主义下，这些障碍将会得到清除。

然而，我们应该认识到，对效率低下和反应迟钝的抱怨在某种程度上是不可避免的，而且可能是一个健康的迹象。在资本主义条件下，价格和工资是通过市场竞争的盲目过程形成的。如果我认为一家公司的产品太贵或质量太差，或者该公司给我的工资太低，我所能做的就是寻找另一家公司，它能给我提供更好的报价。如果我找不到更好的替代方案，就没有人可以责怪。如果整个行业都在以过高的价格销售产品，或提供劣质产品，或支付低工资，这也是"市场告诉我们的"。在社会主义制度下，这些问题将成为民主审议的对象，因此，对糟糕表现的批评不可避免地会更加普遍。这些批评将是积极的迹象，表明我们正在掌控自己的经济命运，而不是继续成为市场进程的受害者。[25]

让我们试着想象一下这个社会主义核心会是什么样子。首先是汽车工业。在2008年危机之后，我们已经有过那么一段短暂的时间，政府事实上拥有了两家最大的汽车公司，通用汽车和克莱斯勒。但奥巴马政府利用这一时期迫使工人接受减薪，使公司恢复盈利能力，并将其交还给私人投资者。实际上，我们可以将它们国有化，并将它们保留在公共部门内。在社会主义模式下，它们将成为公共企业，在选举产生的国家运输业委员会的领导下运作。它们将有顾问委员会，包括工人、供应商和客户的当选代表。而且，作为社会主义核心的一部分，这些企业将成为全电动汽车和公共交通系统的领导者。

其次，考虑一下银行业。在2008年危机刚结束时，完全有可能将整个美国银行系统国有化。[26]我们的银行之所以还能够运作，是因为政府对它们进行了纾困。在社会主义模式中，我们将完全接管。瑞典在1992年金融危机后成功地做到了这一点，但是瑞典政府（以良好的社会民主主义风格）在资产负债表清理后立即对其进行了重新私有化。而我们可以使其保持公有制，沿着合理的路线进行重组，并将其纳入新的社会主义核心。这一新的公共银行系统将把公共投资资金引向整个经济体的各个企业，这取决于它们对我们民主确定的战略目标的潜在贡献。

现在想象一下，我们最大的零售商沃尔玛、开市客、克罗格、亚马逊、麦当劳成为社会主义企业，对美国公民负责。这些企业将由我们选出的地区和国家经济委员会负责提供广泛的、负责任的消费品和食品选择。它们将配备训练有素、薪酬合理的人员。这些员工将选举（或随机选择）其顾问委员会的代表，他们与消费者、供应商和地方政府的代表一起，将确保企业满足通过战略经济管理流程设定的经济、社会和环境目标。

想象一下，我们将土地国有化。除非出于某种公共目的要求进行改变，否则现有居住者不会被驱逐；如果他们一定要付租金，也是向政府支付租金，而不是向私人房东支付任何租金。除非该物业具有某些区位优势，例如，在更理想的位置提供的住房和更肥沃的农业用地，否则人们无须支付租金。建造、出售或出租新住房将没有利润，住房建设将成为政府的使命。公共住房将成为常态。将居民和地方政府聚集在一起的地方委员会将管理这些住房综合体，而更高级别的委员会将确保其资金足以满足我们的住房需求。

经济的战略管理：超越市场短视

正如我们之前所讨论的，在第二次世界大战动员期间，美国政府计划了大部分经济的产出和投资。在一个奉行民主社会主义的社会中，主要经济部门是公有制的，我们将推广类似的战略规划流程，并把它民主化。

我们将在各级议会组织定期审议和投票，制定我们的经济、环境和社会目标，并做好实现这些目标的计划。这些委员会将向社区、城市和地区的公民，以及工作团队、企业和行业的工人发出声音。国家经济委员会将综合他们的意见。决策将尽可能地分散，但必要时尽可能地集中，并将在所有受影响方能够共同讨论和决定的最低级别作出决定，以确保战略规划流程尽可能从本地知识中受益。如果受影响方分布在整个经济中，如大规模经济的行业，对上游供应商和下游客户产生广泛影响，或对我们的自然或社会环境产生严重影响，决策将更加集中。无论决策是更集中还是更地方化，我们都需要保持警惕，确保其参与性和民主性。

根据这些下级委员会的意见，民主国家经济委员会将根据公民和社会主义核心企业的意见，决定未来一段时期的主要经济目标。这些目标包括每周和年度工作时间；通过免费分发来满足人们基本需求的物品的数量和类型；其他需要支付的消费者需求；用于经济和社会活动的各部门的投资金额；经济委员会和银行在评估企业绩效和投资建议时使用的经济、社会和环境标准的平衡；以及致力于减少区域和群体之间不平等的投资。[27]过去，社会主义计划的批评者认为，现代经济的复杂性如此之大，产品如此之多，以至于在计算上不可能充分详细，不可能及时地制定此类生产和投资的计划。[28]批评人士认为，市场经济在确保所有这些产品的供需平衡方面更胜一筹，因为市场依赖于价格信息，而不是实物数量，因为它将决策权下放给各个公司和消费者。然而，现代计算机使计算整个经济体的兼容生产和投资计划完全可行，因此我们不再需要资本主义市场过程来达到这一结果。

我们应该稍作停顿，强调一下这种战略规划流程与资本主义市场体系中的竞争过程之间的差异。在资本主义制度中，价格是事后产生的。公司将附有价格标签的产品推向市场；但由于他们不知道竞争对手的计划，他们经常发现他们需要调整价格以应对竞争对手的行动。竞争威胁着那些成本和价格被证明过高的公司的破产，并威胁着这些公司的工人失业。在社会主义战略管理体系中，价格将反映我们共同的战略目标。它们将包括污染等各种外部因素的成本，以及我们对更遥远的未来的关注，例如对碳排放征税。在资本主义社会，战略管理仅限于单个企业内部，因此服从于市场。在社会主义制度下，市场将服从于我们的经济战略，并将成为实施经济战略的手段。这种战略管理并不排除企业之间的竞争。管理良好的社会主义制度将鼓励企业竞争，以提供更具吸引力的产品和服务，并让客户在市场上自由表达他们的偏好。

关于这一战略规划流程的有效性，重要的一点是，企业就自身能力向经济委员会做出准确的预估，然后努力实现双方商定的目标。既不低估，从而使目标容易实现，结果造成供过于求；也不能高估目标，从而获取更多资源，最后造成了短缺。[29]

为此，我们将会有三种工具，它们可以组合使用。第一种工具是透明度。工人、供应商、客户和经济委员会等外部利益相关者，能够充分获得有关企业的所有相关信息，战略规划流程将他们所有人都纳入对话，因此，信息公开透明，偏见迅速被揭露，并得到纠正。

财政激励是第二种工具。我们将向工人提供集体奖金。如果他们的企业实现了高产出，则奖励他们；但如果他们的产出低于或高于目标，则惩罚他们。这将有助于确保经济委员会获得有关企业能力的准确数据。

第三种工具是竞争。我们将避免一种产品只有一个供应商的垄断情况。在多个企业之间分配供应合同和/或授权企业选择供应商，将为企业和经济委员会提供可比较的绩效数据。财政激励与象征性认可相结合，使落后的企业受到鼓励，表现优异的企业则得到奖励。行业论坛将帮助落后者向领跑者学习。

财务：超越盈利能力

今天，少数几家银行控制着我们整个银行业。我们将使这些大银行的所有权和控制权社会化，而不是拆散它们并相信资本主义市场竞争将产生一个健康的信用体系。股票和债券市场的整个机制将消失，我们今天看到的投机性赌场资本主义也将随之消失。

银行业将分为公共控制下的消费银行和工业银行。消费银行将像储蓄和贷款协会一样运作，对储蓄支付利息，对消费贷款收取利息。工业银行将根据区域、行业和国家层面的战略管理流程中发展出来的标准为经济重建提供资金。这些工业银行将取代金融市场成为投资资本的来源。它们将成为向经济二环和三环中的企业提供信贷的工具。工业银行将根据经济、社会和环境标准以及经济委员会的战略目标为投资提供资金。

生产：不惜一切代价超越增长

民主社会主义制度中的工作将进行重组，使它在本质上更令人满意，它将减少狭隘的专业化，增加发展和提升技能的机会。更多人将有希望在为共同利益做出贡献时感到满足。然而，对于许多其他人，甚至大多数人来说，工作仍然是出于必要而不是出于欲望。因此，家庭和社会互动的自由时间，以及培养兴趣和人才的自由时间将被视为宝贵的社会财富。

在资本主义制度下，确保体面生活水平所需的工作时间只有在劳动者与商业利益进行艰苦政治斗争的情况下才得以减少。在民主社会主义下，我们的目标将是赋予工作更多的意义，不过工作与生活将实现一种与之前完全不同的平衡。[30]在社会主义社会，我们将缩短工作周，扩大带薪年假，以及带薪医疗假和探亲假。

这种工作时间的减少将主要通过消除浪费性生产来实现。机会是巨大的，其中一个原因是我们的社会主义社会还将大大减少军事开支。

我们将消除资本主义的浪费性开销。事实上，尽管社会主义模式的批评者很快就对集中规划所涉及的官僚间接成本提出了担忧，但是他们忘记了我们的社会在下列活动中浪费的时间：私人医疗保险中介、试图让我们购买更多的广告商、股票经纪人和投资银行家，以及处理商业冲突的律师和法院。在社会主义制度中，几乎所有这些活动都是不必要的。

除了这些浪费性的间接成本，在资本主义制度下，我们还承担了大量不必要的生产成本。例如，如果我们要简化汽车造型设计，并使汽车车型的部件标准化，如果我们投资一个全面免费的公共交通系统，国家就会避免在汽车生产和维修上花费大量不必要的努力。我们也要考虑，这种重新定位给环境带来的所有好处。

通过我们的民主经济管理，我们将消除大量无用的工作。我们将通过减少工作时间来分享由此产生的财富和工作。目前最好的估计表明，如果每个人每周平均工作20小时，我们将能够保持目前的物质繁荣水平。[31]

创新：超越风险资本主义

相比资本主义，社会主义经济将创造出更多的创造性创业机会。每周的工作时间缩短后，更多喜欢创业的人会腾出时间从事创业活动。此外，社会主义经济中的企业家将不再依赖风险资本家，而是从公共工业银行和他们目前工作的企业获得资金。风险资本家只在他们认为会在三到五年内投资价值至少有可能增加10倍的情况下才进行投资，我们的公共工业银行却不会那么贪婪，它们的投资将基于该提案对人类和地球的长期福祉的影响。[32]

一些创业活动将发生在第一和第二环的企业中。今天，我们称这种活动为"内部创业"。在社会主义制度中，这种创新行动的机会将扩大。[33]其中一些将发生在第三环的企业。因此，第三环将成为在国家战略规划流程边缘运作的新企业的试验场所。如果这些创新企业被证明是成功的并发展壮大，其创始人和工人将通过吸引第一环或第二环企业的收购，拥有一个简单的"退出战略"。

在资本主义体系中，创业过程与创业者及其风险投资家的个人财富有关，而在社会主义社会中，创业者将获得适度的金钱回报，不过会得到更充分的社会认可。社会主义的批评者有时认为，经济发展在很大程度上取决于少数人的创造力，如果没有巨额经济回报的前景，巨大的创造性突破将无法实现。然而，强有力的证据表明，为创造性创新者带来强大动机的不是个人财富，而是服务于人类的前景，以及得到社会和专业的认可。[34]

除了自下而上的创业精神外，在充满活力的民主社会主义经济中，中央管理、民主决定的创新发展和部署计划会引导和激励创新。鉴于技术在应对环境危机方面的重要性，此类计划就显得格外紧迫了。如果我们想利用数字技术革命的巨大潜力，走上可持续的绿色发展道路，政府的"使命导向"投资以及对当地企业的相应政策支持将至关重要。[35]

充满活力的社会主义经济将贯彻协同创新原则，以确保集中的自上而下的创新和地方的自下而上的创新协同工作。经济委员会将从国家卫生研究院和国防高级研究项目局的成功经验中吸取教训，为国家、地区和行业层级的研发机构提供资金。委员会将同时鼓励企业不仅提供战略规划流程中规定的产品，而且探索客户可能感兴趣的替代方案。他们创业"赌注"的成功将为企业工人带来奖金收入，也将向经济委员会和其他企业提供信息，这些信息将被纳入下一个战略规划周期。由于这项创新需要重要的前期资本投资，我们的战略规划流程将使这项投资的成本、风险和收益社会化。

当然，一些创新会带来健康或环境风险。因此，我们需要专门机构进行适当的审查、测试和监督。如今，食品和药品管理局等监管机构因商业利益的重压而束手无策，因此，它们的失灵非常普遍。社会主义监管者将能够做出更好的决策，平衡创新新技术的利益与风险。

克服工作场所失权

财产的社会化将使我们能够解决工作场所失权的危机。我们不再为了换取工资或薪水而以"雇员"的身份工作，让管理层有权控制我们的工作及其成果。我们将以公民身份工作，有权平等地参与工作场所（以及更广泛的经济）的治理。[36]从道德企业和工人合作社的经验中，我们已经知道如何组织这些企业以保持民主参与和经济效益。民主社会主义模式将在企业层面扩大协同战略制定、协同创新、协同学习和协同工作。

企业：超越雇工

在所有具有一定规模的企业的董事会中，立法将规定工人享有代表权，与其他利益相关者（如客户和社区团体）的代表一样。在由公共部门企业组成的内环中，董事会将是咨询性的，因为它们的战略主要依靠经济委员会下设的相关政府机构。在第二环的社会化合作社中，董事会将拥有更广泛的自主权。

除了董事会，企业的民主管理是什么样的？在规模较小的企业中，重大决策将由全体工人在大会中经平等投票做出。在更大的企业中，完全依赖大会将过于烦琐，无法体现我们的民主价值观。在这里，在企业层面，正如在政治领域一样，民主将采取直接和代表的形式。正如在政治领域一样，我们将轮流或随机分配代表角色，以确保观点的健康多样性，并避免出现决策的天平向特权社会阶层倾斜的现象。我们可以从更大的工人合作社，如西班牙的蒙德拉贡合作社的经验中学到很多东西。[37]

数字技术将在这方面帮助我们。资本主义公司对让员工投票决定公司战略选择的兴趣不大。相比之下，在社会主义企业中，数字技术将促进企业工人和其他外部利益相关者广泛地参与讨论，频繁投票。若要召开民主论坛，就特定行业或地区的投资或撤资做出决策，有了数字技术，我们几乎能够跨企业、跨地点、跨行业地即时计算对就业和福利的影响，并在竞争场景之间组织公民投票。

工会将是社会主义企业民主化治理的重要组成部分。工人将直接或通过代表参与企业董事会，不过实际经验表明，如果一线工人与企业领导层之间也有第二条沟通渠道，问题和机会将更有效地显现出来。[38]

除了企业治理的这些变化之外，我们还将发起一场大规模运动，以更人道的方式重新组织日常工作。如今，有道德的公司发展了更具吸引力的工作组织形式，其依赖于车间和前线的团队合作。在每一家这样的公司背后，还有更多的公司工作效率低下，让员工连续多年被困在狭窄和重复的工作中，没有机会提出改进的想法，也没有个人发展的机会。在社会主义社会中，每一家企业的工人，特别是社会主义核心企业的工人，将会受到激励，重新思考日常活动的组织方式，并规划技能和职业发展的路径。协同创新将成为跨行业和政府机构的标准实践。

怀疑论者怀疑民主社会主义企业能否达到资本主义企业的效率水平，更不用说超过它了。协作学习原则为这一质疑提供了有效的回应。社会主义企业实行民主治理。它们的董事会将与其他公司、所在地区和所在行业的相关经济委员会进行对话，考虑制定企业目标，以满足工人、社区和环境的需求，以及消费者和更广泛社会的产品偏好和负担能力限制。提高效率的好处将不会像今天那样，为企业所有者和投资者带来更大的利润。相反，利益将在工人和其他利益相关者之间公平分享。在这些新的条件下，工人们将真正乐意获得帮助以找到最有效的工作方式。

因此，在社会主义经济中，标准化将更加广泛，有助于实现比资本主义条件下更高的效率，并将在没有我们今天看到的胁迫和异化效应的情况下发挥作用。协同学习将被概括为企业内部的组织原则。在整个行业层面，经济委员会将支持跨企业的标准化工作，包括产品（如本章前面讨论的汽车设计）和过程（如前一章讨论的软件行业CMM）。

工作和收入：超越不安全感

民主社会主义制度的最终目标之一将是保障所有人过上美好的生活，摆脱被动的"为了生活而工作"。当然，目前实现这一目标还很遥远。因此，在一个民主社会主义社会中，虽然我们在努力丰富工作内涵，减少工作时间，但是我们必须找到一种方法，确保把各种努力分配均匀。

一方面，我们的技术已经很先进了，足以满足许多基本需求而无须收费。任何人，无论是否工作，其关于食品、服装、住房、教育、医疗保健、流动性、通信、公用事业等的基本需求均会得到满足。另一方面，还有许多其他商品和服务由人们自由定夺，消费者从自己的收入中拨款支付。

那么，收入如何确定呢？在社会主义核心部门，不同类型工作的基本工资水平将由经济委员会确定。企业董事会决定薪酬水平的更细微差别。不同类别的工人需要相互解释，为什么他们认为一种工作比另一种工作更有价值。

薪酬差距将比今天小得多。如下所论，我们要提供免费的教育，并向学生支付足够的补助，使继续教育的投资成本社会化，从而扭转当下的教育由学生及其家庭提供资金的现状，最终让造成薪酬差异的大部分资本主义理据消失殆尽。

除了基本工资之外，我们还将创设奖金，以支持相互依存的社会主义道德，以及为公共利益做出的贡献。奖金将根据协同工作原则，按照各自的贡献，提供给团体和个人。社会可能会进一步演变，我们不需要用经济刺激来调动努力工作的积极性。在可预见的未来，即使薪酬的微小差异也会带来巨大的好处，特别是在提供有限内在利益的工作中。社会心理学研究告诉我们，即使薪酬数额的微小差异也可能具有巨大的象征意义。[39]

那么，在这样一个系统中，人们将如何与工作相匹配？正如在如今的

大型资本主义公司中那般，变化一旦能改善整体的经济表现，人们就要更
换工作，比如需要更少的人生产汽车发动机，更多的人生产风力涡轮机。
不过在社会主义制度中，经济效益不是根据是否提高了资本主义企业的盈
利能力来衡量，而是根据是否满足了社会的需求来评判的。工作变动，可
能涉及企业之间的流动，而不会仅仅发生在资本主义公司的内部。如果工
作变动请求没有吸引到足够多的志愿者，那就需要调整工资比例，使工作
变动更具吸引力。

克服政府反应迟钝

　　财产社会化以后，政府将不再屈从于私营部门的商业利益，政府反
应迟钝的主要原因便得到了解决。私营企业商业部门的结构力量及其威胁
资本罢工和资本外逃的能力将被彻底消除。各种使商业和富裕利益集团在
当前政治进程中享有权力的途径（游说、捐款、"旋转门"等）也将得到
消除。

　　在民主社会主义社会制定政府政策时，我们拥有的不再是形式上的法
律平等，而是真正的公民平等。我们的政治体制将从财阀统治转变为真正
的民主制。财阀统治在我们早些时候所说的"黄金规则"下运作，谁有钱
谁说了算。我们需要新的政治机构，让公民能够聚集在一起辩论、讨论和
决定政策。我们将利用电子系统的潜力，丰富公众讨论，简化全民投票程
序。[40]要把民主的范围扩大到经济领域，我们需要一系列新的各级管理机
构，从社区到城市、地区乃至整个国家；我们需要新的机制，以确保各个
机构做出决策的民主质量。

　　为了防止滑向寡头垄断的风险，我们要依赖一系列机制。言论和结社
自由至关重要。我们还需要保障少数群体的权利。在某些领域，我们可能

需要某种联邦制，以确保国家政策得到广泛支持，并确保大多数人在做出这些决策时不忽视地方上的关切。

在一个民主社会主义的社会，我们将致力于在可行的情况下实现直接形式的民主，并在必要的情况下努力确保间接民主的稳定性。今天，我们非常清楚代议制是如何退化的，我们也明白专业政客如何控制选举制度，同时我们也学到了很多防范风险的办法。[41]我们或许不能依靠选举产生的代表，而要依靠古希腊的抽签制度，随机选出公民，让他们在短期内轮流担任政治职务。

对民主的另一个威胁来自我们对技术专长的需求。事实上，今天的专家经常垄断对话，劫持决策过程。我们的立法论坛，如经济委员会，需要专家提供数据，帮助做出分析。不过我们必须确保这些专家"随时可用，不在高层"。[42]

为了确保政府决策的民主质量，我们要利用种种协商民主的大量经验。我们习惯了深受资本主义背景影响的民主概念，即公民根据个人物质利益进行投票。在协商民主进程中，在就某一问题进行投票之前，我们将通过一个有组织的流程来调用专家信息，通知选民，并安排一场真正的对话。在对话中，参与者受到挑战，并有机会公开提出论点。在这种情况下，论点自然不是根据个人的物质利益，而是根据公共利益来构建的。这种情况唤起了相互依存的精神，有助于克服纯粹的个人主义倾向。

批评者认为，协商民主软弱无力，总是遭到经济差异和个人资源差异的破坏。然而，这些批评显然被夸大了，就像亚里士多德对政治民主的恐惧一样。是的，如果我们试图在一个以资本主义结构性不平等为特征的社会中实施协商民主，协商民主确实有可能失败；但是在民主社会主义社会中，这些担忧基本上站不住脚。[43]是的，性别歧视和种族主义态度，或个人特征（如不愿在公共场合发言或思想封闭），可能会破坏协商进程。

但是如果幻想这样的问题使整个协商机制无效，就等于是让完美成了善的敌人。这些都不是根本性的障碍。它们都是我们要以实际方式处理的实际问题。

当然，在一个民主社会中，并非所有决定都能以协商一致的方式做出。有些决定会让少数人不高兴。然而，这并不意味着民主政府是幻想。即使在处理根深蒂固、不可调和的价值观差异的时候，我们也没有理由认为我们不能尊重彼此。将彼此视为对手，纵然是充满激情的对手，也不该是要消灭的敌人。[44]

在民主社会主义社会中，政府有一个显著的特征值得注意：它需要我们所有人参与，其范围更广，频率更高。工人要响应号召，参与目前由管理者负责的决策。公民也要响应号召，积极地参与关于一系列政策问题的决策，这些问题目前是专业政治家和官僚的专利。这将意味着开许多会议，但那都是有实质性意义的会议，我们的声音会真正起作用。资本主义吸走了民主的生命。而在民主社会主义的社会，民主将成为我们的生活方式。

克服环境的不可持续性

搞清楚环境可持续性发展的必要条件并不困难。[45]鱼类、土壤和地下水等可再生资源的使用速度不得超过更新速度。例如：鱼类资源的消耗速度不得超过鱼类繁殖的速度，矿物和化石燃料等不可再生资源的使用速度不得超过其可再生替代品的产生速度。例如，我们应该将化石燃料发电过程产生的利润再投资于太阳能或生物燃料等可再生能源，并以足够快的速度进行投资，以确保在没有石油之后还有足够的其他能源可用。污染和废物的排放速度不得超过生态系统吸收它们或使其无害化的速度。例如，向湖泊或河流排放污水就不可持续，除非速度很慢，直到适合水生生物吸收其中的养分为止。

即使世界总人口预计将稳定在100亿左右，我们也没有任何自然原因将导致无法满足这些条件。人口增长是一项挑战，但并非不可逾越的限制。自1970年以来，世界经济以每年约3%的速度增长，这大约是同期人口增长速度的两倍，人口平均每年增长约1.5%，而且正在放缓。是的，我们正在跨越地球生态边界。不过推动这一轨迹的主要不是人口增长，而是资本主义生产和消费的主流形式。是的，我们必须从化石燃料转向可再生能源，这是当务之急，重中之重。[46]科学家们向我们保证，我们事实上可以用风能、水能和太阳能为整个地球提供电力。[47]是的，我们需要付出巨大的努力来改变我们的经济，事实上，这种努力对商业来说无利可图。不过这种努力行得通。[48]

实现环境可持续发展的根本障碍是资本主义私有财产制度。盈利压力限制了资本主义企业的能力，它们无法将环境外部性因素纳入决策，并阻碍了政府适当监管的努力。因此，资本主义危及地球的生态平衡，从而威胁到了我们的福祉。

为了应对这一威胁，我们需要像美国在第二次世界大战期间所经历的那样进行动员，只是这一努力需要更加全面，应持续几十年而不是仅仅持续五年，并且全球要一体化。这种动员将使我们能够资助开发新能源和二氧化碳吸收技术所需的大规模研发工作，并推动我们的电力、水、工业、住房、农业和交通系统的快速转型。[49]

当然，这需要改变我们的生活方式和经济，不过不一定会导致生活质量下降。美国的平均生态足迹比大多数欧洲国家的人均生态足迹多50%，部分原因是美国的郊区扩张更多，公共交通更少，人均能源和水的使用量也比大多数其他发达国家高。然而，显然，我们的生态足迹比别人多出

50%并不能相应地提高生活质量。[50]例如，如果你可以步行、骑自行车或乘坐公共交通工具上下班，你的生态足迹将比你依靠汽车要少得多，尤其是当你总是独自驾驶（75%以上的美国人都是这样），而你的汽车每加仑（1加仑约合3.79升）汽油仅能行驶15英里（就像今天的情况一样）。[51]素食者的生态足迹比肉食者少得多。有草坪的房子比没有草坪的房子有更多的生态足迹，特别是如果草坪经常浇水，并且用化学品进行处理的话。以下选择是否会降低我们的生活质量：短距离步行而不是长距离驾车，减少肉类消费，或用抗旱植物取代草坪？几乎没有影响。

克服社会解体

社会主义改造旨在解决资本主义发展引发的社会危机。经济委员会将致力于克服地区差异和城市层面的功能失调，这些失调源于我们当前的政治制度对私营部门的顺从和资本主义市场竞争不受控制的动态机制。我们要把投资引导到需要的地区。地方不再需要用税收优惠和补贴贿赂企业，来让它们留下投资。房地产行业的利益将不再支配城市建筑法规和许可证。

我们需要的经济民主管理，能够使人们获得他们所需要的教育；能够组织和资助儿童保育、老年护理和保健；能够组织社区安全和恢复性司法；以及管理公共住房。通过社会民主主义国家、进步企业和城市的实验，我们已经知道到自己需要什么。民主社会主义将更系统地应用这些实验的结果。

教育：超越人力资本

二战后的退伍军人法案规定，国家不仅要为退伍军人支付学费，还要支付退伍老兵上高中、大学或职业/技术学校的生活费，还要提供低成本抵押贷款、低息贷款创业以及一年的失业补偿。这对国家经济和退伍军人的生活产生的经济影响非常大（尽管在应用方面存在种族歧视，对妇女的福利也非常有限）。[52]

不过这一民主化步骤很快被逆转了，在我们今天的资本主义社会，教育是确保阶级和种族不平等持续存在的关键机制。更富裕的家庭可以为他们的孩子提供进一步的教育，而这些孩子有更大的优势，可以进入更好的学校和学院，毕业后可以找到更好的工作。为了消除这一不平等的根源，民主社会主义社会不仅将确保儿童保育、学前教育、学校和大学免费，还将在学生学习期间支付津贴。

在这种情况下，发展工作相关技能的成本（今天，有人将这一成本称为"人力资本投资"）将社会化。因此，工资分配可以变得更加平等。事实上，只要高等教育不是真的免费（因为要求学生支付学费和之前所说的生活费），那么要求员工高学历的工作岗位就得为其支付高额的报酬，否则学生无法偿还所需的投资或学生贷款。如果教育是免费的，那么这些工资差异就没了经济合理性。教育和职业选择将不再受父母财富的限制。人们可以自由发展他们最具天赋，也最感兴趣的专业技能。

关怀：超越家庭

护理是一项重要工作，要照顾好儿童、老人、病人和残疾人，护理人员因其对重要社会功能的贡献而得到认可和补偿。护理工作将在社会主义经济的第一环由公共机构完成，在第二环由社会化合作社完成，在第三环由小型私营企业完成，在正式经济领域之外则由邻里相互帮助来完成。

人们通过承担这样的护理工作获得体面的工资，护理人员将真正关注这项任务，因为他们正在帮助居住在自己社区的人。这些社区服务企业将由区域经济委员会根据提交的拟议预算和活动提供资金。今天，一些社区组建起了当地的交易所系统，人们能够在那里赚取可以兑换成其他当地服务的信用。[53]在我们的民主社会主义社会中，这种活动可以由邻里社区委员会进行补偿，就像在社会主义经济的任何其他部分的工作一样。

如果妇女的贡献继续贬值，社会主义就很难做到民主。相反，许多护理活动的社会化将有助于为实现更广泛的性别平等扫清道路。事实上，一旦我们离开私营企业体系，性别歧视问题将得到更有效的解决。例如：由于缺乏标准化的职业分类系统，以及工资表透明度不足，薪酬公平的努力受到了阻碍。资本主义雇主自然会抵制这些政策。不过在将所有权社会化的系统当中，这样的政策很容易就被制定出来了。[54]同样，将所有权社会化和民主控制会让我们采取更积极的行动，纠正对非裔美国人和其他少数群体的职业歧视和工资歧视。

我们的医疗保健系统已经病入膏肓，保险公司、营利性医院、制药和医疗设备公司以及医生都在追求利润。民主社会主义社会将把医疗保健转变为公共控制下的公共服务。在道德上没有任何理由可以说明，为什么金钱能够使你购买到更多的医疗保健，在政治经济上也没有任何理由根据盈利原则来组织医疗保健。

刑事司法：超越监禁

民主社会主义不会消灭犯罪。但是，我们经济体系的社会主义改造将大大有助于消除引起犯罪的许多共同原因，特别是贫困、有限的教育选择和有限的就业机会。我们对剩余犯罪行为的反应将与我们今天所看到的截然不同。目前的制度要求我们在犯罪侦查、逮捕和监禁方面进行大量投资。尽管我们的民主社会主义社会仍然需要法院和监狱来制裁不可接受的行为，但是我们将用投资于社区一级的恢复性司法机构和真正的改造型监狱来取代这种惩罚性的报复精神。[55]

住房：超越房屋所有权

美国政府通过抵押贷款利息税减免来助推和补贴住房所有权的发展。这是一个双重问题。一方面，减税是对富人的巨大补贴，对低收入人群的价值有限。另一方面，鼓励起到了这样的作用，它提高了失业成本，激励了竞争性的个人主义价值观，从而抑制了工人的斗志。[56]

至于租房，在资本主义住房市场，租房者容易受到租金上涨、维修不足的影响，一旦更有利可图的选择出现在房主面前，租房者随时都有被驱逐的风险。为此，许许多多的人奋勇拼搏，拟定了租金控制法规。然而大量的证据表明，租金控制最多只能导致非常复杂的结果。[57]租金控制要么过于严格，使新建住房无利可图，只剩下极少数人能从租金受控制的住房中受益，要么过于宽松，导致租金过高，大多数人都无法承受。[57]

结论很清楚：我们不能通过试图补贴或监管资本主义房地产市场来尊重住房权。我们需要更彻底地实现土地和住房所有权的社会化。我们将制定一项大规模的高质量公共住房计划。任何想以最低租金获得优质公共住房的人都可以立马获得。这是乌托邦？当然不是。在今天奥地利的维也纳，那里虽然不是社会主义的乌托邦，但是有五分之三的人住在市政或合作住房中，其中大部分建筑都非常漂亮。

几十年来，公共住房在美国一直被污名化为低质量住房，只为最贫困者提供。不过这一污名反映了房地产和住房建设行业对政府政策的影响力。美国大型公共住房项目的消亡不是由于现代主义高层建筑的固有局限性，也不是由于居民的忽视，而是由于地方和联邦住房机构持续无情地削减预算。[58]

正如其他生产资料的所有者一样，在民主社会制度下，地主的土地将被征用（有补偿），由区域经济委员会确定租金。基本、舒适、有尊严的住房将免费或以最低租金提供。房屋委员会将对设施更完善或位置更理想的房屋收取相应更高的租金。有了大量高质量的公共住房，还有什么理由提倡房屋产权？

这样的公共住房也将为更富裕的社区生活夯实基础。在不将任何集体化强加给日常生活的情况下，地方社区委员会将使用公共住房来确保社区拥有共享膳食、儿童保育和老年护理、合作商店和共享洗衣的设施。地方议会将负责确保社区的娱乐需求以及安全和恢复性司法程序。因此，社区将转变为生活社区。随着时间的推移，这些社区将与家庭一起成为社会组织的主要单位。

克服国际冲突

即使全球没有大面积转向民主社会主义，我们自己的国家走向民主社会主义也是可行的。是的，我们可以预见来自国际金融市场和其他国家精英的敌意。因此，我们需要为相应的国际紧张局势制订计划。不过我们是一个庞大、富裕的经济体，对国际贸易和金融的依赖非常有限，因此没有理由认为这种敌意会削弱我们的能力。

在与其他国家的贸易中，我们的目标是国际团结，而不是民族主义保护和帝国主义统治。我们将利用各种机会，（例如）以更便宜的进口钢材取代昂贵的国内钢材。我国的钢铁使用企业、相应的工人和消费者，以及我们从之进口的国家的工人都将受益。不过我们的政府也要慷慨投资，支持因这些进口而被解雇的钢铁工人的转移就业，并支持他们生活的社区。虽然在资本主义制度中，实现这种平衡似乎办不到，但是在民主社会主义制度中，这并不是一个难以解决的问题。

　　如果进口产品价格较低是因为出口国违反了我们的环境和劳工标准，我们可以为此征收关税。政府可以利用关税来资助国内贸易调整计划，并为改善出口国环境和劳动条件的国际努力做出贡献。如果其他国家愿意在环境和劳工问题上与我们合作，我们将成立"俱乐部"，根据环境和社会标准提供优越的贸易条件。[59]

　　如果对手试图对我们的民主社会主义经济造成经济伤害，民主社会主义经济管理体制将保护劳动人民，使他们免受这些攻击。资本管制将是必要的第一步，也是防御性的一步。[60]相比之下，这种保护对于社会民主主义的改革努力来说几乎是不可能的，例如20世纪80年代初由密特朗总统领导下的法国，这不仅是因为该国的自给自足程度远远低于美国，而且因为这一改革道路需要法国商界的持续支持，正如可以预见的那样，法国商界认为没有理由这样做。

　　即使我们被孤立，并受到经济攻击，我们的国际关系也将从根本上重新定位为更高的目标。很明显，美国在世界各地拥有的800个军事基地并非旨在捍卫劳动人民的利益，处处皆然。一个民主社会主义的美国将大幅缩减规模，重新利用国内庞大的军工综合体和国外庞大的军事帝国。缩减可以释放目前用于战争的国民经济的3.5%的大部分，并重新调整用途，将重点放在国内防御能力和国外发展援助上。某种（有偿）国家服务将是一种办法，可以确保这项工作的负担和机会被均等分配。

　　然而，显然，如果其他国家也采用民主社会主义模式，如果我们共同建立相应的国际治理体系，那么民主社会主义模式将带来更多好处。事实上，生产的社会化现在已经完全全球化了，因此，社会化生产与私有财产之间的紧张关系不仅在国家边界内，而且在国际舞台上也表现出来了。解决这一更广泛紧张局势的民主社会主义办法在于为全球经济的民主管理创建相应的全球化平台。右翼保守派对世界政府的想法感到震惊，而民主社会主义者却欣然接受。

随着其他国家加入我们，我们将能够应对当前资本主义世界无法解决的挑战。随着更多国家转向民主社会主义模式，我们将消除毒品、有毒废物、军事装备和火器等有害但利润高的行业的贸易。我们将开始共同努力，更公平地分配真正稀缺、不可再生的自然资源，如淡水和现代工业生产所需的矿产。我们将共同努力克服收入、财富和健康方面的全球不平等。我们将逐步发挥现代技术对整个人类的好处。

这个民主社会主义美国的草图可以延伸。我们可以处理电信和媒体政策，支持文化、艺术、体育和许多其他重要领域。但是我的目标并不是绘制详细的蓝图。相反，它只是简单地描绘了一幅看似合理的民主社会主义制度的画面，但就供读者评估其现实性和可取性而言，已经足够详细了。我们现在需要谈谈它的可行性。

第七章　到达彼岸

民主社会主义模式与当前在美国占主导地位的新自由主义模式截然不同，事实上也与我们在其他国家看到的模式大相径庭，很难想象我们如何从此岸到达彼岸。

有许多怀疑论者急于说服我们，说没有可行的道路。他们说，随着资本主义公司越来越强大，这种彻底变革的机会已经消失。他们说，长期以来，生活水平一直在提高，社会安全网一直在改善，人们做出这种改变的动机已经减弱了。他们说，工作没了技能要求，逐渐碎片化，教育标准也逐渐变弱，人们为这一变革而斗争的能力因此而削弱了。他们说，大企业和"深层国家"在我们的政治进程中的权力根深蒂固，私营部门的工会被大量解散，这让根本性变革的道路受到了阻碍。

怀疑论者错了。

机会增多

资本主义的发展道路不是随机的，而是反映了资本主义的基本特征。这些特征，特别是生产的逐步社会化，为社会主义改造创造了更大的机会。

第一，想一想产业结构的演变。民主管理企业的理念已经存在了几个世纪，不过民主管理经济的理念在19世纪初的美国经济结构中并不现实。当时，我们的经济主要是小规模农场和手工作坊，这些农场和作坊在地理上分散开来，基本上相对孤立。随着资本主义的发展，小公司被大公司取代。使数万家小型零售公司的所有权社会化将是一项艰巨的任务，而将取代它们的一家大公司（沃尔玛）社会化则相对容易得多。

第二，产权结构已经从个人和家族企业转变为依赖于分散投资者的上市公司，以及由少数机构投资者主导的金融市场。尽管这导致了"华尔街"对"老百姓"的控制越来越强，不过与此同时，这一演变也使得将工业和金融置于民主控制之下变得更加容易了。

第三，资本主义的发展使政府在经济中发挥了越来越大的作用，为越来越多的社会的和物质的基础设施投资提供资金。当然，保守派鼓励人们将自己的问题归咎于"大政府"。但是大多数人的生活在很大程度上依赖政府，无论是学校、道路、社会保障养老金还是医疗保险支持，这为进步派创造了一个有利的环境，他们主张改善和扩大政府，而不是缩小政府规模或将其外包给私营企业。保守派急切地想要抹黑政府，想要取消政府的资金来源，因为他们非常清楚，有效政府的所作所为将鼓励人们提出更多的要求。

第四，资本主义企业越来越国际化。跨国公司内部以及跨国供应商与客户之间有意识、有战略管理的合作，使经济活动日益相互关联。毫不奇怪，联合国、世界贸易组织、国际货币基金组织以及各种区域和双边贸易协定等国际政府机构相继出现，应对由此产生的紧张局势。尽管工业全球化和相应的政府体系的出现增强了资本相对于劳动力的力量，不过这不应该让我们忽视它为社会主义提供一种全球化形式的机会。

从这个意义上讲，随着资本主义的发展，对经济的民主管理在客观上变得更容易实施了。在主观上，这种管理似乎越来越可行。机会在增多。

动机增强

随着经济朝着日益社会化的生产方向发展，经济控制权仍然掌握在1%的人手中变得越来越可耻。随着垄断扩张、经济周期重现、废弃物扩散、环境危机加深、社会危机加剧以及国际冲突持续，政府的反应迟钝和我们在工作场所的权力丧失变得更加令人沮丧。

一旦资本主义的消极特征成了我们为其积极特征所付出的代价，耐心就会逐渐减退。越来越强大的公司控制着越来越广阔的领域，获取越来越多的个人数据。雇员们认为，他们创造长期价值的努力在雇主寻求短期利润的过程中遭到了破坏。人们遭到解雇是因为华尔街分析师认为他们雇主的工资负担过重。为了降低成本，向客户提供的服务水平也降低了。而为了提高利润，研发预算也被大幅削减。在大规模失业期间，人被抛在了后面。由于工业生产过剩，生产性企业被拆除，随着老工业的衰落，一些地区陷入贫困。作为公民，我们看到政府要么为企业的狭隘利益服务，要么束手无策，无法为更广泛的社会利益服务，难以应对日益紧迫的环境、社会和国际危机。

有道德的公司的出现火上浇油。即使它们经常无法兑现让工人参与公司业务的承诺，但是他们提供了一个更好工作场所的诱人前景。人们一方面看到，这些有道德的公司对体面工作条件的承诺以及对社会和环境的承诺，另一方面看到了它们的非道德竞争对手的糟糕条件。人们看到政府非但没有采取行动阻止非道德的做法，反而助纣为虐，鼓励这样的做法。

随着资本主义的发展，事物的运作方式与它们在另一个体系中更好的运作方式之间的对比变得更加明显了，肉眼也更容易看到。随着时间的推移，这为全系统的变革创造了越来越多的潜在动力。

能力提升

机会一旦成熟，人们就会站起来改变事情，同时也具备了采取有效行动所需的能力，社会变革就会发生。发展这些能力也许是资本主义发展最重要的积极特征，它是更广泛的生产社会化进程的一部分。现代工业的工作经验，特别是（但又不限于）在有道德的公司里获得的经验，让员工具备了更广泛的认知和社会组织技能，这些技能是他们有效参与并领导我们创造更美好世界的努力所需要的。

正如我们在对几家有道德的公司的讨论中所看到的，调动员工的创造力需要在广泛的技术和社会技能方面进行更多的培训投资。回顾一下清单：解决问题、领导团队、分析工作流程、识别改进机会、处理冲突观点和不同利益，以及理解行业经济。这些技能使劳动人民能够参与和领导进步的社会运动和政治运动。参与工作场所的经验促进并鼓励了参与工作场所以外的公民议题[1]。例如，在凯泽，SEIU等工会组织在动员成员解决远超出其当前工资和工作条件的问题方面取得了巨大成功，在争取全民医疗权、移民权利和提高最低工资的运动中取得了重大成就。

即使在非道德公司中，许多人也发现技术变革迫使它们雇用更多的技术员工。诚然，这些公司几乎没有努力调动这些员工的创造力，而且它们在利用员工的技能时也属于机会主义，不愿意投资让他们进一步发展，甚至不愿意为他们支付公平的报酬。尽管如此，大多数非道德公司仍依赖于拥有不断进步的识字、算术、社交和技术技能的劳动力。更广泛人群获得了这些技能则增强了劳工、妇女、LGBTQ（指性少数者）和民权运动的组织能力。[2]这些不断提高的教育和技能水平使劳动人民能够更有效地推进进步事业。

三种情形

我们如何利用这些趋势来实现民主社会主义改造呢？我看到了三种情形，其中两种要经历危机，第三种预示着渐进累计式的变革。[3]然而，正如我将要解释的那样，第三种情形很可能会崩溃，从那里通往社会主义的道路也要经历危机。

第一种情形，遇上经济危机，遇到未来的重大衰退或金融崩溃，许多企业破产，民主社会主义呼吁破产的企业和银行应该由政府接管，转变为公共企业或社会化合作社，这将引起真正的群众共鸣。

第二种情形，很快，越来越多的人会把气候变化进程看作一种真正的紧急情况，类似于二战。要是在一个季节里，有三到四场大风暴同时淹没并摧毁了几个主要城市，人们就会认识到这一点。佛罗里达州的人们可能开始担心海平面上升对房地产价值造成的不可避免的影响，他们中的许多人可能开始出售房产，从而引发了那里房地产市场的崩溃，并波及更广泛的金融市场。有了有效的领导，这种紧迫感就可以被调动起来，产生不可抗拒的公众压力，使我们的经济朝着更可持续的方向迅速彻底转型。到了那个时候，我们可以将大量工业置于政府控制之下，以便工业转型经济委员会能够协调必要的技术变革和消费模式的转变。[4]

除了这两种通过经济危机和环境危机导致社会主义的情形之外，许多进步主义者还看到了第三种情景，这将带来更为渐进的变革。我们可以想象，进步派获得足够多的选票，实施一些适度的社会民主改革，如提高最低工资、加强环境监管、全民医疗保险和大学补贴贷款。然后，当我们的同胞看到那些事可以实现的时候，就会为采取进一步的措施提供支持，例如支持工人在公司董事会中当代表，支持国家医疗保健系统，支持免费托儿和大学教育。从那时起，我们可以采取进一步的措施。

这条道路有很多值得推荐的地方，首先这条道路注定可以实现真正的（尽管是适度的）收益。但是我们不能忘记，在这条道路上，随着每一步的成功，来自私营部门企业界的阻力将越来越大。此外，当我们沿着这条道路前进时，我们几乎无法削弱对手的结构性力量——我们的繁荣和政府的行动能力在每一步都将取决于商业部门的盈利能力。是的，我们可能会成功地通过政治手段拿钱，但是正如我们所看到的，商业部门的权力从根本上来说不是一个竞选捐款和游说的问题，其根源更为深刻。因此，渐进式社会民主改革的道路几乎肯定会导致危机，在这种情况下，其将会导致政治危机。[5]这样的危机可能会为社会主义开辟另一条道路。

一个策略

经济、环境或政治上的危机条件能够为根本性变革创造可能性。但如果这场危机导致渐进式转型，而没有出现专制的、反动的结果，我们就需要提前为我们的关键理念铺设广泛的支持。

我们必须汇集各种进步运动，制定一个共同纲领。这个纲领可能看起来像美国民主社会主义者提出的"21世纪社会和经济权利法案"。这些权利包括：能维持生计的工作，足够的营养和安全食品，负担得起的安全住房，预防急性病和长期保健，免费高质量的公共教育，照顾儿童和老人，终身收入保障，充足的休闲时间，健康的环境，以及结社自由和参加工会的自由。[6]

我们的诊断将资本主义本身视为我们主要问题的根源，其中一个基本原则是，我们应该去除市场，将它转变为全民公共服务，其中不仅包括医疗保健、儿童保育、老年护理和教育，还包括住房、工作、食品、交通、文化和休闲等。因此，我们的纲领将致力于把我们满足基本需求所需的资源"去商品化",使其成为公共物品而不是私人物品,它们将会被普遍和自由地提供,而不是在市场上销售,这样每个人都可以获得,我们可以努力确保这些服务处于真正的民主控制之下。

第二项原则是国际团结。当今的国际危机也过于紧迫,我们的重点不能完全集中在国内。与当地的"其他人"的团结跨越了种族、性别、性别认同等差异,围绕共同事业团结起来,并在我们独特的事业中相互支持,这与跨国界团结和反对帝国主义的斗争是一样的。很明显,政治煽动家煽动的仇外心理针对的是"外国人",说他们"不公平"地竞争,或者是"非法"移民,其目的是分裂美国的劳动人民,并掩盖我们与富有和强大的精英之间的真正利益分歧。

显然,仅仅阐述这些想法是不够的,我们需要为它们煽风点火。怎样做呢?我们必须在至少四个主要领域开展工作:政治领域、工作场所、学校和社区。

政治方面

我们必须找到能够扩大我们在政治领域发声的组织形式。鉴于商业对政府的巨大影响,我们需要在选举进程内外都开展工作。民主党深陷商界,很难想象它能一直为渐进式变革发声。但是这不是不尝试的理由。努力在国会中选举更多的进步人士是我们普及社会主义思想的重要组成部分。

如果我们没有群众运动来向我们的当选代表施压,赢得选举就没有什么意义。因此,在地方和国家一级,我们迫切需要建立一个组织,使我们有能力进行更加团结一致的鼓动、教育和动员。我们需要一个组织,它不仅是一个选举出来的投票机器,而且是一个植根于社区和工作场所的组织,在那里,人们可以讨论地方和国家问题,共同行动,制定更广泛讨论的建议，选举代表他们的领导人，表达他们对来自该领导人的建议的观点，从而形成具有共同目标和连贯性的政治组织。该组织是否像任何在20世纪塑造了政治的政党，仍然是一个悬而未决的问题。

不管有没有我们自己的统一组织，与其他进步运动合作都会有很多好处，即使他们的目标是改革而不是取代资本主义。这种工作可以帮助我们通过联合行动和对话找到共同点。它可以使我们有机会就我们的方向提出我们的看法。它让我们有机会了解变革的杠杆在哪里。

这些努力的优先事项必须是将各种进步运动联系起来。近年来，我们看到"基于身份的"运动与旨在实现更为单一目标的运动之间的紧张关系日益加剧。在其中找到共同点是社会主义者的关键任务。从原则上讲，社会主义的斗争是为所有人争取正义和平等的斗争。妇女运动（如美国反性骚扰运动）、种族和少数民族运动（如黑人人权运动）、环境保护主义者运动（如350.org）以及移民和国际团结运动的斗争都不是社会主义斗争的"外部"。我们从对资本主义如何侵蚀我们的环境、社会和国际条件的讨论中可以看出，这一点应该是显而易见的。作为一个实际问题，除非我们与这些运动找到共同的事业，并将我们的力量与它们的力量结合起来，否则社会主义的斗争就无法走得更远。

与这些运动联合起来，我们将发现与自己合作的人更倾向于改革而不是变革。但我们之间有很多共同点，我们有很多机会推进我们的想法，我们可以学到很多东西。

有了道德资本主义的支持者，我们可以打击破坏性的企业行为，推动企业接受更负责任的原则，并向同行施加压力。正是在与这些盟友的共同斗争中，我们能找到机会，讲明政府监管的基本作用，揭示私营企业经济体系为有效监管设置的障碍，这比从远处对他们说教要好得多。是的，这些人中的许多人已经放弃了将政府作为变革的工具，认为政府无能到了无可救药的地步。我们应该可以把政府拉进这场斗争，让地方和国家政府阻止非道德公司，为有道德的公司和地方社会的创新扫清道路。作为社会主义者，我们可以从这些经历中学到很多东西，特别是关于塑造我们生活的企业实践，那些富有启示、令人震惊的企业实践。

有了监管资本主义的支持者，我们可以一起为提高最低工资、加强环境保护、限制选区划分不公以及金钱在选举中的作用等而斗争。这些斗争是一个个严峻的考验，人们在其中能更清楚地看到资本主义的本质和局限性。正是在这些共同斗争中，我们可以指出企业的结构性力量限制了我们通过传统选举政治和监管机制所能取得的成就，这比远远地向人们说教要好。我们应该能够让这些盟友对加强政治民主反对财阀统治的斗争产生兴趣。作为社会主义者，我们可以从这些斗争中学到很多东西，特别是如何使政府更能回应人民的关切。

有了社会民主主义改革的支持者，我们可以走得更远，共同为劳动法改革、补贴儿童保育、单一付费医疗、大学免费、公共住房、政府创造就业投资等而奋斗。在这些斗争中，我们可以帮助社会民主党人看到，实施这些改革创造不出一条稳定、自我强化的渐进变革之路。我们可以帮助他们看到，如果我们将自己的目标限制在商业部门能够支持的范围内，我们将永远无法达到我们需要达到的目标。如果我们是这些斗争的一部分，我们就可以帮助人们找到制定目标的勇气，即使这些目标引发了精英阶层的恐惧，也能获得大众的支持。举个例子：我们应该与社会民主党一道为单一付费医疗体系而斗争；不过这场胜利将立即造成新的紧张局势，我们只有将医生作为受薪员工纳入公共医疗体系，然后将制药和医疗器械行业纳入公有制，才能解决这一问题。

与关注当前技术革命浪潮带来的机遇和威胁的朋友们一起，我们可以争取互联网的中立性，反对大公司将信息共享区私有化，因为大公司控制了研究期刊和其他研究成果，以及公民资源的访问路径，反对谷歌和脸书等垄断企业不负责任地通过垄断牟取暴利，并保护因自动化而被取代的工人的权利。我们可以共同庆祝新技术的解放潜力，并帮助动员愤怒的人们，因为资本主义私有财产制度未能利用这些技术。我们可以通过学习新技术来帮助我们组织，最终帮助我们治理。

工作环境

我们的工厂是第二个竞争场所。工会组织的运动，比如由已经建立的工会组织的政治和工作场所运动，都是很好的时机，社会主义者可以借此帮助其他人批判地理解资本主义，同时让自己的批评更加尖锐。

尽管工会在私营部门几乎失去了所有的立足点，尽管它们在公共部门受到威胁，但是对工人代表权的需求没有减弱，反而有所增强。我们有充分的理由希望，通过坚持不懈和创造性的努力，这一需求可以通过组织能引起共鸣的呼吁而得到满足。迄今为止，我们在沃尔玛或亚马逊等大型垄断企业组织工会的努力尚未取得成功，但许多热心的活动家仍在寻找帮助这些企业员工组织工会的方法。这不是一个无法应对的挑战。这可能需要改变我们过时的劳动法，即便这样，这也是可行的。即使我们努力将工人组织到现有的工会中，我们也应该持开放态度，因为旧的工会制度形式可能已经过时了。[7]

在有道德的公司，我们可以组织员工和工会去抓住更开明的管理实践所提供的机会。工会虽然应该保护自己独立行动的能力，但也可以探索路径，转变姿态，面对新的管理实践，要积极作为，不能被动地防御。管理层对社会责任和就业公平的承诺具有局限性，对此，进步力量不仅可以批判，还可以挑战管理层，让这些承诺更加真实。社会主义者可以帮助盟友看到这些公司未能兑现承诺的系统性原因。[8]

在学校

教育系统是我们的另一个重要战略领域。我们可以在新自由主义教育体系转型所造成的挫折方面入手：家庭的教育成本越来越高，面向培训而不是教育，缺乏资源。我们需要争取教育经费，加强教师的专业地位，捍卫教师工会，提高教师的教育和工资水平。

各级教师在塑造青年学生的思想和心灵方面具有相当大的影响力。右翼猛烈地攻击公共教育和大学的"自由主义偏见"，这并非无缘无故。因此，我们需要为课程的渐进改革而奋斗。在中小学，我们可以努力加强人文和公民教育。如果许多人对民主失去了信心，定是因为在今天的美国，人们看到的是虚假民主的肮脏现实，他们没有机会认识真正的民主原则。难怪当听到我们想把民主扩展到企业治理和整个经济管理的时候，他们都表示怀疑。

大多数州要求至少有一门课程要与公民教育相关，不过只有九个州和哥伦比亚特区要求进行一整年的公民教育。毫不奇怪，学生们的知识水平极其差劲。根据联邦政府的国家教育进步评估（NAEP），2014年，只有23%的8年级学生在公民教育方面达到或超过熟练水平。在2010年NAEP评估中（上一次评估是在12年级水平上进行的），只有24%的12年级学生达到或高于熟练水平。有36%的人甚至连基本水平都达不到。[9]在美国大学45门先修课程考试中，除了3门以外，"美国政府"这门课的全国平均分为2.64分（最高分为5.0分），是最低的。[10]

在社区

最后，在我们的社区，我们可以创造机会，让我们的同胞真切地体验民主社会主义。前几章讨论了一系列可能性，例如各种将工人合作社与地方政府和试点机构联系起来的努力。

一些进步人士认为，如果国家一级的前景如此暗淡，我们可以在地方一级取得更大的成功。[11]事实上，一些人认为，采用这种模式的城市的优越经济表现和生活质量将引发全国其他城市的效仿浪潮。他们认为，通过这种自下而上的方式，我们可以鼓励我们亟须的国家层面的变革。看到更多的城市采用社区财富来进行建设的方式，肯定是一件美妙的事情。

但是，地方主义者认为，城市之间的竞争可以改变国家，这一观点与有道德的资本主义模式依赖于企业之间的竞争一样，都存在缺陷。是的，城市和州可以充当"民主实验室"，但是除非我们有一个愿意并能够支持这些实验的国家政府，阻止其他地方采取非道德模式，并将成功模式加以推广，否则结果不会扩散得太远。如果不彻底改变美国更广泛的政治经济结构，单靠地方实验，根本无法产生我们所需要的变化。

在当地社区建立进步政策的孤岛可能不是通向我们所需要的社会变革的捷径。然而，当地社区是我们教育和组织工作的关键场所。我们的政治斗争不光是在选举中争取选票，更需要植根于人民的日常生活。一个世纪前，社会主义运动在美国颇为强大，当时它扎根于当地社区，联合了当地人民，也扎根于教堂、酒吧、民族协会、青年俱乐部、运动队和夏令营。进步左派已经没有了大部分这样的尝试。我们需要重建民主的根基。没有它们，我们的政治论据只是空洞的概念，我们的组织努力也缺乏吸引力。

我们必须在新的基础上重建社区关系。资本主义有助于扫除基于民族、种族和性别等级的传统社区形式。保守右翼坚持这些旧形式的残余，并引发对旧秩序及其特权的丧失的担忧。我们应该积极吸纳资本主义遗产的积极方面，包括新的更平等的社区形式。

结论

我在导言中写道，这本书的信息既紧迫又乐观。在随后的章节中，我试图对这三个要素给予了实质性的阐述。让我们以相反的顺序重新排列。

进步派有理由对21世纪民主社会主义的前景感到乐观。是的，要想摆脱我们在经济、工作场所、政治、环境、社会和国际各领域所面临的危机，我们必须应对巨大的挑战，不过我们对此有办法。是的，这将要求我们的社会形式发生根本性的变化，不过我们已经有了建立这种新形式的技术和管理基础。是的，令人沮丧的是，这一变化尚未发生，但是从长远来看，资本主义自身向日益社会化的生产发展，使民主社会主义逐渐变得更加可行和必要。

我们可以充满希望。即使彻底变革的前景渺茫，资本主义的失败和危机趋势也会加剧和扩大挫败感。1%的人的巨额财富与我们其余99%的人的不稳定状况之间的对比更加令人厌恶了。先进技术的前景与我们周围的悲惨条件之间的对比越来越荒谬了。这意味着，任何时候都可能出现彻底破裂的机会，这让我们所有人都感到惊讶。虽然存在着反动的煽动者可能会利用这些挫折的风险，但是进步活动家也可以在我们的政治舞台、工作场所、学校和社区努力中利用这些挫折，为实现更美好的世界而奋斗。

这种转变迫在眉睫。虽然资本主义的发展带来了许多好处，但它也产生了危机，而发展本身让这些危机随着时间的推移而加剧。鉴于这种日益过时的资本主义制度已经造成了不必要的痛苦，而且这种痛苦在未来几年可能会倍增，社会主义改造迫在眉睫，不能再等，我们要为99%的人创造一种经济制度！

注释

引言

1. 参阅Moorhead（2012）。

2. Jameson（2003，p76）。

3. Wilde［2007（1891）］。

第一章

1. 关于新自由主义的特征，参阅Streeck（2014）、Harvey（2007）、Fine和Saad Filho（2017）。

2. 在维基百科的"美国经济衰退列表"下有一份经济衰退列表。

3. 根据2018年的《福布斯》排行榜：亚马逊主管、《华盛顿邮报》所有者杰夫·贝索斯（Jeff Bezos）；微软公司的比尔·盖茨（Bill Gates）；伯克希尔·哈撒韦公司的投资者和负责人沃伦·巴菲特（Warren Buffett）；路易威登（Louis Vuitton）等高端时尚品牌家族的创始人贝尔纳·阿尔诺（Bernard Arnaul）；脸书创始人马克·扎克伯格（Mark Zuckerberg）；西班牙时尚连锁店飒拉的创始人阿曼西奥·奥特加（Amancio Ortega）；墨西哥电信大亨、企业集团卡苏集团的所有者卡洛斯·斯利姆·埃卢（Carlos Slim Helü）；拥有美国第二大私人控股公司科氏工业集团，并为卡托研究所、传统基金会和美国企业研究所等保守智库提供资金的查尔斯和大卫·科赫（Charles and David Koch）；甲骨文技术公司首席执行官拉里·埃里森（Larry Ellison）。

4. Wolff（2013）。

5. 联邦储备系统理事会（2018）。

6. 美国农业部（2018）。

7. 这是劳工统计局所称的劳动力利用不足的"U6"衡量标准，其中包括"略微依附于劳动力"的人，即那些目前既不工作也不找工作，不过却表明他们想要并且可以找工作，并且在过去12个月的某个时候找过工作的人。

8. Rose（2017）。

9. 资本主义条件下的就业一直有点不稳定。最近，由于外包、技术变革、雇主政策有利于"独立承包商"地位等原因，我们听到了很多关于这种不稳定性增加的担忧。然而，不确定性是否正在大幅增加或是否将会进一步增加我们尚不清楚。工作任期的分配似乎基本上没有变化。据劳工统计局的数据，目前雇主的任期中值实际上已经上升了，但也有一些起伏，从1983年的3.5年上升到2016年的4.2年。在私营部门和公共部门的雇员中，都可以看到任期中值的增长。在35岁以下的年轻工人中，任期中值基本保持不变。35岁以上的男性是一个下降的群体。工作"流动"率——开始或结束工作的工人比例——在20世纪90年代的大部分时间里是持平的，此后一直呈规律性下降趋势。60年代至80年代中期，兼职就业人数有所增加，但自那时以来，非农业劳动力的比例一直保持在17%左右。自1960年以来，非自愿兼职工作者的人数没有上升趋势，根据商业周期的不同，在总就业人数的2%至5%之间波动。自20世纪90年代末以来，拥有一份以上工作的工人比例定期下降。临时机构就业人数从1982年约占就业人数的0.5%上升到20世纪90年代末的2%，但此后没有进一步增加。因此，尽管就业不稳定是一个真正令人担忧的问题，而且一直以来都是如此，但是现有数据并不表明就业不稳定正在显著恶化（参阅Henwood，2018）。

10. 一项研究得出的结论是，"近20年来，失业工人的收入赶不上未失业的同龄人。失业对收入的影响对于失业26周或以上的工人来说更为显著……特别是，10年后，长期失业工人的工资比非失业工人低约32%，而短期失业工人的薪水仅低约9%"（Cooper 2014）。

11. Brenner（1979）。

12. Roelfs等人（2011）。

13. 我们可以把过去的50年分为三个连续的时期。即使在1965年至1980年这段最好的年份，整个经济体的产能也有大约12%处于闲置状态，而在最糟糕的年份，这一比例上升到了25%。在1980—2000年，最好的年份有15%的产能闲置，最糟糕的年份为30%。

14. 参阅圣路易斯联邦储备银行（2018）。产能利用指数基于71个制造业、16个采矿业和2个公用事业行业的数据。为什么它存在长期下降的模式？这有点令人费解。（我给收集数据的专家打了电话，他们没有解释。）有人怀疑，从长远看，情况是否会恶化得如此严重，或者数据是否存在某种偏见（参阅Shaikh和Moudud，2004）。但主要事实仍然没有改变：周期性衰退非常浪费，导致许多生产能力未得到充分利用。

15. Krones（2016）。

16. Woolhandler和Himmelstein（2017）。

17. 我没有发现任何最新的研究，但在20世纪50年代，纯粹的外观设计变更成本占普通新车成本的25%（Fisher、Griliches和Kaysen，1962）。计划淘汰仍然是许多其他行业的主要因素，例如教科书出版（Iizuka，2007）。

18. Balasegaram（2014）。

19. 参阅Greenhouse（2009），Kusnet（2008）。一些观察员淡化了这场危机，指出许多调查显示，大多数员工对自己的工作"满意"。但是，满意并不意味着你不会抓住一个换工作的机会或一个改变你工作管理的机会。"工作满意度"调查涵盖了许多方面，包括人们在没有其他选择时对事物的被迫接受。

20. Freeman和Rogers（2006）。

21. Kochan等人（2018）。

22. Godard和Frege（2013）。

23. Eaton、Rubinstein和McKersie（2004）的一项研究，列出了通用汽车与土星汽车工人联合会、ATT与美国通信工人联合会在其未来工作场所计划、凯泽永久医疗集和工会联盟（我将在后面的章节中讨论）、钢铁行业和美国钢铁工人联合会，以及在克林顿总统领导的联邦政府中，美国政府雇员联合会（AFGE）和国家财政部雇员联盟（NTEU）建立的伙伴关系。Slichter、Healy和Livernash（1960，第28章）总结了此类努力的早期历史。

24. 皮尤研究中心（2016）。

25. Gallup（2017），皮尤研究中心（2016）。

26. 北美自由贸易协定谈判后不久，便遭到公众舆论的反对（洛杉矶时报，1993）。

27. 参阅Kiley（2018）。论奥巴马计划与共和党人米特·罗姆尼（Mitt Romney）领导的马萨诸塞州计划的异同，参阅Holan（2012）。

28. Saad（2013）。

29. Saad（2009）。

30. Teixeira（2010）。

31.许多主流经济学家和"公共选择"理论家鼓励我们接受自利是选

民和政治家唯一重要动机的假设，从而助长了我们对民主的怀疑。

32. 皮尤研究中心（2015）。

33. 皮尤研究中心和美联社（2006）。

34. 皮尤研究中心（2014）。

35. 世界野生动物基金会（2014）。

35. 世界野生动物基金会（2014）。

36. 斯德哥尔摩恢复中心（2018）。

37. Oerlemans（2016），Kolbert（2014）。

38. Huntingford和Mercado（2016）。

39. 气候脆弱性监测（2012）。关于较不乐观情景的影响，请参阅Wallace-Wells（2018）。

40. Brauer（2016）.

41.参阅Strauss、Kulp和Levermann（2015）。

42. Lin等人（2016）。

43. 参阅Langer（2017）的民意调查结果。

44. 关于儿童：2014年，37%的青少年遭受过人身伤害，9%的青少年遭受过与人身伤害有关的伤害。在14至17岁的女孩中，4.6%的人遭受过性攻击或性虐待。总的来说，15.2%的儿童和青年受到照顾者的虐待，其中5.0%的儿童和青少年受到身体虐待（Finkelhor等人，2015）。关于针对LGBTQ人群的异常暴力率，参阅Park和Mykhyalyshyn（2016）。

45. 全职工作，但为了生几个孩子而短期休假，相对于男性同行而言，也会导致巨额累积工资损失（参阅Rose和Hartmann 2004）。

46. Maestas等人（2017，第xiii页）："约70%的工人报告说，实际工作时间高于或低于他们的理想工作时长5%以上，其中一半以上（占39%的工作人口）的人将正确的工作小时个数视为重要或非常重要的。"

47. 美国心理协会（2016）。

48. Hochschild（2016）。

49. 关于就业市场，参阅Borowczyk Martins、Bradley和Tarasonis（2017）。关于住房问题，参阅Reardon、Fox和Townsend（2015）。

50. 虽然67%的非西班牙裔白人对"黑人的待遇"非常或有些满意，而只有47%的非西班牙裔黑人有同样的感受。当被问及"黑人在你的社区中是否有与白人一样的机会获得他们所能胜任的任何工作"时，74%的白人同意，只有40%的黑人同意。参阅盖洛普（2014）。

51. Massey、Rothwell和Domina（2009）；Stolle、Soroka和Johnston（2008）；Howard、Gibson和Stolle（2005）。

52. 人口资料局（2017）。

53. Vagins和McCurdy（2006）。

54. Bezruchka（2010）。

55. Braveman等人（2010）。

56. 城市研究所（2018）。

57. 哈佛大学住房研究联合中心（2018）。

58. 法律中心（2018）。

59. 经合组织（2016）。

60. Scott Clayton（2018）。

61. Foster和McChesney（2004），Chomsky（2010）。

62. 参阅Swanson（2018）的列表。

63. Vine（2015），Johnson（2007、2011）。

64. 参阅关注科学家联盟（2018）。

65. 经合组织（2018）。

第二章

1. 如果我们不仅计算市场交易，还把家务劳动的价值算进去，那么2010年官方国内生产总值将增加约26%（Bridgeman等人，2012）。这一数字一直在下降，1965年为39%，原因是越来越多的妇女外出工作，更多的家庭商品和服务不在家生产，而是花钱购买。

2. 例如，参阅Gnanasambandam、Miller和Sprague（2017）以及Dunne、Roberts和Samuelson（1989）。一些小型企业通过控制狭小的市场利基，没有扩张却很成功，但这不是一般的模式。

3. 关于暴力：戴维斯（2002）认为，来自中国、印度和巴西的农民融入世界资本主义体系，破坏了该地区农民社区的稳定。这种破坏是造成19世纪末大饥荒的主要因素，造成3000万至6000万人死亡。厄尔尼诺的南方涛动是干旱和洪水的导火索，不过政府的亲商政策，才是这些事件导致大规模饥荒的原因。

4. 参阅Zijdeman和Ribeira da Silva（2015）。我们可能会注意到，降低死亡率和改善健康的大多数医学突破，都是在资本主义经济轨道之外取得的，这些科学研究的资助者不是政府，就是慈善机构。

5. 经济创新集团（2017）。

6. 美国人口普查局，2015年企业行业SUSB年度数据表。1988年是有可比数据的最早时期，这一比例为45.4%。除制造业外，每个主要行业集团的公司规模（和机构规模）都在增长，而制造业目前仅占私营部门劳动力数量的11%左右。

7. 例如，参阅Leung、Meh和Terajima（2008）。

8. Stone（2013）。

9. 参阅Khan（2016）、Schmitz（2016）。

10. 经济顾问委员会（2016）。

11. 外部性是一个企业的活动对其他企业或人员或资源的未定价后果。有时外部效应可能是积极的,例如当一家大公司提供高薪工作,从而为当地社区的其他零售企业创造了客户。就自然环境而言,这些外部性往往是具有毁灭性的负面影响。

12. 在一个公司及其投资者根据预期利润做出决策的体系中,未来的成本和收益不可避免地要"折现"。折现的道理很简单:相比承诺从现在起,以后每年能得到100美元,人们通常更愿意现在得到100美元。更通俗的说法是:你支付了一笔钱,对你来说,眼下的收益好于将来的收益。部分原因是我们没有耐心。不过另外的原因是,现在得到的100美元可以投入使用,从而在一年中为我们带来好处。例如,我们可以拿这100美元简单地投资,收取复利。但请注意,如果我们担心今天所做的决定对我们的子孙后代的生活产生长期影响,这种折现就会变得多么令人沮丧。想象一下,我们经营着一家对环境负责的制造公司,我们正在为我们的工厂选择两种生产技术。要生产相同质量和数量的产品,这两种技术的成本差别不大。其中一种虽然更昂贵,但产生的二氧化碳排放量却更少。既然我们关心排放量,关心对子孙后代生活的影响,并且我们重视减排,不妨假设减排每年价值1000美元。对于未来几年排放更少的设备,我们今天愿意支付多少钱?这取决于折现率,即我们对未来收益的折现率。如果我们的折现率是3%,那么在未来的50年里,给我们的孙子们每年1000美元的福利现在对我们来说只值220美元。所以,即使是环境优越的技术将来能带来巨大的长期收益,也不能成为现在只需要一点点额外支出的理由。此外,在资本主义条件下,我们无法选择折现率:那是我们的投资者强加给我们的,因为如果我们的公司使用的折现率低于投资者从其他投资机会中获得的回报率,投资者就会抛弃我们。实际上,这意味着公司被迫使用7%到10%的折现率。如果折现率为10%,50年后1000美元的收益现在只值8.50

美元。尽管我们关心环境，但是只要我们在资本主义世界中经营，我们最终会完全忽视我们今天的决定对环境产生的影响，而让我们的子孙后代承担后果。

13. 主流经济学家忽视了这种内在的不稳定性，宁愿假定竞争性市场自然收敛于社会最优均衡，而这种令人高兴的结果之所以无法实现，仅仅是因为政府和美联储的随机"外生冲击"和/或"宏观经济管理"不善（如Romer即将发表的文章所述；Beaudry、Galizia和Portier 2015）。采用这种观点的意识形态动机显而易见。一个古老的经济分析传统承认，市场在本质上不够稳定，繁荣本身也会导致萧条，参阅Kaldor（1940）、Kalecki（1937）、Hicks（1950）。Shaikh（1978）对各种理论进行了很好的综述。

14. 另参阅Hayek（1945）。

15. 关于此还有几点说明。首先，即使它们知道竞争对手的计划，公司仍然无法协调处理它们在这些计划中观察到的冲突。由于公司相互竞争，没有办法找到双方都同意的计划……除非只有少数几家公司，它们可以互相串通，从不幸的客户那里获取垄断利润。其次，许多公司确实与供应商和客户合作规划未来，不过这些企业间网络与其他企业间网络存在竞争，这导致了在网络间层面上同样类型的协调失败。例如，丰田与其许多一线供应商有着密切的合作关系，丰田的许多竞争对手都试图效仿丰田创建此类网络，大家陷入了激烈的竞争中，争夺汽车行业的市场份额。最后，我们应该注意到，我在文中提到的困境，可以通过建立期货市场稍作缓和。农民担忧天气变化和竞争对手的生产选择会影响来年作物的价格，在这种情况下，农民可以购买期货合同来减轻担忧。不过这种合同成本高昂，而且它们只能在非常有限的环境中放缓周期，这些环境中的变化是渐进的，并且有一些预测的基础。举个反例：期货市场没有预料到或缓解

2008年的崩盘。

16. 原则上，过剩产能的清算可以通过破产程序以更加渐进、合理的方式进行。但是，要同时对如此广泛的产能过剩问题进行有序的破产程序，唯一的办法是将大部分经济国有化，这与资本主义模式很难兼容。2009年，美国确实对通用汽车和克莱斯勒进行了有效的国有化，甚至有人说要对银行进行国有化，尽管这只是确保有序清偿其无法偿还的债务的临时措施，但全国各地的公司董事会和高尔夫球俱乐部都在发出恐慌的呼声。例如，参阅Gattuso（2009）、华尔街日报（2009）和Newman（2009）。

17. Ghilarducci等人（2016），Wolff（2017）。

18. Thorne等人（2018）。

19. 这也是美联储前主席艾伦·格林斯潘（Alan Greenspan）在反思2008年金融危机时得出的结论："除非有一个社会选择，放弃动态市场，利用某种形式的中央计划，不然我担心最终将无法防止泡沫。"（Greenspan，2010，第243页）关于这种金融不稳定的机制，参阅Minsky（1980）和Cassidy（2009）。当然，每一次金融危机都涉及特定背景的因素。2008年的崩盘几乎不可避免，因为大量金融资产聚集在一起，无法在非金融部门找到有利可图的投资机会，因而在全球各地寻找金融市场的投机机会。

20. 参阅Baker（2016）、Epstein（2018）。

21. 关于香烟，参阅无烟儿童运动（2014）。关于食物，参阅Moss（2013）。

22. 参阅Baker（2016）。贝克进一步指出，这2%的国民收入是政府粮食券总预算的5倍多，是贫困家庭临时援助预算的近20倍。如果我们加上医疗设备、软件和其他项目的专利费，这2%将增长到大约5%。

175

23. 在大学里，创新研究人员首次提出一个想法，其获得的不是财务利润，而是地位。他们的文章发表以后，他们获得了更多的地位，更多的人引用并标记他们的观点。

24. Heller（2010）、Boldrin和Levine（2013）、Williams（2013）。

25. Boldrin和Levine（2013）："关于专利的例子可以简单总结为：没有实证证据表明专利有助于提高创新和生产率，除非生产率与授予的专利数量相一致，而事实证明，专利数量与所衡量的生产率无关。"

26. 这不是资本主义在世界其他地区形成的方式。在大多数其他地区，封建领主控制下的农民被迫离开土地，进入城市工厂。

27. 尽管传统观点认为，任何有好主意的人都应该能够创业，但是实际上，那些没有财富积累的人发现创业很难。很难积累足够的储蓄，或者调动足够多的其他人的储蓄，或者获得足够的信贷来创业（Gentry和Hubbard，2004）。因此，大多数人别无选择，只能作为员工工作。

28. 人口普查局估计，自营职业者（包括非法人和法人）占劳动力的10%。其中一些人属于法律意义上的自营职业者：他们实际上是作为独立承包商的雇员，因此雇主可以避免税收和福利。自营职业者中有30%是小规模雇主，尽管通常员工不到5人。参阅Hipple和Hammond（2016）。

29. 人们常说，过去几十年来，美国社会阶层对工作满意度、生活幸福感和政治取向等结果的影响有所下降。然而，如果简单地划分一下社会阶层（你是雇主，还是雇员，还是个体经营者，以及如果你受雇了，你是否监督别人），社会阶层仍然是此类结果的有力预测因素（与职业和地位等其他预测因素相比），其影响自20世纪70年代以来没有显著下降。参阅Wodtke（2016）。

30. Heath和Mobarak（2015）以及Foo和Lim（1989）从非常不同的政治起点得出了相同的结论。

31. Benmelech、Bergman和Kim（2018）。

32. Schor和Bowles（1987）。

33. 参阅Lindert和Williamson（2016）。18世纪末和19世纪初，在殖民时期的美国，收入不平等程度相对较低。1774年，收入最高的1%的收入仅占总收入的8.5%，而今天这一比例超过了20%。这主要是因为当时欧洲人正在把美洲变为殖民地，摧毁了美洲土著人口，政府正在向殖民者免费提供土地。到1860年，美国已经赶上了英国的不平等水平（以基尼系数来衡量），这一水平一直持续到大萧条时期，我们自20世纪末以来又回到了这个水平。

34. 参阅Kiatpongsan和Norton（2014）；Mishel、Schmitt和Shierholz（2013）；Saez和Zucman（2016）。

35. 关于"各种资本主义"的文献将德国或瑞典等"协调市场经济"与美国和英国等"自由市场经济"进行了对比（Hall和Soskice，2001）。区分它们的主要因素是政府在经济中的相对权重。不过出于我稍后解释的原因，这两种类型的政府在很大程度上都是屈从型的。

36. 参阅Ferguson（1995）、Winters和Page（2009）、Woll（2016）、Gough（2000）。关于资本主义社会中政府和社会之间的关系，存在着长期的学术和政治争论。这里提出的观点认为，政府在很大程度上受到美国经济基本结构的制约。我不太重视政府的自治和精英对政府施压的操纵。只要我们关注不太受到普遍关注的小规模问题，后面这些因素会显得更为重要。

37. Hiltzik（2018）。有关更多信息，请参阅：https://muninetworks.org/.

38. Mitchell（2018）对市政宽带用户的估计。

39. Ferguson（1995）。

40. Winters and Page（2009），Gilens（2012）。

41. 以群众为基础的利益集团包括的范围很广，从AARP和AFL-CIO到基督教联盟和美国步枪协会。以商业为导向的利益集团包括广泛的行业游说组织，如美国银行家协会。

42. "旋转门"是指监管者和立法者在离开公共部门后，获得利润丰厚的私营部门工作，以及私营部门的人员变成了政府人员，管理其所属行业。有关内容可搜索数据库，请参阅：http://www.opensecrets.org/revolving/.

43. 并不是说要对银行施加很大压力。奥巴马总统和他的高级政府官员（其中许多人直接来自华尔街）正在竭尽全力帮助银行恢复盈利，即使这意味着向国会撒谎，背弃对立法者的承诺，无视有关如何使用救助资金的立法和公共承诺。参阅Taibbi（2013）。

44. Comstock（2011b、2011a）、Clark和Stewart（2011）。

45. Morray（1997），Singer（1988）。

46. 更多关于资本罢工和逃亡的一般情况，见Young、Banerjee和Schwartz（2018）；Epstein（2005）；Przeworski和Wallerstein（1988）。

47. 观察到政府对资本主义利益的这种"结构性依赖"，一些评论员将企业对政府的"捕获"与更大的"深度捕获"问题区分开来。"捕获"是指企业组织起来，控制本应管理它们的机构，而"深度捕获"是指，企业利益不仅有意塑造立法者和监管者的行动，而且还界定了学术界在媒体上，以及更广泛的民间社会当中表述问题和可能性的方式（Hanson和Yosifon，2003）。

48. Shapira和Zingales（2017）研究了一个典型案例，即杜邦在生产特氟龙时，排放了一种名为C8的有毒化学品。这些排放物对邻近居民、农场动物和野生动物的健康产生了可怕的影响。由于这些排放物，杜邦最终被美国环保局罚款6.7亿美元，不包括此前在诉讼中支付的数千万美元。通过诉讼中披露的公司内部文件，作者表明，这种不良结果并不是无知、意外事件或不良的公司治理造成的。尽管杜邦知道一种安全处理C8的成本效益高的方法，但是制造污染只是公司的最佳选择。与成本优势相比，法律风险、监管风险以及对公司或其管理人员声誉的风险都算不了什么。

49. 关于掠夺，请参阅已故的制作地毯的公司Interface前负责人Ray Anderson在电影《大企业》（*The Corporation*）中的片段，网址：https://www.youtube.com/watch？v=Tf9yWNiIEZU。

50. 参阅Agyeman等人（2016）。

51. 参阅Smith（2016）、Klein（2014）、Magdoff和Foster（2011）。

52. 参阅Ostrom等人（1999）。

53. 关于这个主题的论文集，请参阅Bhattacharya（2017）。

54. 概述见Satz（2017），Fraser（2016a）。

55. 其他国家的情况不同。资本主义是从封建社会中产生的，例如在英国和西欧大部分地区，人们往往被迫脱离家庭生产，从事有薪劳动。在这一暴力过程中，妇女和男子（通常还有儿童）都被拖入原始工厂和资本主义农业。只有在随后的一个阶段，儿童才不去工作，而去上学，妇女又回到家庭领域（Horrell和Humphries，1995）。

56. 这一估计（20%）低估了已婚女性对市场经济的参与程度。这一时期的已婚妇女经常从事寄宿和计件工作，即使这一行为并没有被登记为有薪就业（Folbre，1993）。

57. 男子的参与率从1950年的约87%稳步下降到今天的约69%，而妇女的参与率在20世纪一直在上升，自2000年以来似乎稳定在约57%。

58. 皮尤研究中心（2013）。

59. 参阅Burnham和Theodore（2012）。将家政工人从较不富裕地区带到美国和其他富裕国家的全球移徙，对移徙妇女以及她们在母国的家庭和社区产生了极为矛盾的影响（Parreñas，2015；Hochschild，2001）。类似的全球移民链在护理领域也很突出，美国和其他发达国家的医疗保健系统持续短缺，由较不富裕国家的护士移民而非当地工资和条件的改善来填补（Yeates，2012；2005）。

60. 参阅Dawson（2016），Fraser（2016b）。

61. 关于新闻报道，请参阅Farrow、Lang和Frank（2006）。

62. 以家庭护理为例（Osterman，2017）。家庭护理助理和护士目前的工资很低，护理质量也因此受到影响。低工资降低了这些服务的当前成本，但是低质量会增加我们未来的医疗成本。在资本主义体系中，未来的医疗成本是经济中其他参与者（制药和保险公司、医院和医生）的利润来源，因此，除了家庭护理工作者自身的挣扎以及他们患者和患者家属的声音之外，几乎没有改变的动力。

63. 政府屈从于工业的另一个悲惨例子是奥巴马政府对快餐业的屈从，参阅Wilson和Roberts（2012）。

64. 参阅Citylab中几位城市经济专家的评论（2018）。

65. Dwyer Lindgren等人（2017）。

66. 与更广泛的环境可持续性范畴一样，市场过程不会自动纠正土地市场的供需失衡。这是因为土地不是政治经济学意义上的商品：土地不像商品，不能为了销售和利润而生产出来，所以一般来说，即使价格上涨，也不能生产更多。（例外情况很少，例如当人工填土扩大海岸线时。）如果住房需求旺盛，开发商会想建造更多房屋，但是他们建造的土地是一种有限的资源，其所有者享有垄断租金。许多主流的分区和租金法规分析都忽视了土地的独特性质，从而认为法规是产生住房问题的主要原因，因为这些法规减少了新住房的供应，而对那些想租房或买房的人没有任何补偿福利（例如，参阅Jenkins，2009）。Friedman和Stigler（1946）对这一主流观点做出了一个经典的陈述。土地被含蓄地视为另一种形式的资本，从而忽视了土地供应与为销售而生产的产品和服务相区别的内在的不可再生性。此外，在需求方面，土地和住房与普通家庭预算的其他要素不同，后者至少有点灵活。如果食品价格上涨，我们会削减更昂贵的商品，如果衣服价格更高，我们会减少购买。但是，如果租金或抵押付款增加，你别无选择，只能支付，特别是替代的经济适用房供应不足时。

67. Allegretto和Mishel（2016）。

68. Kennedy（2010）。

69. 历史令人悲伤，我只举几个例子。1953年，为了回应伊朗民选议会将本国石油工业国有化的决定，美国秘密推翻了该政府，扶植国王，并支持了数十年的镇压（Abrahamian，2001）。1954年，美国入侵危地马拉，阻止危地马拉政府将属于美国水果公司的未使用土地重新分配给农民（Swamy，1980）。20世纪70年代初，国际电话电报公司（ITT）试图动员美国中央情报局（CIA）在智利全国选举中击败社会民主候选人萨尔瓦多·阿连德。CIA最初拒绝了，阿连德当选；ITT不断敦促美国政府和其他美国企业拒绝向新政府提供信贷和援助，并支持阿连德的政治对手。阿连德政府将美国公司拥有的铜矿国有化后，美国政府支持该国军方发动暴力军事政变，推翻了阿连德的政府，导致了多年的残酷独裁统治（Barnet和Muller 1975）。

70. 关于这一点，有大量的文献，比如，Wallerstein（2004）和Arrighi（1994）。

71. 关于全球不平等的形成和演变，参阅Alvaredo等人（2018）。关于各个公司的发展轨迹，参阅Amsden（2001）和Evans（2012）。这些作者表明，一个关键因素是国家政府协调投资的能力。边缘国家尽管在形式上是独立的，可是它们的政府通常很脆弱，缺乏很多税收基础，并且依赖自身吸引外资的能力。

72. Now（2016）。

73. Zucman（2015）。

74. Li和Zhou（2017）。

75. 我只举了三个例子。在烟草公司的敦促下，美国贸易代表威胁说，如果泰国政府继续阻止香烟进口，以期遏制吸烟并限制由此导致的疾病的成本，那么将对泰国实施制裁（MacKenzie和Collin，2012）。跨太平洋伙伴关系谈判最终因美国选出一位更加单边主义的总统而中断，不过美国代表致力于以牺牲其他国家的商业利益和政治主权为代价来促进美国工业的利益，从而影响了谈判进程（Public Citizen，2018）。在外交和军事上，美国支持2017—2018年发生在也门的武装冲突，这场冲突的破坏性极大。美国的动机似乎是想继续向沙特阿拉伯出售武器，获取经济利益，以及在区域地缘政治竞争中依赖这一压制性政权（Nissenbaum，2018）。

76. 见原子科学家公报定期更新的末日时钟，网址：https://thebulletin.org/doomsday-clock/.

第三章

1. 参阅Maddison（2007）。

2. 从亚当·斯密到卡尔·马克思（我从他那里借用了"社会化"一词），再到埃米尔·迪尔凯姆（Emile Durkheim）等人，资本主义发展导致了经济活动日益相互依存的观点一直是最早一批资本主义编年史学者的中心思想。

3. "社会化"一词还用来指另外两个不同但相关的过程：第一，所有权从私营部门转移到公共部门的过程（稍后我们将回到这个概念）；第二，人们，特别是幼儿，吸收更广泛社会文化资源的过程。

4. 当然，故事从欧洲和世界其他地区的不同地方开始，但发展的主线指向了同一方向。在美国，资本主义是通过奉行移民殖民主义、铲除原始居民和引进数百万奴隶而产生的。相比之下，在英国，资本主义从封建主义发展而来，发展得更加"有机"，农村地区出现了一类资本主义农民和一类被剥夺的农业工人，城市的商业贸易和生产性投资也在扩大。

5. 1852年，马萨诸塞州是第一个通过义务教育法的州。密西西比州是最后一个，时间是在1918年。

6. 关于使企业能够管理和协调这一不断扩大的活动的一些管理和技术创新的历史概况，请参阅Nightingale等人（2003）。

7. 当然，这一演变需要时间：直到19世纪末，商品市场才在全国范围内实现一体化；20世纪初，投资资本市场在全国范围内实现一体化；直到二战后，劳动力市场才真正成为国家市场。在同一时期，越来越多的公司参与了国际贸易。如今，近四分之一的制造业公司的产品出口到美国以外的国家，近40%的员工超过20人的公司向外出口（Lincoln和McCallum，2018）。

8. 这并不意味着政府与18世纪末和19世纪初的美国经济无关（例如，参阅Novak，2008）：我的观点是，随着时间的推移，政府变得越来越重要。

9. 参阅Mazzucato（2015）；Block和Keller（2015）。

10. 参阅美国人口普查局（1975，第20页）。我们还应该注意到，那时的学年要短得多，而那时缺课的情况要频繁得多。1870年，学年只有132天（今天约为180天），平均入学率约为59%（与今天约90%相比）。

11. 如Bowles和Gintis（1976）所述，以及Bowles和Gintis（2002）最近的重申。另请参阅Stevens（2009）、Khan（2010）。

12. 想要查看这一升级趋势的现有证据，参阅Handel（2012）。关于美国，参阅Vidal（2013）。评估技能水平趋势的一个关注点是，如何解释在正规教育或培训中没有获得的、隐性的、基于经验的技能。例如，传统的农民农业依赖于非常丰富的专业知识——其中大部分正在流失。我们不应将这些专业知识浪漫化，进而忽视农民接受现代科学技术教育在提高作物产量、开发新作物品种、提高渔业、家禽和牲畜作业效率等方面的作用。还要注意的是，经济对更高技能的需求并不意味着我们的教育体系已经跟上了节奏。这就是为什么没有受过大学教育的人很难找到工作，或者保住工作，或者找到报酬充足的工作，而通常对那些拥有较高学历的人（取决于专业）需求更大，他们的收入增长也更快（Goldin和Katz，2009）。行业对更高技能的需求也并不意味着不存在错配：我早些时候提到过资历过高的大学毕业生普遍存在。更仔细的研究表明，尽管确实令人沮丧，但这种过度教育大多是暂时的，大多数大学毕业生最终转移到了更合适的工作岗位上（Sloane，2014）。

13. 因此，自1980年以来，政府支出在经济中的份额持续上升，尽管有起伏，平均速度较慢，而政府在非农就业中的份额（不包括武装部队和情报机构，但包括邮政服务）从1950年的约13%上升到1975年的约19%，但从那时起，这一比例很有规律地下降到2000年的15%左右（自那时以来，这一数字一直在15%到17%之间波动）。就业方面，参阅圣路易斯联邦储备银行（2015）。

14. 参阅Genoways（2017）中的描述。

15. 2012年7月13日，奥巴马总统在被广泛引用的总统竞选演讲中说得很好："听着，如果你成功了，你不是靠自己取得了成功……如果你以前成功，那是因为路上有人给了你帮助。在你生命中的某个地方，有一位伟大的老师……有人投资了道路和桥梁。如果你有一家企业，那不是你建立起来的，而是别人促成的。互联网不是某个人发明的。政府研究创造了互联网，以便所有公司都能通过互联网赚钱。"奥巴马的分析准确无误，即使共和党候选人米特·罗姆尼嘲笑奥巴马，并且为了讨好商界，他将这段话断章取义为"如果你有一家企业，那不是你建立起来的，而是别人促成的"（Kiely 2012）。

16. Jordà等人（2018）的一篇论文表明，过去150年来，在17个"发达"经济体中，"实体"经济体及其金融部门的一体化发展相当稳定。Reinhart和Rogoff（2009）表明，自1800年以来（尽管两次世界大战之间发生了重大中断），金融资本在全球范围内的流动性越来越大，在每次衰退中陷入银行危机的国家数量也趋于增长。

17.关于这方面的最新研究综述，请参阅：https://promarket.org/connectionmarket-concentration-rise-inequality/.

18. 例如参阅Harrigan（1981）。

19. Arthur（1996）。

20. Khan（2017）。

21. 盖洛普（2017）。

22. 盖洛普（2017）。

23. Mazzucato（2015）表明，美国联邦政府在资助和促进一系列对互联网、基本药物、页岩气、太空任务等至关重要的技术方面发挥了重要作用。她的论点令人信服，政府长期以来在经济中发挥的作用远远超出了传统的补救市场失灵和为市场互动制定法律框架的作用。令人惊讶的是，在她所描述的举措中，我们可以看出政府非常注重国防和支持高利润产业。资本主义社会的政府在这些决定因素之外（即将政府投资导向其他类型民主确定的目标的能力）采取行动的能力极其有限。她举了一个很好的例子来说明这一局限性：是的，国家卫生研究院资助了很多基础医学研究，但大部分都是为了促进（高利润的）治疗药物，而在诊断、外科治疗和生活方式改变等（无利可图的）领域却少之又少（Mazzucato，2015，10）。此外，我们的屈从型政府完全致力于"风险社会化和奖励私有化"的涓滴效应理念（195ff）：政府资助人们开发新技术，然而技术部署获得的利润流入了私营企业，没有进入国库（另请参阅Lazonick和Mazzucato，2013）。她描绘了一个鼓舞人心的愿景，即一个更加"创业型的国家"在引导创新走向绿色和包容性增长方面可以发挥的作用，但对于追求这一愿景的政治意愿来自何方，她几乎只字未提。她的观点更符合我在第六章中提出的民主社会主义模式，而不符合资本主义的各个变体。

第四章

1. Gibson（1999）。

2. 参阅https://bcorporation.net/.

3. 例如参阅McWilliams（2015）、Mackey和Sisodia（2014）、Porter和Kramer（2011）。

4. 关于企业社会和环境责任（CSR），文献非常丰富：关于起点，请参阅Dahlsrud（2008）和McWilliams（2015）。关于道德模式，请参阅Rogers（1990）、Wright和Rogers（2011，第9章）、Kochan等人（2013）、Helper（2009）、Helper和Noonan（2015）。

5. Margolis和Elfenbein（2008）。

6. 有人白日做梦，幻想让权贵和富人帮助解决我们的问题而不威胁这些人的特权。若想了解对这一幻想鞭辟入里的批判，请参阅Giridharadas（2018）。

7. 许多自由主义者提出的论点接近于这种"视错觉"观点。他们并不否认外部性可能存在，但认为：（1）政府通过监管或税收解决外部性的努力可能弊大于利；（2）解决外部性问题的更好方法是将更多的社会和自然资源私有化；（3）我们之中那些看到政府监管积极潜力的人夸大了外部性的负面影响，他们是想证明政府角色扩展的合理性。例如参阅Adler（2008）、Lane（2009）。

8. 注意，企业社会责任社区的英雄，巴塔哥尼亚的创始人Yvon Chouinard估计，只有10%的客户因为喜欢公司的价值观而购买产品，其他90%的人购买产品是因为他们喜欢产品的款式（访谈网址：https://www.youtube.com/watch?v=O3TwULu-Wjw）。

9.Kitzmueller和Shimshack（2012）对有关环境责任的文献做了综述，称"实证经济研究的优势在于环境绩效和总体竞争力之间存在轻微的负面关系［Jaffe等人（1995）、Ambec和Barla（2006）、Pasurka（2008）］。……Margolis、Elfenbein和Walsh（2007）的元分析发现，社会绩效和财务绩效之间的中位数相关性仅为0.08，实际意义很小。此外，当仅对包括行业、公司规模和风险等基本控制的研究进行审查时，平均相关性显著下降。Margolis、Elfenbein和Walsh指出，检测到的企业社会责任和企业财务绩效（CFP）之间的正平均相关性'至少可以归因于CFP与CSR之间的因果关系'"。

10. 公平贸易咖啡就是一个很好的例子，参阅Hainmueller、Hiscox和Sequeira（2015）。

11. 参阅Michie、Blasi和Borzaga（2017）的论文集。

12. Pencavel、Pistaferri和Schivardi（2006）发现，意大利工人拥有的合作社的工资平均比其他类似的资本主义企业低14%，而且他们的工资更不稳定，因为商业条件不好的时候，他们不会解雇工人，只会调整工资。作者振振有词地认为他们的结果应该可以推广到其他国家。

13. 参阅Artz和Kim（2011）关于阻碍合作社扩张的因素范围的讨论。

14. Kitzmueller和Shimshack（2012）：　"尽管一致的定性调查结果表明，企业社会责任可能影响劳动力市场，但定量实证文献通常无法拒绝劳动力市场效应小或没有的无效假设。"高管薪酬甚至更广泛的劳动力市场也是如此："最近对综合数据集进行的全经济范围的研究表明，平均而言，在控制个人、工作和工作场所属性后，非营利部门与营利部门的工资之间没有系统性差异（引文省略）。一些研究甚至发现了非营利部门的溢价。总之，即使证据不足，社会责任公司的员工似乎并没有牺牲工资或其他形式的补偿。因此，劳动力市场效应不太可能系统地推动我们所观察的企业社会责任。"

15.SRI社区的人们经常引用社会投资论坛的数据，大意是，目前在美国管理的所有资产中，超过20%投资于使用某种形式的SRI战略的基金（2016年投资）。但这个数字似乎被夸大了。据我所知，它把所有设计SRI基金的投资组合资产都包括在内了，无论实际投资于SRI基金的比例有多小，也无论这些基金的SRI承诺有多小。

16. 参阅Porter等人（2007）的各种贡献。

17. Locke（2013）证明了伦理资本主义方法在全球供应链治理中的失败。耐克在激进分子的压力下，为改善其全球供应链中的劳动条件做出了异常认真的努力。根据耐克提供的详细数据，Locke表示，这些努力都白费了：耐克内部及其供应商面临太多相互冲突的压力。他给出的理由令人信服，即如果我们想改善这种全球供应链中的劳动条件，政府的补充努力至关重要，例如通过精心设计的劳动检查员计划。

18. 法官Richard Posner在2009年的书中为这一结论提供了翔实的论据，更加令人信服，因为这位保守党领袖非常不情愿得出这个结论（Posner，2009）。从商业角度来看，Porter和Van der Linde（1995）提出了另一个有影响力的论点，支持（精心设计的）监管。

19. 美联储是所有刺激计划的主要参与者。根据法规，美联储有三个目标，即最大就业、稳定价格和适度的长期利率。更仔细的分析表明，就业承诺充其量只是一种"半心半意"的承诺。不是为了消除失业，只是为了确保"最大限度"就业，即与其他两个目标相适应的最大限度就业。为什么要在就业和其他两个目标之间进行权衡？我将在以下段落中指出，原因并不是隐形的宏观经济机制，而是由于企业界对利润和权力损失的深层抵制。

20. 经典分析由Kalecki（1943）提供。

21. Smith（2016）。

22. 这一分析甚至得到了自由主义阵营的卡托研究所的支持，参阅Thrall和Dorminey（2018）。

23. 在许多关于这个主题的文章中，读者可以从Stiglitz（2017）和Rhaman（2018）开始。关于更深入的治疗，参阅Drahos和Braithwaite（2017）、Dutfield（2017）和May（2015）。

24. 关于"社团主义"的观点，参阅Siaroff（1999）。关于"共同决定"，参阅Streeck（1983）、FitzRoy和Kraft（2005）。我关注的是北欧国家的社会民主，而忽略了荷兰、德国和法国等国家，在这些国家，政府的作用介于北欧模式与美国和英国市场导向模式之间。关于更广泛地看待社会民主模式所面临的问题，请参阅Palley（2018）。

25. 关于北欧模式在性别和社会护理危机方面的成功与失败的平衡性观点，参阅Lister（2009）。

26. 那些对北欧社会民主模式持怀疑态度的人，经常引用另一个因素来反对北欧社会民主模式在美国的适用性：这些国家相对较小，人口相对单一。事实上，这些国家太小了，每个大企业的领导人都可以在一张中等大小的会议桌旁与政府内阁成员会面。因此，要得出适用于美国的更大范围的有力结论就很困难。

27. 关于芬兰的社会民主妥协是如何因其（最初）成功加入全球技术竞争舞台而受到破坏的，请参阅Ornston（2014）。关于新自由主义政策和全球金融化压力下瑞典社会民主主义的消亡的分析，参阅Belfrage和Kallifatides（2018）。

28. Credit Suisse（2016）。同样，瑞典的代际流动率与英国和美国的据称流动性较小的经济体相似，今天的价格仅略高于前工业时代。参阅Clark（2012）。

29. 参阅Minx等人（2008）。

30. Aggestam和Bergman Rosamond（2016）。

31. Sullivan（2014）。

32. Vucetic（2018）。

33. McKinnon、Muttitt和Trout（2017）。

34. 进一步阅读维基百科条目"技术乌托邦主义"以及Huesemann和Hueseman（2011）是一个很好的起点。

35. 详细了解这一问题，参阅Davis（2016）。

36. Alcorta（1994）。

37. 一些环保人士认为地方主义很有价值，可是越来越多的证据表明，这将意味着食品会更昂贵和/或化学品在农业中会使用得更广泛。而且，由于运输仅占食品系统排放量的11%，因此它不会在二氧化碳排放方面节省太多。参阅Sexton（2011）。

38. 音乐行业自然会反击，重新确立产权。例如参阅Fassler（2011）。

39. Frenken（2017）对共享经济资本主义、国家主导型和合作型三种模式进行了有益的对比。

40. 的确，在资本主义市场体系中，无法保证一家公司或一个行业因自动化而失去的工作岗位会以适当的数量和职业组合奇迹般地重新出现在另一个行业。同样正确的是：我们已经看到，资本主义社会的政府不太可能作为"最后的雇主"介入。但另一方面，一个行业的生产率通常会导致该行业产品的价格降低，这会让客户有更多的钱花在其他行业的产品上，进而导致别的行业扩大生产并雇用更多员工。这就是为什么在过去两个世纪的资本主义当中，我们很少看到先前的技术革命浪潮对总就业的影响。参阅Arntz、Gregory和Zierahn（2016）、Mishel和Bivens（2017）。

41. 普遍基本收入吸引人的部分原因是它促使我们走向废除雇佣劳动，毕竟这是一种剥削手段和一种统治形式。然而，普遍基本收入也仅对那些愿意并能够靠它提供的微薄收入生活的少数人才起作用。减少每个人的工作时间会更好。其吸引人的其他部分在于，与政治经济转型的社会主义计划相比，普遍基本收入似乎是一项相对温和的政策改革，更容易实施，即使是那些认为它是削减社会福利的一种方式的右翼人士也会接受。假如真的实施了以后，这将为社会和经济发展开辟一条令人兴奋的道路。然而，虽然看起来这是一种更简单的政策改革，但是在资本主义经济持续发展的背景下，很快会遇到强大的阻力，你根本做不了什么去推动更根本的变革。这是本末倒置。我们还应该注意到这一想法的右翼支持者，他们希望普遍基本收入（相当于负所得税）将使取消所有其他现有的社会福利计划合法化。在他们看来，如果每个人都有基本收入保障，如果他们选择为自己的养老金存钱，那么就不需要政府运营的社会保障计划。例如参阅Friedman（2009[1962]）。

42. 关于美国"劳动共和主义"传统背景下普遍基本收入的大量历史和哲学讨论，参阅Gourevitch（2013）。

43. Paul、Darity和Hamilton（2017）。

第五章

1. Miller（2017）概述了亚里士多德对民主和其他政治制度的看法。

2. 罗纳德·科斯（Ronald Coase）假设，当企业内部管理的组织成本低于相应的依赖竞争和价格比较的市场关系所需的交易成本时，企业就比市场更有效（Coase，1937）。而奥利弗·威廉姆森（Oliver Williamson）认为，可以说明通过市场获得资产的交易成本是大于还是小于从同一组织内的兄弟单位获得该资产的组织成本的关键因素是，所讨论的资产对使用者的需求而言在多大程度上具有独特性（Williamson，1975）。举例说明：如果一家钢铁公司需要通用回形针，它应该购买而不是制造；但是，如果需要专门的配件，而其他公司并不具备这种生产能力，那么它最好自己制造，而不是去购买，否则，供应商公司可以利用其垄断地位，向钢铁公司漫天要价。然而，这一来自比较交易/组织成本的论点只涉及单个企业面临的采购决策，而不是关于整体经济的最佳结构。因此，威廉姆森忽略了市场的所有系统性失调，我们已经讨论了市场的不稳定性、垄断倾向、负外部性的成本和被放弃的正外部性的机会成本。

3. 我们应该注意到，一些大公司按照市场路线进行内部组织。它们的主要部门是作为独立的企业设立的，它们对彼此销售的产品和服务收取市场价格，它们从总部争夺资金，就像公司在股票市场上争夺投资基金一样。在这个"控股公司"模型中，战略管理保持在最低限度。只要业务部门在核心活动中保持独立，这种内部组织的市场模式就相当有效。然而，如果这些活动更加相互依存，如果总部想要开发和利用企业之间的潜在协同作用，相互依存的跨部门生产与独立的部门控制之间的不匹配会产生我们在更广泛的市场经济中看到的许多相同的功能失调。例如参阅Eccles（1985）。

4. 在许多公司中，人们不仅对内部运营进行战略管理，而且对与供应商和客户的关系进行战略管理 [例如参阅Hansen（2009），Fawcett、Jones和Fawcett（2012）]。根据公平的市场关系，公司根据需要从供应商目录中选择组件。然而公司不会这么做，它们将与一个或两个供应商达成长期合同，其中规定了价格、数量、质量、交货日期、意外开支、罚款等。此类合同体现了市场竞争和联合战略管理的混合。有道德的公司在这一联合战略管理中走得更远。在试图利用供应商及其员工的创造力时，他们经常与供应商合作设计组件，确定最佳生产流程，解决设计、生产和交付问题。这种企业间的联合战略管理是由与有道德的公司内部管理相同的四个组织原则演变而来的。因此，它为民主社会主义经济中企业之间的横向承包提供了经验，即使在今天的实践中，这种共同努力仍必须与资本主义市场竞争的腐蚀性影响做斗争。

5. 我们可以将协作与协调区别开来，协调是我们在提前指定目标和实现目标的方法的情况下所做的工作（如在高度常规化的行动中）。我们可以将协作与合作区分开来，合作是指我们在目标明确但手段不明确的情况下所做的事情（例如团队为实现预先指定的目标而工作，如推出新产品）。

6. 与物质技术一样，管理技术在资本主义企业中既是生产工具，又是支配和剥削的武器，有时一个方面占主导地位，有时又是另一个方面（参阅Adler，2012）。关于这些管理创新演变的历史观点，参阅Bodrožić和Adler（2018）。关于作为生产社会化产物的管理发展（以及作为职业类别的管理人员的相应增长）的另一种观点，参阅Duménil和Lévy（2018）。

7. 在有关社会主义的文献中，这一系列活动通常被称为"计划"，人们认为社会主义是"集中计划"系统，而资本主义则是一个"分散市场协调"系统。然而，计划只是我们需要的更广泛过程的一个阶段，这一过程将确定目标，制定实现目标的计划，为完成这些计划分配资源，评估绩效，并随着时间的推移修改目标和计划。中央机构与地方行动者在社会主义经济中的相对作用是一个公开的问题，而不是预先确定的问题。除了关于社会主义经济学的专门文献外，这样一个对中央和地方单位负有不同责任的广泛过程通常被称为"战略管理"。维基百科条目"战略管理"的概述很详尽。

8. 举个例子：要阅读你想要的东西，你可以不受政府的限制，但是如果你没有机会学习如何阅读，那就没有多少权力。Carter（2018）是开始研究积极自由与消极自由的良好开端。另请参阅Sen（1993）和Nussbaum（2011）。另一种方法认为，自由本质上是消极自由的问题，但是如果人们由于缺乏资源而没有能力行使自由，那么这种自由就毫无价值。Gourevitch（2015）提出了第二个备选方案，他认为我所说的积极自由也可以被解释为另一种形式的消极自由，即我们有机会参与影响我们的决策，不受制度限制。

9. 关于这个问题的管理文献有时会混淆，对集中化和参与的定义使它们看起来相互排斥，不过我们可以简单概括出更可靠的定义。集中化是指这样一种程度，下级有了提案，需要在权威等级上爬多高，然后才能接触到可以决定接受或拒绝提案的人员或委员会，而无须咨询更高级别的人员。参与则是指，某人的提案在确定以前，需要向下或平行寻求意见，征得同意。当然，参与的程度可能有所不同，从完全共享的权力到协商的义务，以及最屡弱的获得信息的权利。如果我们需要在组织的所有子单位中保持强大的行动一致性，那我们希望在组织中实现集中化。如果定义目标和实现目标的计划所需的知识在层级结构中进一步分散，我们则希望参与。关于集中化，参阅Pugh和Hickson（1976）；关于参与，参阅Heller（1998）、Glew等人（1995）。

10. 对参与式集权持怀疑态度的人经常提到所谓的"寡头政治的铁律"，即随着组织的发展，无论它们开始时多么民主，都会不可避免地屈服于少数自利者的统治［经典的论述是Michels，1966（1911）提出的］。诚然，有许多案例符合这个说法，不过历史也告诉我们，还有一个强大的反趋势，这个趋势被称为"民主的铁律"（Gouldner，1955）。无论是在国家还是组织层面，当领导者变得专制时——当他们为了自己的利益而牺牲他人的利益时——我们经常看到有人会反叛，挑战领导者，并重申民主原则。在某些情况下，人们也可以通过用脚投票并离开来鼓励变革：参阅Hirschman（1970）。宣称向寡头政治的堕落不可避免，就是将愤世嫉俗装扮成某种智慧或社会理论。

11. 关于参与战略和预算编制过程对组织绩效的影响，有大量的管理和会计研究。证据有好有坏，总的来说，大多数表明对企业绩效有好处。例如参阅Wooldridge、Schmid和Floyd（2008），Wooldridge和Floyd（1990），Gerbing、Hamilton和Freeman（1994），Vilà和Canales（2008），Derfuss（2009）。

12. Austin、Cotteleer和Escalle（2003）对这些体系的力量进行了生动而虚构的描述。

13. 当SAP等软件服务公司首次提出企业资源规划（ERP）系统时，许多观察家对这些系统是否会成功表示怀疑，这与对社会主义计划的怀疑不谋而合。这些系统的实施需要整个组织做出巨大努力，将每个部门使用的所有信息纳入一个单一连贯的数据库。由于成本很高，实施工作经常被推迟，有时还会失败，但好处却令人印象深刻。在经历了最初遭遇质疑之后，ERP现在已经成为大型企业良好管理实践的一个公认的标准特征［参阅Davenport（2000），Thomé等人（2012）］。此外，ERP系统的实施似乎增强而非削弱了企业的灵活性（Qu等人，2014）。

14. 具体而言，凯泽是由区域实体组成的财团，这些实体汇集成了凯泽保险基金会健康计划（特许为非营利公益公司）、永久医疗集团（这是营利性医生合伙企业或几乎只与凯泽做生意的专业公司），以及凯泽在更大地区的业务，凯泽基金会医院（也是非营利的，由健康计划资助）。

15. 参阅Schilling等人（2011）。

16. 这个仪表盘并不是一个突破性的创新：许多大公司已经开发了类似的管理工具。凯泽公司在广泛分享信息和将所有四个维度视为同等重要方面有些不同寻常，而其他许多企业只是将别的维度视为有可能导致财务成功的因素。

17. 参阅Smillie（2000）、Hendricks（1993）。

18. 到目前为止，在这种伙伴关系中的最大的工会组织是服务雇员国际联盟（SEIU），参与工会的完整名单可在以下网址获取：http://www.unioncoalition.org。关于合作关系，参阅Kochan（2013）、Kochan等人（2009）、Kochan（2008）。关于合作关系的更多批评意见，请参阅Borsos（2013）和Early（2011）。加州护士协会拒绝参与合作。2018年，联盟开始分崩离析，SEIU试图主张更多的控制权，并让联盟采取更具对抗性的立场，从而促使代表联盟中大约三分之一成员的22个地方政府退出了联盟。当时，劳资伙伴关系的前景尚不明朗。

19. Schilling、Chase等人（2010），Whippy等人（2011）。

20. Kochan（2013）。

21. 凯泽公司对这种矩阵形式如此执着，可能是因为医疗服务领域需要这种形式。在这里，许多工作单位都紧密联系、相互依存。因此，分享权力和资源对于确保这些单位的有效协调至关重要。

22. 在最高层，劳资伙伴关系的最终管理机构是劳资管理战略小组，该小组由凯泽医疗集团8个地区的区域总裁、凯泽医疗集团全国领导层的管理人员、凯泽医疗集团的领导人以及联盟的工会领导人（包括联盟的11个附属工会中每个工会至少一名代表）组成。参阅Kaiser Permanente and Coalition of Kaiser Permanente Unions（2012）。

23. 参阅August（n.d.）。我们应该顺便指出，工会联盟并没有回避经济效益的问题。工会明白，他们的行业和雇主正面临着提高效率和质量的巨大压力。这种压力不仅仅来自非道德的竞争对手，这也预示着人们对美国医疗系统的严重失调日益失望。这种功能性障碍意味着我们的医疗保健系统在取得较差的健康结果的同时，也使美国人的花费远远高于其他发达国家。工会和管理层一致认为，该伙伴关系应旨在展示一条解决国家负担能力和应对质量挑战的道德路线。

24. 参阅Kaiser Permanente（2010），Pearl（2017），Berwick（2010）和Litwin（2010）。

25. 例如参阅Matzler等人（2016）；Stieger等人（2012）；Gast和Zanini（2012）；Whittington、Cailluet和Yakis-Douglas（2011）；Whittington、Hautz和Seidl（2017）。开放战略是以"开放创新"模式为模型的，在这种模式下，企业将目光投向超越了供应商、客户和在线社区的创新理念（Chesbrough，2006）。这里的重点是横向，而非纵向的参与，同时也让公司边界以外的人参与进来。在描述这些横向关系时，这些文献大多忽略了竞争性的、自利的市场关系与基于普遍互惠的社区关系之间的深刻差异。而且，这些文献很少注意到集中化的维度。关于最后一个问题，Sibony（2012）指出，这种开放的战略过程要是缺乏集中化，就无法帮助"战略家在方向上确定根本性转变，在看似同样有吸引力的选项之间进行艰难的权衡，或者制定计划来解决激烈的竞争环境……基于人群的机制是产生大规模群体思维的强大引擎，它鼓励人们坚持预先定义的支点，随着其他贡献者的证实，支点变得越来越强大"。

26. 寡头政治并非不可避免（见上文注10），在任何民选代表制度中都有寡头政治的风险，这导致一些民主理论家提倡基于"抽签"的古希腊制度，即通过随机抽签从较大的候选人库中选出政治官员。有关文献的一些切入点，请参见相应的维基百科条目。

27. 这是约瑟夫·熊彼得［1976（1942）］提出的支持社会主义的著名论点的基础：他认为，大公司可以通过建立集中的研发部门来使创新"常规化"（为其制定计划，并为其提供专业人员和专项资金），而不是依靠在分散的市场过程中出现的无计划的创新。然而，请注意，现今许多成熟的大公司，如微软、谷歌、脸书和苹果，并没有投资研发，而是利用它们的垄断利润来扫荡那些已经开发出有前途的创新点的小公司。正是通过收购而不是内部研发，垄断企业获得了他们所需要的新技术，以维持自身的主导地位，并压制可能降低行业盈利能力的竞争性技术的出现。

28. 此处的经典参考文献是Hayek［1956（1944）］。关于一个特别有力的批评，参阅Cockshott和Cottrell（1997）。

29. Schilling、Deas等人（2010）。

30. McCreary（2010）。

31. Cohen、Ptaskiewicz和Mipos（2010）。培训可帮助员工和经理在这些团队中更有效地工作，并有一组辅导员对他们进行指导。朝着更高级别的团队效能发展的进程被记录下来，而其目标也被编入集体谈判协议中。例如，到2019年，87%的UBT应达到5级评估准则的4级或5级。有关"绩效之路"工作的更多信息，请参阅合作伙伴网站：https://www.lmpartnership. org/path-to-performance。

32. Cohen、Ptaskiewicz和Mipos（2010）.

33. Bjelland和Wood（2008）。

34. 协同创新原则与前面提到的开放式创新模式有一些相似之处。与开放战略一样，开放创新模式的重点是跨越组织边界的创新理念的横向交流，其过程介于市场交换和社区互惠之间。因此，它几乎无法洞察当前的问题，即如何在复杂的层级组织中促进跨级别的沟通。

35. 美国国立卫生研究院的研究部门是世界上最大的生物医学研究机构：它在基础、转化和临床研究方面雇用了大约1200名主要研究人员和4000多名博士后研究员。它的校外机构还要庞大许多，它提供了美国每年花费的生物医学研究经费的28%。有人担心在这种集中化的国家研究企业中，研究创造力会被扼杀，他们看到美国国立卫生研究院在推动根本性创新方面的出色记录后，应该能消除疑虑。我们对美国国立卫生研究院所赞助研究的投资，降低了美国人生病的经济成本，每年产生了25%至40%的回报率。在1965年至1992年推出的对社会有最大治疗影响的21种药物中，公共资金对其中的15种药物提供了帮助（联合经济委员会，2000）。关于DARPA，参阅Azoulay等人（2018）。

36. 参阅Janda和Moezzi（2014）和See等人（2015）对这种方案的简述。

37. David（2015）。

38. 虽然这种关于企业如何实现高水平效率的观点在很大程度上是常识问题，但是它与大多数经济处理方法中的观点大不相同，后者强调的是激励的作用，而不是塑造工作流程的程序。事实上，虽然激励措施和流程都会对企业绩效产生影响，但流程的平均影响要比激励措施大一个数量级（Knott 和McKelvey，1999）。"错误"的财务激励——使用的薪酬和奖金没有照顾到影响公司整体绩效的个人绩效维度，会严重损害公司绩效；不过"正确"的财务激励的积极贡献也微乎其微，至少与让人们使用最佳实践而不是依靠自己的判断相比是如此。

39. 正如对工业质量的研究一再表明，要改进一个没有标准化的过程非常困难。这不仅适用于那些基本上重复的过程（Adler和Cole，1993，1994），也适用于那些不重复的过程，正如下面凯泽的临床指南和CSC的CMM的案例所示（Adler等人，2005）。

40. 最著名的工作动机理论之一侧重于工作的特点，这些特点使工作更有动力。具体而言包括：技能多样性、任务认同、任务重要性、自主性和反馈（Hackman和Oldham，1980）。有关批评和替代方法，请参阅Adler和Chen（2011）。

41. 该工厂于2010年关闭，因为丰田面临着全球产能过剩的问题，并决定在其位于肯塔基州的（非工会）工厂进行生产整合。关于NUMMI和它的道德做法更全面的讨论，参阅Adler（1993）。丰田公司一般不是道德做法的典范。他们的管理系统因给工人带来很大的压力而经常受到批评（Parker和Slaughter，1988）。但是，NUMMI工会的力量和丰田公司期待在他们的第一家北美工厂创造一个积极的劳动环境的渴望，让该厂采用了许多道德做法。

42. 1985年发布的集体谈判协议规定："新联合汽车制造有限公司（NUMMI）认识到工作保障对雇员的福祉至关重要，并承认它有责任在与工会的合作中为工人提供稳定的就业。工会在本协议第二条中的承诺是实现稳定就业的重要一步。因此，公司同意除非因严重的经济状况威胁到公司的长期生存能力，否则不会解雇员工。公司将在裁员之前采取积极措施，包括降低高管和管理层的工资，将以前分包出去的工作分配给有能力完成这项工作的有谈判权的工会的员工、寻求自愿裁员以及其他节约成本的措施。"

43. 英国工业心理学家巴尔达穆斯（Baldamus）（1961）将这种效应归结为"牵引力"，即被稳定的工作节奏所牵引的感觉。令人吃惊的是，对工作强度的关注在当地工会的优先关注清单上排名很低。主要的例外情况是在一些新车型的引进期，当时，由于规划不善，一些装配线工人要在短时间内处理过量的工作和缺陷，这种情况持续了几个月，有时还会造成严重的工效问题（Adler、Goldoftas和Levine，1997）。

44. Whippy等人（2011），Bisognano和Kenney（2012，第7章），Davino-Ramaya等人（2012）。

45. 有时，凯泽的指导方针会受到消费者权益组织的抨击，因为这些指导方针主要基于成本考虑，有牺牲患者健康的风险。作为一个资本主义企业，即使凯泽的指导方针或这些指导方针的实施有时会偏向于符合组织的底线利益，也不足为奇。然而，总体而言，他们的记录似乎非常积极。

46. 参阅：https://www.lmpartnership.org/sites/default/files/10-essential-tipshuddles.pdf，和https://www.lmpartnership.org/tools/daily-huddles。

47. 例如参阅Standish Group（1994）、Gibbs（1994）、Lieberman和Fry（2001）、Jones（2002）。在这几年，情况并没有什么改善：2015年，Standish集团估计66%的项目以部分或全部失败告终（基于他们对全球5万个项目的分析）。

48. Humphrey（2002）。

49. CMM的建立是为了支持大规模、集成化系统的开发。在光谱的另一端，我们发现了小规模、模块化的系统，其中"Agile"或"Scrum"开发方法已经被证明富有成效。两者可以很容易结合起来（Anderson，2005；Lukasiewicz和Miler，2012；Brown、Ambler和Royce，2013）。

50. Fishman（1996）。

51. Adler（2006），Adler等人（2005），Adler（2015）。

52. 关于成本，参阅Berwick和Hackbarth（2012），关于误差，参阅Daniel和Makary（2016）。

53. 这基本上是英国国家卫生系统对国家健康和护理卓越研究所的做

法。参阅de Joncheere、Hill和Klazinga（2006）以及Drummond（2016）的评价。

54. 这里的个人主义指的是对一个松散的社会框架的偏好，在这个框架中，个人只能照顾自己，而集体主义则意味着对一个紧密编织的社会框架的偏好，在这个框架中，每个人都期望能相互照顾。这种区分反映在人们的自我形象是以"我"还是"我们"来定义。参阅Hofstede（1980）。Inglehart和Welzel（2005）认为，"现代化"意味着从集体主义到个人主义的转变，而这种向个人主义的转变是民主出现的一个关键前提。不过他们（像其他许多研究个人主义和集体主义的学者一样）使用的集体主义概念非常传统，我认为集体主义不一定是这样的。

55. 关于集体主义、个人主义和创造力的心理学，参阅Goncalo和Staw（2006）。

56. 企业一直在努力实现这种综合，因为这将避免非道德企业通常经历的创新与效率之间的权衡。非道德企业依靠强制性的方法来实现效率，因此若使从事创造性工作的人变得更有效率，就会离间他们，并阻碍创新。而在这些企业中，从事日常工作的人都生活在这种胁迫的负担之下，因此对创新工作的贡献兴趣不大。因此，管理层通常只能强加标准以确保效率，与允许必要的灵活性以确保创新之间做出选择。这就是主流商业战略文献——如Porter（1985）——敦促企业在成本领先战略与差异化战略之间做出选择的主要原因之一。如果一个非道德企业既想提高效率又想创新，那么它的最佳选择就是建立一个集中的研发部门；这不可避免地会在以创新为导向的研发部门与以效率为导向的运营部门之间产生矛盾。这种紧张关系在工业界很常见，运营单位对创新产品的引入所带来的干扰很反感，而研发单位则对其产品设计的"可制造性"并不关心。由于这些困难，这种组合战略［Miles和Snow（1978）所描述的"分析者"战略］代表了一种妥协，通常只能达到适度的效率水平和适度的创新水平。然而，道德公司可以通过使用合作创新和合作学习来克服这种创新与效率之间的权衡。公司鼓励以创新为导向的单位的员工在创新活动中提出旨在提高效率的想法，并鼓励以生产为导向的单位的员工提出旨在提高效率的创新想法以及新产品和服务。在管理学文献中，一个组织同时擅长创新和效率的能力被称为"灵活性"。关于NUMMI成功建立这种能力方面的分析，参阅Adler、Goldoftas和Levine（1999）。目前，关键是需要什么样的员工激励来保证这种灵活性。

57. 想了解更深刻的分析，请参阅Macpherson（1962）。

58. Stephens、Markus和Townsend（2007）.

59. 关于共同目的这一概念的更多理论讨论，参阅Adler和Heckscher（2018）。

60. 关于商议效果的一些支持性证据，参阅Gastil、Bacci和Dollinger（2010）。

61. 参阅Brown、Deletic和Wong（2015），Hansen和von Oetinger（2001）。有道德的公司认为，个人发展机会将吸引更高质量的人员，即使他们获得的新技能使一些员工更容易跳槽到别的雇主那里。

62. http://www.lmpartnership.org/stories/safe-speak。

63. 凯泽公司的工会雇员的奖金制度不太适合相互依存的关系。根据合作协议，员工获得的奖金以相等的金额支付给该地区的所有员工。这些奖金是基于该地区是否达到了工会和管理层协商的目标，这些目标反映了价值罗盘上各点的变量组合，如出勤率、安全、服务和临床结果。

64. Yaun（2006），Palmisano（2004）。

65. Heckscher等人（2017）。

66. Heckscher等人（2017）。另参阅Heckscher（2007）。

67. Heckscher等人（2017）。

68. Charles Heckscher（2018），个人通信。

69. e-reward.co.uk（2016）。

70. 例如参阅Olah（2013）的帖子所引发的讨论。

71. 参阅Adler、Goldoftas和Levine（1997）。

第六章

1. 如果没有公有制，整个经济体的经济管理就仅限于对私营部门有利的各种选择。我们将回到第四章中讨论和批评过的受监管的资本主义或社会民主主义模式。关于此类"指示性"计划形式在一系列国家中的经验，参阅Yülek（2015）。

2. 这种社会主义思想在美国有很长的历史。维基百科有一个调查——"美国社会主义运动的历史"。关于美国当代的讨论可以在美国民主社会主义者网站（http://www.dsausa.org/toward_freedom）上查看。有关不太关注美国的抽样调查，见《科学与社会》杂志在1992年春季、2002年春季和2012年4月发表的专题讨论。

3. Gar Alperovitz（2013，2005）对这些创新提供了一个特别有用的调查。我在此处广泛地借用了他的叙述，并请读者参阅他的书中的相关参考资料。也可参阅Erik Wright以"真正的乌托邦"为标题汇集的资料：https://www.ssc.wisc.edu/~wright/ERU.htm。

4. 关于美国的合作社和其他形式的社会化所有权，参阅Schneiberg（2010）和Hanna（2018）。

5. 然而，蒙德拉贡无法吸收其最大集团Fagor的5600名员工，他们的工作在2014年的金融危机中受到威胁。该公司被出售给西班牙家用电器公司Cata。

6. Mishel和Schieder（2017）。

7. Forcadell（2005）。蒙德拉贡的天主教根基留下了对中央集权的怀疑。天主教的"辅助性"原则是指问题应该在最有能力的地方一级决定，而不是由中央当局决定。虽然这具有吸引力，但是在天主教思想以及蒙德拉贡中，它与市场结合在一起，成了分散的协调机制。在某种程度上，这是教会反对共产主义的意识形态斗争的遗留，也是为摆脱政府而进行的实际斗争的遗留，因为政府可能威胁到教会的自治。

8. 参阅https://www.cincinnatiunioncoop.org/和Schlachter（2017）的早期评价。

9. Kelly和McKinley（2015）。

10. 参阅https://democracycollaborative.org/。

11. Fung和Wright（2003），Ansell和Gash（2008），Innes和Booher（2010），Roberts（2004），Wainwright（2003），Curato等人（2017）。一些社会主义者对协商民主持怀疑态度，不过他们主要关心的不是社会主义下的民主是否应该接受协商程序，而是在今天，在当代资本主义的夹缝中，协商民主是否具有很多解放的潜力（例如参阅Hauptmann，2001）。

12. 公共部门不仅扩大了我们对协同战略制定的理解（Baiocchi和Ganuza，2014），而且还扩大了对协同学习和工作的理解。在最近一些关于公共部门管理的研究中，通过促成标准化的协同学习已经凸显，让我们看到了"效率作风"与"官僚作风"的不同之处，以及前者如何支持有效的公共管理。在公共部门组织的效率工作中，出现了协同学习的五个一般特征：程序不仅要说出来，还要写下来，确保可以接受检查；应该符合逻辑、符合常识；需要始终如一地应用；应该允许适当程度的灵活性，既不能太严格也不能太宽松；对所影响的人来说，目的应该明确。这项研究表明，我们从有道德的公司中获得的协同学习经验，在公共部门组织中也得到了验证。参阅DeHart-Davis（2009b，2009a），DeHart-Davis、Davi和Mohr（2014）。最近，在关于"公共服务动机"的大量学术研究中，协同工作也作为公共部门的一个关键问题出现了。我们经常发现——我们希望更频繁地发现——公共部门员工的动机类似于在有道德的公司中培养的动机：既愿意遵守标准和政策，又渴望为完善这些标准和推进组织的使命做出个人贡献。参阅Ritz、Brewer和Neumann（2016），Anderfuhren-Biget、Varone和Giauque（2014）。

13. 参阅Benkler（2006），Kostakis和Bauwens（2014），O'Mahoney和Ferraro（2007）。

14. 参阅Weinstein（1967）和维基百科条目"美国当选的社会主义者市长名单"。

15. Radford（2003）回顾了这段历史。在英国，市政社会主义也遭遇了类似的命运——例如参阅Quilley（2000）。

16. 参阅McKibben（2016），Delina（2016），Silk（2016）。

17. 关于贫困，参阅Plotnick等人（1998）。

18. 劳工领袖也鼓励转型。1940年，汽车工人联合会的领导人沃尔特·鲁瑟（Walter Reuther）发起了一场运动，迫使主要的汽车制造商转换为飞机生产商。关于这一时期的文献十分丰富，包括了Hooks（1993），Wilson（2016）。就我们的讨论而言，第二次世界大战比第一次世界大战更有趣。在早期的战争中，政府对经济的干预相对较小，战争时间也更短。

19. 左派历史学家（如Koistinen，1973）哀叹工会在动员中没有发挥期望中的大作用，他们指出，南方民主党人和亲近商界的共和党人组成的强大联盟决心压制劳工的影响。但很显然在战争时期，即使按照这种说法，工人影响工作场所和政治领域决策的能力还是大幅提高了（另参阅Lichtenstein，2000）。关于一个工作场所的描述，参阅Lee（2004）。

20. 商界强烈反对工会，雇主指责委员会试图将工业"苏维埃化"。通用汽车公司总裁查尔斯·威尔逊表达了一个具有代表性的观点："通用汽车公司不会有这种平等的声音"（引自Guzda，1984）。尽管到1944年，大约有4800个这样的委员会登记在册，覆盖了制造业和采矿业约40%的劳动力，可是其中只有约500个委员会实际在运作。另请参阅De Schweinitz（1949）。

21. 引自Wilson（2016，241）。

22. 一个值得注意的例子：Karl Polanyi［1968（1944）］。

23. 本章描述了一种独特的民主形式的社会主义，因为其他不民主的形式已经被否定了。不过，我们还是可以从苏联及其盟国以及中国的经验中吸取一些东西。我在此非常简要地总结了这些经验，然后总结了已经提出的民主替代方案，我从中得到了启发。

在苏联制定的经济计划的标准模式中，一个中央机构为主要产业规划产出和投资。计划者使用实物来确保相互依赖的行业之间的供需平衡，而非货币单位。例如，使用钢铁的行业向计划者发送它们对来年所需钢铁吨数的预测；钢铁行业主管部门根据指示，生产这一数量的钢铁；然后这一产出目标将分配给全国的各个钢铁厂。

尽管效率低下和浪费现象普遍，然而这种制度使中央计划经济体保持了令人印象深刻的投资和经济增长速度，并使人们的物质生活水平也有了明显改善。（关于苏联，参阅Ofer，1987；Brainerd，2010；以及Ellman，2014。）这个系统的一个优势：从中央计划者的角度来看，"人力资本"的价值显而易见，国家对公共教育和公共卫生做出了承诺，甚至连批评这个系统的人都认为，它比当时先进资本主义经济体中盛行的杂乱无章的政策更优越。

然而，当这些经济体从基于将更多自然和人力资源投入生产的"粗放式"发展转向基于技术创新的"集约式"发展时，苏联这样的专制政治体系中的自上而下的规划不再有效。意识到这种滑坡，苏联及其东欧盟国的领导人进行了各种改革。这些改革的主要目的是给予企业更大的地方自主权和更多的激励，以实现计划中更高层次的目标。

因此，从20世纪70年代末开始，苏联的改革将中央计划者的注意力集中在少数高级别目标上，并将指定更详细目标的任务下放到企业经理和生产团队。［西方有大量的文献关注这些创新，例如Shaffer的汇编（1984）。］然而，在实践中，斯大林主义的专制遗产阻碍了这些努力，最终，苏联的政治崩溃消除了所有的改革努力。

在中国和越南，经济计划现在发挥的作用比较有限。大型国有企业接受中央计划部门的指导，但是经济发展的总体方向也反映了私营部门的巨大比重和执政党对融入世界经济的承诺。（关于这一点，参阅Ellman，2014，第2章。）

谈到关于更民主的社会主义形式的建议，我们发现有三个主要的变体。它们的主要分歧在于，经济活动的总体协调应该在多大程度上由中央计划，在多大程度上由分散的竞争来完成。

在集中化的一端，有些人认为，所有的企业都应该被当作一个特大综合企业的单位来管理，在"功能"而非"多部门"的基础上组织起来。在这里，集中的、民主的、战略性的管理将完全取代竞争。关于这样一个系统如何运作，请参阅Cockshott和Cottrell（1993）和Mandel（1986）的介绍。

支持权力下放的一端是"市场社会主义"的建议。市场社会主义的支持者接受一般社会主义的前提，即所有权应该以某种方式民主化，以确保更公平地分享积累的财富，但是他们认为这种民主化采取的形式不是社会化的公共所有权，而是广泛分布的私人所有权。许多人建议将工人合作社作为每个社会主义企业的适当结构，却也希望看到这些合作社为自己的利润在市场上竞争，而不是为整个经济计划做出贡献。市场社会主义者害怕让中央政府进行过多的控制，并怀疑这些政府能否掌握全面计划所需的大量数据。因此，他们提出了一种制度，在这种制度中，强大的政府监管被强大的市场力量所平衡，市场竞争决定价格和工资，盈利能力指导分散的企业的生产和投资决策。市场社会主义模式在Bardhan和Roemer（1992）、Wright（1996）、Schweickart（2011）、Wolff（2012）这些著作中提出。

处于中间位置的建议，允许整个经济战略计划与参与竞争和某种市场过程的从属角色共存。这些模型类似于许多多部门公司的战略规划流程，其中各个子单位的某种程度的自治与对共同战略目标的总体承诺相平衡。与完全集中的模式相比，企业可以有更多的余地与它们选择的供应商或客户签订合同。中央计划可以被工人委员会和消费者委员会之间的横向关系所取代，而不需要市场（Albert和Hahnel，1991）；可以被计划内的多层次（中央和地方）迭代所取代，也不需要市场（Laibman，2002，2013）；或者被战略计划和市场结果的组合所取代（Devine，2002）。

这些不同模式的支持者之间的大部分争论将通过实践而不是理论论证来解答。这就是说，我的发言代表了集中和中间立场的结合，因为我们有几个理由对市场社会主义模式持怀疑态度。

首先，为了应对我们面临的各种危机——最主要的是环境危机，我们迫切需要一个由强大的中央权力机构，来领导和协调各方努力，彻底迅速地调整生产和投资的方向。一旦我们摆脱了这些动荡的局面，与中央更高层级的优先事项相比，给予地方决策以更多的重视可能很有意义。也许在这种情况下，市场进程可以发挥更大的作用。但在可预见的未来，这些更高层级的优先事项需要在我们的战略计划流程中发挥主要作用。

其次，即使从长期来看，我们也必须确保计划中运用的价格把环境和社会的外部因素考虑在内，并且反映我们对遥远的未来的关切。市场过程通常在这两方面都失败了，留给市场的作用越大，社会最优的"完全"价格与通过市场竞争产生的价格之间的差异就越大。举个例子：我们不希望工资水平和工人的基本收入保障由市场竞争决定。市场社会主义模式依靠政府的监管和税收来弥补市场过程中的这些缺陷——这是对民主管理的糟糕替代。

再次，我们需要确保每个企业的生产和投资计划加起来是一个一致的整体经济，不能有短缺和盈余，而且这个总量支持我们的战略目标。这意味着更高级别的地区、行业或国家委员会可能需要推动企业改变计划，就像一个多部门公司的总部可能会推动业务部门修改计划。

最后，随着时间的推移，一个由市场竞争主导的体系，即使是一个以社会主义平等所有权分配为起点的体系，似乎也可能产生巨大的不平等。这里的数学晕眩（基于热力学系统）变得复杂了，但Foley（2010）证明，由于分散市场中的交易通常以非均衡价格而非均衡价格进行，因此这类系统会自发地走向财富和收入分配的高度不平等。Foley（2017）给出的例子很有说服力：在20世纪90年代，几个东欧国家通过在平等的基础上分发"代金券"或股份，将大部分国有资产私有化了。但是一旦允许人们买卖代金券，所有权很快就会高度集中。

这些关于集中式战略规划与分散式市场进程的相对作用的辩论，其基本问题似乎是：我们是否认为人们可以真正参与到区域、行业和国家层面的经济目标的战略审议过程中。怀疑论者担心，人们的社会认同范围不可避免地比较狭窄，只关注他们个人的福祉，或者最广泛地关注他们直接面对的社区或工作单位的福祉。但是我们没有有效的理由来接受这种未经证实的假设。

24. 评论参阅Murrell（1991），Trujillo、Estache和Perelman（2005），以及欧洲公共服务工会联合会（2014）。

25. 类似的过程在创建新的沟通渠道的组织中很常见，员工可以通过这些渠道表达关切（例如关于质量或安全，或主管或同事的行为）。无一例外的是，登记在册的关切问题的数量迅速增加了——不是因为事情变得更糟了，而是因为现在有了提出关切的途径。

26. 有关银行国有化的历史和利弊的公正的主流观点，参阅Elliott（2009）。

27. 这一战略管理实践依赖三个关键信息的输入，它们将来自公民（在他们的邻里、城市和区域委员会）和工人（在他们的工作团队、企业和行业委员会）自下而上的需求的表达。第一个是对家庭消费需求的估计。毕竟，这应该是经济活动的主要目的——提供我们大家需要的生活用品。许多企业会在上一年推出新产品，我们需要关于这些产品如何满足人们需求的信息。关于新消费项目的建议也可以提前审查，也许可以通过电子投票进行。

第二个关键的信息是我们希望在能够使生活更美好、经济更有效的事情上进行的投资额度。其中一些优先事项将在国家经济委员会中直接决定，别的优先事项将由区域和行业委员会进行审议。

第三个关键的信息是政府部门对（不会直接或间接地到达家庭部门的）商品和服务的需求。这将是一个比今天大得多的经济份额，因为一个社会主义政府将提供更丰富的服务种类。政府机构将向上级经济委员会提交下一年的支出和投资建议。

一旦他们掌握了消费者、投资和政府需求的预测，经济委员会将使用详细的生产技术模型和每个行业的可用资源信息来量化所有行业的产出和投入。这与我们在前一章回顾的企业资源规划系统没有区别。从技术上讲，要用一个详细的投入产出矩阵来完成，该矩阵显示了每个行业所需的所有投入。一旦我们知道了经济的预期最终需求（即消费者、投资和政府需求），我们就可以用这个矩阵来计算每个行业所需的产出。（美国政府的经济分析局已经创建了这样一个矩阵，尽管是在一个较高的行业综合水平上）。这些结果将作为建议"逐级下达"给行业和地区委员会，就像在一个高级资本主义公司的总部为公司的主要部门提出目标一样。

用前面讨论社会主义种类的术语来说，集中化的支持者认为，从国家经济战略中得出的具体生产目标应该作为实物数量分配给企业（Mandel，1986；Cockshott和Cottrell，1993）。我所称的中间立场的支持者认为，战略应该指定目标——有些是具体的，有些是更综合的，这取决于部门和基准价格，并让企业在决定如何应对国家优先事项方面有更大的灵活性（Laibman，2015）。

中间的方法将运作如下。（为了简单起见，我把重点放在计划的工业方面——我们将在区域方面有一个平行的进程；我简化了计划向下和向上串联的多个层次，就像只有国家和企业两个层次一样。）国家经济委员会将为经济的主要产品制定目标和基准价格。这些基准价格将是我之前提到的"完全"价格。它们的目的是为每一种产品分配成本，不仅仅是与资本主义公司决策有关的"私人"成本，而且还有间接的经济、社会和环境成本，包括住房、教育、医疗、排放等等。

企业将对国家委员会的目标和基准价格做出反应，为自己的本地生产和投资提出建议。（这些建议将通过企业内部高层和低层之间的对话，以及各自管理委员会中的利益相关者之间的对话来制定。）根据他们的选择对整个社会的影响程度（凭借其正面和负面的外部性），企业将自由选择产品、技术和供应商，但是它们要向国家委员会通报与供应商或客户建立的所有合同，以使其他企业能够相应地调整各自的计划。这种方法给企业留下了更多的灵活性，并更多地利用当地可用的信息，不过这使制定准确和有效的企业绩效的经济、社会和环境指标变得更加重要（见下文讨论）。

我们允许企业在需求超过或低于计划预期时调整产出的销售价格。这种价格灵活性将有助于避免配给制和生产剩余。而且，它将为其他企业提供有用的信息，使它们能够在当前时期调整各自的计划，并为国家委员会提供有用的信息，使国家能够调整明年的计划。但是，这些企业的业绩将根据战略计划流程中设定的基准价格而不是调整后的市场价格得到奖励。其基本原则只是，没有理由对战略计划进程中没有预料到的结果进行奖励或惩罚企业。

我们认为每个人与生俱来的权利是获得免费的基本商品，就像今天公共饮水机的水那样。别的非基本商品需要出售。在社会主义制度中，收入相对平均，不会有富人能够将首选产品的价格提高到排除穷人获得这些产品的水平。因此，与资本主义社会不同，这里的消费品价格将反映一种合法的消费者投票形式，补贴制和配给制既没有必要，也没有作用。

收入和成本将不是评估这些企业业绩的唯一依据，环境和社会方面的业绩也很重要，即使有些是难以量化的。我们从美国和欧洲最近发展"三重底线"会计尝试中，了解到量化环境和社会绩效措施的局限性。［Epstein和Buhovac（2014）有一份优秀的调查报告。］在资本主义条件下，三重底线会计尝试存在严重缺陷，这里有两个主要原因。一是，盈利压力促使企业只计算那些对其自身盈利能力"重要"的社会和环境成本。二是，生活中的一些社会和环境维度根本无法量化：例如，失去生物多样性的成本，或社区种族多样性的损失，都无法用金钱来衡量。

企业的经济、社会和环境目标及绩效都将成为经济委员会和企业董事会中利益相关者持续对话的对象。处于社会主义核心区的企业将因其在社会和环境方面的出色表现而获得奖金（和声望），即使这些方面并没有增加公司的经济效率。关于这种情况的一个模型，见Laibman（2015）。如果在社会和环境方面取得优异的表现需要牺牲公司的经济效率，那么这种权衡的智慧将在这些利益相关者对话论坛上得到评估。关于这种对话的一些例子以及制定和使用量化指标的方式，参阅Fraser等人（2006），Scipioni等人（2009）。

28. Alec Nove（2004）表达出的这种怀疑论调特别有力，尽管他对社会主义表示同情。关于对其的反驳，参阅Cottrell和Cockshott（1993）和Cockshott和Cottrell（1997）。这场辩论只是20世纪初开始的关于计划经济的可行性和效率的辩论中的一个阶段。在第一轮辩论中，Von Mises［2008（1920）］认为，公有制将使任何理性的经济规划成为不可能，因为规划者将没有市场价格信息。事实上，这一反对意见早已受到了Barone［1935（1908）］的驳斥，他表明原则上计划者可以开发一个同时方程系统，以达到反映市场价格所提供的结果。在第二轮辩论中，Hayek（1935）退了一步，认为Barone的解决方案在原则上可行，但在实践中计算太困难。在第三轮中，Lange（1938）击败了这一反对意见，说明影子价格如何通过迭代程序来计算，以及计划经济如何能够复制新古典经济学家所指称的资本主义经济的效率。这场以新古典经济学的术语为框架的辩论表明，尽管没有私有制，市场社会主义也是有效率的。随后，在Hayek的启发下，在"奥地利学派"经济学家中出现了一个更激进的论点，旨在使任何基于效率的社会主义或资本主义的论点都站不住脚，并旨在将注意力完全集中在这样的想法上：即使社会主义计划是有效的，政府的重量也会与我们的"自由"利益相违背。这方面的文献很多，要了解对社会主义计划的简明介绍和辩护，参阅Adaman和Devine（1996）。

29. 在关于社会主义经济学的文献中，这被称为"软预算约束"的问题（Kornai，1979，1986）。这也是资本主义企业内部的一个主要挑战：公司内部的年度预算编制过程被博弈所腐蚀，这是众所周知的。在资本主义体制下，市场竞争会强制执行某种（可变）程度的预算纪律。在社会主义体制下，我们将依赖于民主问责制的健全。

30. 参阅Schor（2008），Alperovitz（2005，第17章）。

31. Coote、Franklin和Simms（2010），Smith（1989）。

32. 关于风险资本逻辑的简单解释，参阅Zider（1998），关于创业精神如何融入民主社会主义制度的讨论，参阅Adaman和Devine（2002），Kotz（2002）。

33. Altringer（2013）。

34. 参阅Sundgren等人（2005）。在这种情况下，回顾一下McClelland（1961）的研究结果是有益的，Collins、Hanges和Locke（2004）的元分析证实了这一点，即企业家——即使在资本主义社会——也是由成就感需要而不是对金钱的渴望所激励的。虽然成就感需求低的人在获得更大的经济奖励时表现更好，但是这些奖励对成就感需求高的人没有影响。

35. 先前的技术革命浪潮表明，即使在资本主义经济中，积极的政府政策在激发和引导部署革命性的新技术方面也变得越来越重要，也就是使这些技术对整个经济产生巨大和普遍的影响。考虑一下利用与汽车、石油和大规模生产相关的技术浪潮所需的政策。政府在确保获得住房所有权方面的投资，鼓励工人的工资增长与生产力相称，以及高速公路建设，对于创造一个允许这些技术聚集并推动二战后繁荣的背景至关重要。Perez（2015）和Mazzucato（2015）勾勒出鼓舞人心的愿景，即我们可以如何利用当前的技术革命浪潮——目前正在进行的新的数字革命——以调动各种元素，应对我们的环境挑战，同时创造一个更公平的全球经济。然而，他们的描述忽略了政府有效承担这一责任所需的更广泛的控制权和所有权结构的问题。因此，我们有理由怀疑他们的建议是否可以实施，他们的建议将是本书所描述的那种民主社会主义社会中一种更现实的行动指南。

36. 我使用"工人"一词指在社会主义企业工作的人，无论他们从事什么类型的工作，我保留"雇员"一词指的是资本主义公司雇用的人。

37. 例如参阅Malleson（2013），Corcoran和Wilson（2010）。

38. Laliberte（2013），Witherell、Cooper和Peck（2012）。

39. 参阅Adams和Freedman（1976），Adams（1965）。

40. 关于符合民主社会主义思想的政府形式的一些富有成效的想法，参阅Hind（2018）。

41. 例如参阅Parkinson和Mansbridge（2012），Fung（2015），Mansbridge（1983）。

42. Dahl（2008，71）。

43. Cohen（1989），Sanders（1997）。

44. 一种思考方式是"主动多元主义"（Mouffe，1999）。

45. 参阅Meadow和Randers（1992）。

46. Anderson和Bows（2011）。

47. Jacobson和Delucchi（2011），Delucchi和Jacobson（2011）。这些研究对相关经济成本的估计遭遇了质疑，被认为过于乐观（Clack等人，2017），但我的论点并没有因为这种反对意见而被削弱。事实上，非常清楚的是，我们无法以保留私营部门的盈利能力的方式来克服气候危机，这是社会主义转型的有力论据。

48. Heinberg和Fridley（2016）估计，全球向可再生能源过渡的成本为200万亿美元。Rezai、Foley和Taylor（2012）指出，这种对缓解措施的投资可能会改变消费模式，但是不会降低当前的消费水平。如果碳税等缓解措施影响到消费者，政府可以将税收返还给消费者。用于这种投入的资金可以来自借贷（以便后代为他们将享受的改善买单）。如果借贷提高了当前的利率，这不会减少当前的消费支出，而是取代一些传统的投资，用减少投资来代替——这正是我们所需要的。

49. 一个名为"气候动员"（Climate Mobilization）的团体已经按照这些思路制定了一个计划的草图，参阅Silk（2016）。他们的计划明确地以二战时期的经济动员为模式。他们没有提出任何财产的社会化，但是我认为在没有全面社会化的情况下，无法走得更远。

50. 正如http://www.sustainablemeasures.com/node/102所指出的那样。

51. 美国人口普查局，2013年美国通勤调查，表S0801。

52. 大约51%的美国大兵利用了教育支持，其中220万上了大学，另外560万人接受了职业培训（Stanley，2003）。

53. 相关的维基百科条目为进一步阅读此类系统提供了一个起点。

54. 即使在今天，联邦政府的职位分类系统依然涵盖了大量的职业和职业中的技能等级；薪酬水平是公开的信息；因此，公共部门在解决性别薪酬不平等方面比私营部门有效得多。参阅Yoder（2014）。

55. 关于对立但最终互补的愿景，参阅Lancaster（2017）和Davis（2011）。在这个领域和其他领域一样，社会主义政策可以建立在一些社会民主主义国家的成功基础之上，在这种情况下，例如芬兰的刑事司法系统。参阅Lahti（2017）。

56. 研究结果极具说服力，在控制一系列别的因素的情况下，房屋所有权鼓励更保守的政治态度，参阅Adler（2017），Ansell（2014）。

57. 即使不考虑许多经济学家的市场偏见，也很难找到有利于租金控制有效性的证据，参阅Turner和Malpezzi（2003）的评论。租金控制是一个例子，说明要在资本主义内部找到一条超越因依赖市场而产生的双重束缚的道路是多么困难。

58. Austen（2018）。

59. Keohane、Petsonk和Hanafi（2017）.

60. Crotty和Epstein（1996）。

第七章

1. Godard（2007）；Budd、Lamare和Timming（2018）；Pateman（1970）。

2. 在众多国家，与受教育程度较低的人相比，受过大学教育的人参与"旧"社会运动（政党、工会和专业协会）和"新"社会运动（环境协会、第三世界发展协会、妇女组织和和平组织）的人数都在两倍以上（Schofer和Fourcade-Gourinchas，2001）。

3. 第一和第三条改编自Schweickart（2011，第6章）勾勒的情景。

4. Silk（2016）对这一情况做了简述。

5. 社会民主主义的支持者有时会提到卡尔·波兰尼（Karl Polanyi）的名著《大转型》（*The Great Transformation*）［1968（1944）］，他认为资本主义的出现涉及市场进程与前资本主义社会形式所特有的社会约束的"脱嵌"，而这种脱嵌引发了巨大的动荡，最终导致了以社会民主主义形式出现的"再嵌入"反运动。他们由此推断，当前的新自由主义浪潮同样会激起新一轮的社会民主主义改革。我认为对波兰尼的这种解读忽略了一个关键：如果经济的核心仍然是资本主义，那么这种重新嵌入的过程将不可避免地激起另一轮脱嵌，因为市场机制在监管约束下停滞不前，而且资本主义阶级为维护其社会支配地位和特权而斗争。是的，波兰尼为受管制的资本主义和社会民主主义改革辩护，以对抗脱嵌的、"人人为我"的资本主义的野蛮；但他的基本论点是，只要经济的核心仍然是资本主义，这种"双重运动"就是脱嵌和再脱嵌之间的跷跷板，实际上是人类无法逃脱的"地狱钟摆"（这句话来自Dale，2010，第233页）。他认为，唯一的出路是通过一个基本的社会主义转型。

　　瑞典为社会民主主义改革道路的局限性提供了一个客观教训。1976年，社会民主主义已经确立，瑞典主要的工会联合会（LO）提出了所谓的Meidner计划（以其作者之一命名）。这项计划要求所有超过一定规模的公司向工薪阶层基金发行新的有投票权的股票，金额相当于每年利润的20%。每个行业设有一个基金，由工会主导的委员会管理，把资金分配给培训、研究，以及振兴失败的公司。这些基金将由特定行业的工会组织管理。再过几年，这样的计划将逐步有效地把所有权和控制权社会化。尽管得到了民众的支持，但是由于来自商业部门的大规模反对，以及来自保守党的反对，该计划一直停滞不前，未能实施。原因很明显，这种方式将导致富商的特权和财富消失。面对这种局面，瑞典社会民主党也转而倒戈。在美国，很难想象一个有组织的力量能够可靠地推进这样一个计划。即使我们有这样的组织，我们也能预料到来自商业部门类似的有力反对。关于Meidner自己对该计划及其失败的描述，参阅Meidner（1993）。关于更新并将其引入美国的建议，参阅Gowan和Viktorsson（2017）。

　　6. 见美国民主社会主义者（2012）。

　　7. 例如参阅Rolf（2018），Burns（2014），以及McAlevey（2016）。

　　8. 一种进步思想认为，在工作场所的参与将发展出参与更广泛政治活动的能力和动机。其他人则担心，这种工作场所的参与会分散人们对社会中更大问题的注意力。证据零零散散，大概是因为很多东西取决于具体的组织环境，不过倾向于支持前一种观点，可参阅Timming和Summers（2018）。

9. 国家教育统计中心（2015）。

10. Shapiro和Brown（2018）。大多数大学要求3.0分或以上才有资格获得大学学分，有些大学要求4.0分或以上。

11. 罗杰斯（Rogers）（2009，2015）为地方转型工作提供了一个极具吸引力的论据，把它与国家层面的强有力的政府监管结合起来。他认为，如果联邦政府为所有地方的社会和经济政策设定一个较高的底线——堵住非道德行为，那么竞争性市场就会支持而不会破坏广泛的繁荣。然而，我们仍然会受到资本主义经济结构所带来的限制。资本主义的危机将难以克服。

参考文献

Abrahamian, Ervand. 2001. "The 1953 coup in Iran." *Science and Society*, 65 (2): 182–215.

Adaman, Fikret, and Pat Devine. 1996. "The economics calculation debate: Lessons for socialists." *Cambridge Journal of Economics*, 20 (5): 523–537.

Adaman, Fikret, and Pat Devine. 2002. "A reconsideration of the theory of entrepreneurship: A participatory approach." *Review of Political Economy*, 14 (3): 329–355.

Adams, J. Stacy. 1965. "Inequity in social exchange." In *Advances in Experimental Social Psychology*, edited by L. Berkowitz, 267–299. New York: Academic Press.

Adams, J. Stacy, and Sara Freedman. 1976. "Equity theory revisited: Comments and annotated bibliography." In *Advances in Experimental Social Psychology*, edited by Leonard Berkowitz and Elaine Walster, 43–90. New York: Academic Press.

Adler, David R. K. 2017. "The Waitrose effect: Boom times for homeowners but evictions for tenants." *Guardian*, October 2. https://www.theguardian.com/inequality/2017/oct/02/the-waitrose-effect-boom-times-for-homeowners-but-evictions-for-tenants.

Adler, Jonathan. 2008. "Environment." *Encyclopedia of Libertarianism*, accessed May 28, 2018. https://www.libertarianism.org/encyclopedia/environment.

Adler, Paul S. 1993. "The 'learning bureaucracy': New United Motor Manufacturing, Inc." In *Research in Organizational Behavior*, edited by Barry M. Staw and Larry L. Cummings, 111–194. Greenwich, CT: JAI.

Adler, Paul S. 2006. "Beyond hacker idiocy: A new community in software development." In *The Firm as a Collaborative Community: Reconstructing Trust in the Knowledge Economy*, edited by Charles Heckscher and Paul S. Adler, 198–258. New York: Oxford University Press.

Adler, Paul S. 2012. "The ambivalence of bureaucracy: From Weber via Gouldner to Marx." *Organization Science*, 23 (1): 244–266.

Adler, Paul S. 2015. "Community and Innovation: From Tönnies to Marx." *Organization Studies*, 36 (4): 445–471.

Adler, Paul S., and Clara X. Chen. 2011. "Combining creativity and coordination: Understanding individual creativity in large-scale collaborative creativity." *Accounting, Organizations and Society*, 36 (2): 63–85.

Adler, Paul S., and Robert E. Cole. 1993. "Designed for learning: A tale of two auto plants." *Sloan Management Review* (Spring): 85–94.

Adler, Paul S., and Robert E. Cole. 1994. "Rejoinder." *Sloan Management Review* (Winter): 45–49.

Adler, Paul S., Barbara Goldoftas, and David I. Levine. 1997. "Ergonomics, employee involvement, and the Toyota production system: A case study of NUMMI's 1993 model introduction." *Industrial and Labor Relations Review*, 50 (3): 416–437.

Adler, Paul S., Barbara Goldoftas, and David I. Levine. 1999. "Flexibility versus efficiency? A case study of model changeovers in the Toyota production system." *Organization Science*, 10 (1): 43–68.

Adler, Paul S., and Charles Heckscher. 2018. "Collaboration as an organization design for shared purpose." In *Research in the Sociology of Organizations*, edited by Petra Hiller, Leopold Ringel, and Charlene Zietsma, 81–111. Bingley, UK: Emerald.

Adler, Paul S., Frank E. McGarry, Wendy B. Irion-Talbot, and Derek J. Binney. 2005. "Enabling process discipline: Lessons on implementing the capability maturity model for software." *MIS Quarterly: Executive*, 4 (1): 215–227.

Aggestam, Karin, and Annika Bergman-Rosamond. 2016. "Swedish feminist foreign policy in the making: Ethics, politics, and gender." *Ethics and International Affairs*, 30 (3): 323–334. doi: 10.1017/S0892679416000241.

Agyeman, Julian, David Schlosberg, Luke Craven, and Caitlin Matthews. 2016. "Trends and directions in environmental justice: From inequity to everyday life, community, and just sustainabilities." *Annual Review of Environment and Resources*, 41: 321–340.

Albert, Michael, and Robin Hahnel. 1991. *Looking Forward: Participatory Economics for the Twenty First Century*. Boston, MA: South End Press.

Alcorta, Ludovico. 1994. "The impact of new technologies on scale in manufacturing industries: Issues and evidence." *World Development*, 22 (5): 755–769.

Allegretto, Sylvia A., and Lawrence Mishel. 2016. *The Teacher Pay Gap Is Wider than Ever*. Washington, DC: Economic Policy Institute.

Alperovitz, Gar. 2005. *America beyond Capitalism: Reclaiming Our Wealth, Our Liberty, and Our Democracy*. Hoboken, NJ: John Wiley.

Alperovitz, Gar. 2013. *What Then Must We Do? Straight Talk about the Next American Revolution*. White River Junction, VT: Chelsea Green.

Altringer, Beth. 2013. "A new model for innovation in big companies." *Harvard Business Review*, November 19.

Alvaredo, Facundo, Lucas Chancel, Thomas Piketty, Emmanuel Saez, and Gabriel Zucman (eds.). 2018. *World Inequality Report*. Cambridge, MA: Belknap Press.

Ambec, Stefan, and Philippe Barla. 2006. "Can environmental regulations be good for business? An assessment of the Porter hypothesis." *Energy Studies Review*, 14 (2): 42.

American Psychological Association. 2016. *Stress in America: The Impact of Discrimination*. Washington, DC: American Psychological Association.

Amsden, Alice Hoffenberg. 2001. *The Rise of "The Rest": Challenges to the West from Late-Industrializing Economies*. New York: Oxford University Press.

Anderfuhren-Biget, Simon, Frédéric Varone, and David Giauque. 2014. "Policy environment and public service motivation." *Public Administration*, 92 (4): 807–825.

Anderson, David J. 2005. *Stretching Agile to Fit CMMI Level 3-The Story of Creating MSF for CMMI/SPL Reg/Process Improvement at Microsoft Corporation*. Agile Conference. Proceedings, Washington, DC.

Anderson, Kevin, and Alice Bows. 2011. "Beyond 'dangerous' climate change: Emission scenarios for a new world." *Philosophical Transactions of the Royal Society A: Mathematical, Physical and Engineering Sciences*, 369 (1934): 20–44.

Angell, Marcia. 2005. *The Truth about the Drug Companies: How They Deceive Us and What to Do About It*. New York: Random House.

Ansell, Ben. 2014. "The political economy of ownership: Housing markets and the welfare state." *American Political Science Review*, 108 (2): 383–402.

Ansell, Chris, and Alison Gash. 2008. "Collaborative governance in theory and practice." *Journal of Public Administration Research and Theory*, 18 (4): 543–571.

Arntz, Melanie, Terry Gregory, and Ulrich Zierahn. 2016. *The Risk of Automation for Jobs in OECD Countries*. OECD Social, Employment and Migration Working Papers, No. 189. Paris: OECD.

Arrighi, Giovanni. 1994. *The Long Twentieth Century: Money, Power, and the Origins of our Times*. London: Verso.

Arthur, W. Brian. 1996. "Increasing returns and the new world of business." *Harvard Business Review* (July–August): 100–109.

Artz, Georgeanne M., and Younjun Kim. 2011. *Business Ownership by Workers: Are Worker Cooperatives a Viable Option?* Iowa State University, Department of Economics, Ames, IA.

August, John. n.d. "Transforming US healthcare through workplace innovation." European Workplace Innovation Network (EUWIN) website. Last modified November 12, 2016. http://portal.ukwon.eu/File%20Storage/4694176_7_ John_August_Article.pdf.

Austen, Ben. 2018. *High-Risers: Cabrini-Green and the Fate of American Public Housing*. New York: Harper.

Austin, Robert D., Mark J. Cotteleer, and Cedric X. Escalle. 2003. *Enterprise Resource Planning: Technology Note*. Boston, MA: Harvard Business School.

Azoulay, Pierre, Erica Fuchs, Anna Goldstein, and Michael Kearney. 2018. *Funding Breakthrough Research: Promises and Challenges of the "ARPA Model."* National Bureau of Economic Research, Cambridge, MA.

Baiocchi, Gianpaolo, and Ernesto Ganuza. 2014. "Participatory budgeting as if emancipation mattered." *Politics and Society*, 42 (1): 29–50.

Baker, Dean. 2016. *Rigged: How Globalization and the Rules of the Modern Economy Were Structured to Make the Rich Richer*. Washington, DC: Center for Economic and Policy Research.

Balasegaram, Manica. 2014. "Drugs for the poor, drugs for the rich: Why the current R&D model doesn't deliver." *Speaking of Medicine*, November 7, 2018. https:// blogs.plos.org/speakingofmedicine/2014/02/14/drugs-poor-drugs-rich-current-rd-model-doesnt-deliver/.

Baldamus, Wilhelm. 1961. *Efficiency and Effort: An Analysis of Industrial Administration*. London: Tavistock.

Bardhan, Pranab, and John E. Roemer. 1992. "Market socialism: A case for rejuvenation." *Journal of Economic Perspectives*, 6 (3): 101–116.

Barnet, Richard J., and R. M. Muller. 1975. *Global Reach: The Power of the Multinational Corporations*. London: Jonathan Cape.

Barone, E. 1935 [1908]. "The ministry of production in the collectivist state." In *Collectivist Economic Planning*, edited by F. A. Hayek, 245–290. London: Routledge and Kegan Paul.

Beaudry, Paul, Dana Galizia, and Franck Portier. 2015. *Reviving the Limit Cycle View of Macroeconomic Fluctuations*. National Bureau of Economic Research, Cambridge, MA.

Belfrage, Claes, and Markus Kallifatides. 2018. "Financialisation and the new Swedish model." *Cambridge Journal of Economics*, 42 (4): 875–900.

Benkler, Y. 2006. *The Wealth of Networks: How Social Production Transforms Markets and Freedom*. New Haven, CT: Yale University Press.

Benmelech, Efraim, Nittai Bergman, and Hyunseob Kim. 2018. *Strong Employers and Weak Employees: How Does Employer Concentration Affect Wages?* National Bureau of Economic Research, Cambridge, MA.

Berwick, D. M., and A. D. Hackbarth. 2012. "Eliminating waste in us health care." *JAMA*, 307 (14): 1513–1516. doi: 10.1001/jama.2012.362.

Berwick, Donald M. 2010. *Connected for Health: Using Electronic Health Records to Transform Care Delivery*. New York: John Wiley & Sons.

Bezruchka, Stephen. 2010. "Health equity in the USA." *Social Alternatives*, 29 (2): 50.

Bhattacharya, Tithi. 2017. *Social Reproduction Theory: Remapping Class, Recentering Oppression*. London: Pluto Press.

Bisognano, Maureen, and Charles Kenney. 2012. *Pursuing The Triple Aim: Seven Innovators Show the Way to Better Care, Better Health, and Lower Costs*. New York: John Wiley & Sons.

Bjelland, Osvald M., and Robert Chapman Wood. 2008. "An inside view of IBM's 'Innovation Jam.'" *MIT Sloan Management Review*, 50 (1): 32.

Block, Fred L., and Matthew R. Keller. 2015. *State of Innovation: The US Government's Role in Technology Development*. New York: Routledge.

Board of Governors of the Federal Reserve System. 2018. *Report on the Economic Well-Being of U.S. Households in 2017*. Washington, DC.

Bodrožić, Zlatko, and Paul S. Adler. 2018. "The evolution of management models: A neo-Schumpeterian theory." *Administrative Science Quarterly*, 63 (1): 85–129.

Boldrin, Michele, and David K. Levine. 2013. "The case against patents." *Journal of Economic Perspectives*, 27 (1): 3–22.

Borowczyk-Martins, Daniel, Jake Bradley, and Linas Tarasonis. 2017. "Racial discrimination in the US labor market: Employment and wage differentials by skill." *Labour Economics*, 49: 106–127.

Borsos, John. 2013. "The Surrender of Oakland: The 2012 National Agreement between the Coalition of Kaiser Permanente Unions and Kaiser Permanente." *WorkingUSA*, 16 (2): 269–276.

Bowles, Samuel, and Herbert Gintis. 1976. *Schooling in Capitalist America*. New York: Basic Books.

Bowles, Samuel, and Herbert Gintis. 2002. "Schooling in capitalist America revisited." *Sociology of Education*, 75 (1): 1–18.

Brainerd, Elizabeth. 2010. "Reassessing the standard of living in the Soviet Union: An analysis using archival and anthropometric data." *Journal of Economic History*, 70 (1): 83–117.

Brauer, Michael. 2016. "Poor air quality kills 5.5 million worldwide annually." Institute for Health Metrics and Evaluation (IHME), accessed November 7, 2018. http://news.healthdata.org/news-release/poor-air-quality-kills-55-million-worldwide-annually.

Braveman, Paula A., Catherine Cubbin, Susan Egerter, David R. Williams, and Elsie Pamuk. 2010. "Socioeconomic disparities in health in the United States: What the patterns tell us." *American Journal of Public Health*, 100 (Suppl 1): S186–S196. doi: 10.2105/AJPH.2009.166082.

Brenner, M. Harvey. 1979. "Influence of the social environment on psychopathology: The historic perspective." In *Stress and Mental Disorder*, edited by James E. Barrett, 161–177. New York: Raven Press.

Bridgman, Benjamin, Andrew Dugan, Mikhael Lal, Matthew Osborne, and Shaunda Villones. 2012. "Accounting for household production in the national accounts, 1965–2010." *Survey of Current Business*, 92 (5): 23–36.

Brown, Alan W., Scott Ambler, and Walker Royce. May 18–26, 2013. "Agility at scale: Economic governance, measured improvement, and disciplined delivery." In *Proceedings of the 2013 International Conference on Software Engineering*. San Francisco, CA, 873–881.

Brown, Rebekah R., Ana Deletic, and Tony H. F. Wong. 2015. "Interdisciplinarity: How to catalyse collaboration." *Nature*, 525 (7569): 315–317.

Budd, John W., J. Ryan Lamare, and Andrew R. Timming. 2018. "Learning about democracy at work: Cross-national evidence on individual employee voice influencing political participation in civil society." *Industrial and Labor Relations Review*: 956–985.

Burnham, Linda, and Nik Theodore. 2012. *Home Economics: The Invisible and Unregulated World of Domestic Work*. New York: National Domestic Workers Alliance. Center for Urban Economic Development and University of Illinois at Chicago Data Center.

Burns, Joe. 2014. *Strike Back: Using the Militant Tactics of Labor's Past to Reignite Public Sector Unionism Today*. Brooklyn, NY: Ig Publishing.

Campaign for Tobacco-Free Kids. 2014. *Designed for Addiction*. Washington, DC.

Carter, Ian. 2018. "Positive and negative freedom." In *The Stanford Encyclopedia of Philosophy*, edited by Edward N. Zalta. https://plato.stanford.edu/archives/sum2018/entries/liberty-positive-negative/.

Cassidy, John. 2009. *How Markets Fail: The Logic of Economic Calamities*. New York: Farrar, Straus and Giroux.

Chesbrough, Henry William. 2006. *Open Innovation: The New Imperative for Creating and Profiting from Technology*. Boston, MA: Harvard Business School Publishing.

Chomsky, Noam. 2010. "US Savage Imperialism." *Z Magazine* (November 30).

Citylab. 2018. "What to do about HQ2." https://www.citylab.com/equity/2018/01/what-to-do-about-hq2/551486/.

Clack, Christopher T. M., Staffan A. Qvist, Jay Apt, Morgan Bazilian, Adam R. Brandt, Ken Caldeira, Steven J. Davis, et al. 2017. "Evaluation of a proposal for reliable low-cost grid power with 100% wind, water, and solar." *Proceedings of the National Academy of Sciences*, 114 (26): 6722–6727.

Clark, Andrew, and Heather Stewart. 2011. "If the banks forsake London, where might they go?" *Guardian*, April 9.

Clark, Gregory. 2012. "What is the true rate of social mobility in Sweden? A surname analysis, 1700–2012." Unpublished manuscript, University of California, Davis.

Climate Vulnerability Monitor. 2012. *A Guide to the Cold Calculus of a Hot Planet*. Madrid: DARA and the Climate Vulnerable Forum.

Coase, Ronald. 1937. "The nature of the firm." *Economica*, 4: 386–405.

Cockshott, W. Paul, and Allin F. Cottrell. 1993. *Towards a New Socialism*. Nottingham: Spokesman.

Cockshott, W. Paul, and Allin F. Cottrell. 1997. "Information and economics: A critique of Hayek." *Research in Political Economy*, 16: 177–202.

Cohen, Joshua. 1989. "The economic basis of deliberative democracy." *Social Philosophy and Policy*, 6 (2): 25–50.

Cohen, Paul M., Mark Ptaskiewicz, and Debra Mipos. 2010. "The case for unit-based teams: A model for front-line engagement and performance improvement." *Permanente Journal*, 14 (2): 70–75.

Collins, Christopher J., Paul J. Hanges, and Edwin A. Locke. 2004. "The relationship of achievement motivation to entrepreneurial behavior: A meta-analysis." *Human Performance*, 17 (1): 95–117.

Comstock, Courtney. 2011a. "Jamie Dimon stunningly confronts Ben Bernanke, suggests excessive financial regulations are slowing the recovery." *Business Insider*, June 7.

Comstock, Courtney. 2011b. "Jamie Dimon: Wall Street's new hero for ambushing Bernanke." *Business Insider*, June 8.

Cooper, Daniel. 2014. *The Effect of Unemployment Duration on Future Earnings and Other Outcomes*. Working Paper 13–8. Boston, MA: Federal Reserve Bank of Boston.

Coote, Anna, Jane Franklin, and Andrew Simms. 2010. *21 Hours: Why a Shorter Working Week Can Help Us All to Flourish in the 21st Century*. London, UK: New Economics Foundation.

Corcoran, Hazel, and David Wilson. 2010. *The Worker Co-operative Movements in Italy, Mondragon and France: Context, Success Factors and Lessons*. Calgary, Canada: Canadian Worker Cooperative Federation.

Cottrell, Allin F., and W. Paul Cockshott. 1993. "Calculation, complexity and planning: the socialist calculation debate once again." *Review of Political Economy*, 5 (1): 73–112.

Council of Economic Advisors. 2016. *Benefits of Competition and Indicators of Market Power*. Washington, DC.

Credit Suisse. 2016. *Credit Suisse Global Wealth Databook 2016*. Zurich.

Crotty, James, and Gerald Epstein. 1996. "In defence of capital controls." *Socialist Register*, 32 (32).

Curato, Nicole, John S. Dryzek, Selen A. Ercan, Carolyn M. Hendriks, and Simon Niemeyer. 2017. "Twelve key findings in deliberative democracy research." *Daedalus*, 146 (3): 28–38.

Dahl, Robert A. 2008. *On Democracy*. New Haven, CT: Yale University Press.

Dahlsrud, Alexander. 2008. "How corporate social responsibility is defined: An analysis of 37 definitions." *Corporate Social Responsibility and Environmental Management*, 15 (1): 1–13.

Dale, Gareth. 2010. *Karl Polanyi: The Limits of the Market*. Cambridge: Polity.

Daniel, Michael, and Martin A. Makary. 2016. "Medical error—the third leading cause of death in the US." *BMJ*, 353 (i2139): 476636183.

Davenport, Thomas H. 2000. *Mission Critical: Realizing the Promise of Enterprise Systems*. Boston, MA: Harvard Business Review Press.

David, H. 2015. "Why are there still so many jobs? The history and future of workplace automation." *Journal of Economic Perspectives*, 29 (3): 3–30.

Davino-Ramaya, Carrie, L. Kendall Krause, Craig W. Robbins, Jeffrey S. Harris, Marguerite Koster, Wiley Chan, and Gladys I. Tom. 2012. "Transparency matters: Kaiser Permanente's national guideline program methodological processes." *Permanente Journal*, 16 (1): 55–62.

Davis, Angela Y. 2011. *Are Prisons Obsolete?* New York: Seven Stories Press.

Davis, Gerald F. 2016. "Can an economy survive without corporations? Technology and robust organizational alternatives." *Academy of Management Perspectives*, 30 (2): 129–140.

Davis, Mike. 2002. *Late Victorian Holocausts: El Niño Famines and the Making of the Third World*. London: Verso.

Dawson, Michael C. 2016. "Hidden in plain sight: A note on legitimation crises and the racial order." *Critical Historical Studies*, 3 (1): 143–161.

de Joncheere, K., S. Hill, and N. Klazinga. 2006. *The Clinical Guideline Programme of the National Institute for Health and Clinical Excellence (NICE)*. Copenhagen, Denmark: World Health Organization.

De Schweinitz, Dorothea. 1949. *Labor and Management in a Common Enterprise*. Cambridge, MA: Harvard University Press.

DeHart-Davis, Leisha. 2009a. "Green Tape and Public Employee Rule Abidance: Why Organizational Rule Attributes Matter." *Public Administration Review*, 69 (5): 901–910.

DeHart-Davis, Leisha. 2009b. "Green tape: A theory of effective organizational rules." *Journal of Public Administration Research and Theory*, 19 (2): 361–384.

DeHart-Davis, Leisha, Randall S. Davis, and Zachary Mohr. 2014. "Green tape and job satisfaction: Can organizational rules make employees happy?" *Journal of Public Administration Research and Theory*, 25 (3): 849–876.

Delina, Laurence L. 2016. *Strategies for Rapid Climate Mitigation: Wartime Mobilisation as a Model for Action?* New York: Routledge.

Delucchi, Mark A., and Mark Z. Jacobson. 2011. "Providing all global energy with wind, water, and solar power, Part II: Reliability, system and transmission costs, and policies." *Energy Policy*, 39 (3): 1170–1190.

Democratic Socialists of America. 2012. "A social and economic Bill of Rights." Accessed November 7, 2018. http://www.dsausa.org/a_social_and_economic_bill_of_rights.

Derfuss, Klaus. 2009. "The relationship of budgetary participation and reliance on accounting performance measures with individual-level consequent variables: A meta-analysis." *European Accounting Review*, 18 (2): 203–239.

Devine, Pat. 2002. "Participatory planning through negotiated coordination." *Science and Society*, 66 (1): 72–85.

Drahos, Peter, and John Braithwaite. 2017. *Information Feudalism: Who Owns the Knowledge Economy?* New York: Taylor and Francis.

Drummond, Michael. 2016. "Clinical guidelines: A NICE way to introduce cost-effectiveness considerations?" *Value in Health*, 19 (5): 525–530. doi: https://doi.org/10.1016/j.jval.2016.04.020.

Duménil, Gérard, and Dominique Lévy. 2018. *Managerial Capitalism: Ownership, Management, and the Coming New Mode of Production*. London: Pluto Press.

Dunne, Timothy, Mark J. Roberts, and Larry Samuelson. 1989. "The growth and failure of US manufacturing plants." *Quarterly Journal of Economics*, 104 (4): 671–698.

Dutfield, Graham. 2017. *Intellectual Property Rights and the Life Science Industries: A Twentieth Century History*. New York: Routledge.

Dwyer-Lindgren, Laura, Amelia Bertozzi-Villa, Rebecca W. Stubbs, Chloe Morozoff, Johan P. Mackenbach, Frank J. van Lenthe, et al. 2017. "Inequalities in life expectancy among US counties, 1980 to 2014: Temporal trends and key drivers." *JAMA Internal Medicine*, 177 (7): 1003–1011.

e-reward.co.uk. 2016. *IBM co-creates a radical new approach to performance management*. Reward Blueprints 113. https://www.e-reward.co.uk/research/case-studies/ibm-co-creates-a-radical-new-approach-to-performance-management.

Early, Steve. 2011. *The Civil Wars in U.S. Labor: Birth of a New Workers' Movement or Death Throes of the Old?* Chicago, IL: Haymarket.

Eaton, Susan C., Saul A. Rubinstein, and Robert B. McKersie. 2004. "Building and sustaining labor-management partnerships: Recent experiences in the US." *Advances in Industrial and Labor Relations*: 137–156.

Eccles, Robert G. 1985. *The Transfer Pricing Problem: A Theory for Practice.* Lexington, MA: Lexington Books.

Economic Innovation Group. 2017. *Dynamism in Retreat: Consequences for Regions, Markets, and Workers.* Washington, DC.

Elliott, Douglas J. 2009. "Bank Nationalization: What is it? Should we do it?" In *Initiative on Business and Public Policy.* Washington, DC: Brookings Institution.

Ellman, Michael. 2014. *Socialist Planning.* Cambridge: Cambridge University Press.

Epstein, Gerald. 2018. "On the social efficiency of finance." *Development and Change*, 49 (2): 330–352.

Epstein, Gerald A. 2005. *Capital Flight and Capital Controls in Developing Countries.* Cheltenham, UK: Edward Elgar.

Epstein, Marc J., and Adriana Rejc Buhovac. 2014. *Making Sustainability Work: Best Practices in Managing and Measuring Corporate Social, Environmental, and Economic Impacts.* San Francisco, CA: Berrett-Koehler.

European Federation of Public Service Unions. 2014. *Public and Private Sector Efficiency: A Briefing for the EPSU Congress.* Brussels: European Federation of Public Service Unions.

Evans, Peter B. 2012. *Embedded Autonomy: States and Industrial Transformation.* Princeton, NJ: Princeton University Press.

Farrow, Anne, Joel Lang, and Jenifer Frank. 2006. *Complicity: How the North Promoted, Prolonged, and Profited from Slavery.* New York: Random House Digital.

Fassler, Joe. 2011. "How Copyright Law Hurts Music, From Chuck D to Girl Talk." *The Atlantic*, April 12.

Fawcett, Stanley E., Stephen L Jones, and Amydee M. Fawcett. 2012. "Supply chain trust: The catalyst for collaborative innovation." *Business Horizons*, 55 (2): 163–178.

Federal Reserve Bank of St. Louis. 2015. "Government employment in context." *The FRED Blog*, November 7, 2018, accessed January 26, 2019. https://fredblog.stlouisfed.org/2015/08/government-employment-in-context/.

Federal Reserve Bank of St. Louis. 2018. "Capacity utilization: Total industry." Accessed November 7, 2018. https://fred.stlouisfed.org/series/TCU.

Ferguson, Thomas. 1995. *Golden Rule: The Investment Theory of Party Competition and the Logic of Money-Driven Political Systems.* Chicago: University of Chicago Press.

Fine, Ben, and Alfredo Saad-Filho. 2017. "Thirteen things you need to know about neoliberalism." *Critical Sociology*, 43 (4-5): 685–706.

Finkelhor, D., H. A. Turner, A. Shattuck, and S. L. Hamby. 2015. "Prevalence of childhood exposure to violence, crime, and abuse: Results from the national survey of children's exposure to violence." *JAMA Pediatrics*, 169 (8): 746–754. doi: 10.1001/jamapediatrics.2015.0676.

Fisher, Franklin M., Zvi Griliches, and Carl Kaysen. 1962. "The costs of automobile model changes since 1949." *Journal of Political Economy*, 70 (5, Part 1): 433–451.

Fishman, Charles. 1996. "They write the right stuff." *Fast Company*, 6 (95).

FitzRoy, Felix, and Kornelius Kraft. 2005. "Co-determination, efficiency and productivity." *British Journal of Industrial Relations*, 43 (2): 233–247.

Folbre, Nancy. 1993. "Women's informal market work in Massachusetts, 1875–1920." *Social Science History*, 17 (1): 135–160.

Foley, Duncan K. 2017. *Socialist Alternatives to Capitalism II: Vienna to Santa Fe*. Working Paper. New York: New School for Social Research.

Foley, Duncan K. 2010. "What's wrong with the fundamental existence and welfare theorems?" *Journal of Economic Behavior and Organization*, 75 (2): 115–131. doi: https://doi.org/10.1016/j.jebo.2010.03.023.

Foo, Gillian H. C., and Linda Y. C. Lim. 1989. "Poverty, ideology and women export factory workers in South-East Asia." In *Women, Poverty and Ideology in Asia: Contradictory Pressures, Uneasy Resolutions*, edited by Haleh Afshar and Bina Agarwal, 212–233. London, UK: Palgrave Macmillan.

Forcadell, Francisco Javier. 2005. "Democracy, cooperation and business success: The case of Mondragón Corporación Cooperativa." *Journal of Business Ethics*, 56 (3): 255–274.

Forum for Sustainable and Responsible Investment. 2016. *Report on US Sustainable, Responsible and Impact Investing Trends 2016*. Washington, DC.

Foster, John Bellamy, and Robert W. McChesney. 2004. *Pox Americana: Exposing the American Empire*. New York: Farrar, Straus and Giroux.

Fraser, Evan D. G., Andrew J. Dougill, Warren E. Mabee, Mark Reed, and Patrick McAlpine. 2006. "Bottom up and top down: Analysis of participatory processes for sustainability indicator identification as a pathway to community empowerment and sustainable environmental management." *Journal of Environmental Management*, 78 (2): 114–127.

Fraser, Nancy. 2016a. "Contradictions of capital and care." *New Left Review* (100): 99–117.

Fraser, Nancy. 2016b. "Expropriation and exploitation in racialized capitalism: A reply to Michael Dawson." *Critical Historical Studies*, 3 (1): 163–178.

Freeman, Richard B., and Joel Rogers. 2006. *What Workers Want*. Ithaca, NY: Cornell University Press.

Frenken, Koen. 2017. "Political economies and environmental futures for the sharing economy." *Philosophical Transactions of the Royal Society A: Mathematical, Physical and Engineering Sciences*, 375 (2095): 20160367.

Friedman, Milton. 2009 [1962]. *Capitalism and Freedom*. Chicago: University of Chicago Press.

Friedman, Milton, and George J. Stigler. 1946. *Roofs or Ceilings? The Current Housing Problem*. Irvington-on-Hudson, NY: Foundation for Economic Education.

Fung, Archon. 2015. "Putting the public back into governance: The challenges of citizen participation and its future." *Public Administration Review*, 75 (4): 513–522.

Fung, Archon, and Erik O. Wright. 2003. *Deepening Democracy: Institutional Innovations in Empowered Participatory Governance*. London: Verso.

Gallup. 2017. *State of the American Workplace*. Washington, DC: Gallup.

Gallup Editors. 2014. *Gallup Review: Black and White Differences in Views on Race*. Washington, DC: Gallup.

Gast, Arne, and Michele Zanini. 2012. "The social side of strategy." *McKinsey Quarterly*, 2 (1): 82–93.

Gastil, John, Chiara Bacci, and Michael Dollinger. 2010. "Is deliberation neutral? Patterns of attitude change during 'The Deliberative Polls™'" *Journal of Public Deliberation*, 6 (2): 3.

Gattuso, James L. 2009. "General Motors bankruptcy and nationalization: Exit strategy needed." Heritage Foundation, accessed November 7, 2018. https://www.heritage.org/government-regulation/report/general-motors-bankruptcy-and-nationalization-exit-strategy-needed.

Genoways, Ted. 2017. *This Blessed Earth: A Year in the Life of an American Family Farm.* New York: Norton.

Gentry, William M., and R. Glenn Hubbard. 2004. "Entrepreneurship and household saving." *Advances in Economic Analysis and Policy*, 4 (1).

Gerbing, David W., Janet G. Hamilton, and Elizabeth B. Freeman. 1994. "A large-scale second-order structural equation model of the influence of management participation on organizational planning benefits." *Journal of Management*, 20 (4): 859–885.

Ghilarducci, Teresa, Siavash Radpour, Bridget Fisher, and Anthony Webb. 2016. *Household Economic Shocks Increase Retirement Wealth Inequality.* New York: Schwartz Center for Economic Policy Analysis (SCEPA), The New School.

Gibbs, WW. 1994. "Software's chronic crisis." *Scientific American*, 271 (3): 72–81.

Gibson, William. 1999. "'The science in science fiction': NPR interview, November 30, 1999." http://www.npr.org/templates/story/story.php?storyId=1067220.

Gilens, Martin. 2012. *Affluence and Influence: Economic Inequality and Political Power in America.* Princeton, NJ: Princeton University Press.

Giridharadas, Anand. 2018. *Winners Take All: The Elite Charade of Changing the World.* New York: Knopf.

Glew, David J., Anne M. O'Leary-Kelly, Ricky W. Griffin, and David D. Van Fleet. 1995. "Participation in organizations: A preview of the issues and proposed framework for future analysis." *Journal of Management*, 21 (3): 395–421. doi: http://dx.doi.org/10.1016/0149-2063(95)90014-4.

Gnanasambandam, Chandra, Allen Miller, and Kara Sprague. 2017. "Grow fast or die slow: The role of profitability in sustainable growth." McKinsey & Company, accessed November 8, 2018. https://www.mckinsey.com/industries/high-tech/our-insights/grow-fast-or-die-slow-the-role-of-profitability-in-sustainable-growth.

Godard, John. 2007. "Is good work good for democracy? Work, change at work and political participation in Canada and England." *British Journal of Industrial Relations*, 45 (4): 760–790.

Godard, John, and Carola Frege. 2013. "Labor unions, alternative forms of representation, and the exercise of authority relations in US workplaces." *Industrial and Labor Relations Review*, 66 (1): 142–168.

Goldin, C. D., and L. F. Katz. 2009. *The Race between Education and Technology.* Cambridge, MA: Harvard University Press.

Goncalo, J. A., and B. M. Staw. 2006. "Individualism-collectivism and group creativity." *Organizational Behavior and Human Decision Processes*, 100 (1): 96–109.

Gough, Ian. 2000. "The enhanced structural power of capital: A review and assessment with Kevin Farnsworth." In *Global Capital, Human Needs and Social Policies: Selected Essays, 1994–99*, edited by Ian Gough, 77–102. New York: Palgrave.

Gouldner, Alvin W. 1955. "Metaphysical pathos and the theory of bureaucracy." *American Political Science Review*, 49 (469–505).

Gourevitch, Alex. 2013. "Labor republicanism and the transformation of work." *Political Theory*, 41 (4): 591–617.

Gourevitch, Alex. 2015. "Liberty and its economies." *Politics, Philosophy and Economics*, 14 (4): 365–390.

Gowan, Peter, and Mio Tastas Viktorsson. 2017. "Revising the Meidner plan." *Jacobin*, November 7, 2018. https://www.jacobinmag.com/2017/08/sweden-social-democracy-meidner-plan-capital.

Greenhouse, Steven. 2009. *The Big Squeeze: TOUGH times for the American Worker*. New York: Knopf.

Greenspan, Alan. 2010. "The Crisis." *Brookings Institution Papers on Economic Activity* (Spring): 201–261.

Guzda, Henry P. 1984. "Industrial democracy: Made in the U.S.A." *Monthly Labor Review* (May): 26–33.

Hackman, J. Richard, and Greg R. Oldham. 1980. *Work Redesign*. Reading, MA: Addison-Wesley.

Hainmueller, Jens, Michael J. Hiscox, and Sandra Sequeira. 2015. "Consumer demand for fair trade: Evidence from a multistore field experiment." *Review of Economics and Statistics*, 97 (2): 242–256.

Hall, Peter A., and David W. Soskice. 2001. *Varieties of Capitalism: The Institutional Foundations of Comparative Advantage*. New York: Oxford University Press.

Handel, Michael J. 2012. *Trends in Job Skill Demands in OECD Countries*. OECD Social, Employment and Migration Working Papers. Paris: OECD.

Hanna, Thomas M. 2018. *Our Common Wealth: The Return of Public Ownership in the United States*. Manchester, UK: Manchester University Press.

Hansen, Jared M. 2009. "The evolution of buyer-supplier relationships: An historical industry approach." *Journal of Business and Industrial Marketing*, 24 (3/4): 227–236.

Hansen, M. T., and B. von Oetinger. 2001. "Introducing T-shaped managers: Knowledge management's next generation." *Harvard Business Review*, 79 (3): 106–116.

Hanson, Jon, and David Yosifon. 2003. "The situation: An introduction to the situational character, critical realism, power economics, and deep capture." *University of Pennsylvania Law Review*, 152 (1): 129–346.

Harrigan, Kathryn Rudie. 1981. "Barriers to entry and competitive strategies." *Strategic Management Journal*, 2 (4): 395–412.

Harvey, David. 2007. *A Brief History of Neoliberalism*. New York: Oxford University Press.

Hauptmann, Emily. 2001. "Can less be more? Leftist deliberative democrats' critique of participatory democracy." *Polity*, 33 (3): 397–421.

Hayek, Friedrich A. von. 1935. "The present state of the debate." In *Collectivist Economic Planning: Critical Studies on the Possibilities of Socialism*, edited by Friedrich A. von Hayek, Ludwig Mises, George N. Halm, Enrico Barone, and Nikoloas G. Pierson, 201–243. London: Routledge and Kegan Paul.

Hayek, Friedrich A. von. 1945. "The use of knowledge in society." *American Economic Review*, 35 (4): 519–530.

Hayek, Friedrich A. von. 1956 [1944]. *The Road to Serfdom*. Chicago: University of Chicago Press.

Heath, Rachel, and A. Mushfiq Mobarak. 2015. "Manufacturing growth and the lives of Bangladeshi women." *Journal of Development Economics*, 115: 1–15.

Heckscher, Charles. 2007. *The Collaborative Enterprise: Managing Speed and Complexity in Knowledge-Based Businesses*. New Haven, CT: Yale University Press.

Heckscher, Charles, Clark Bernier, Hao Gong, Paul Dimaggio, and David Mimno. 2017. " 'Driving Change by Consensus': Dialogue and Culture Change at IBM." Academy of Management Proceedings. Atlanta, GA.

Heinberg, Richard, and David Fridley. 2016. *Our Renewable Future: Laying the Path for One Hundred Percent Clean Energy*. Washington, DC: Island Press.

Heller, Frank A. 1998. *Organizational Participation: Myth and Reality*. New York: Oxford University Press.

Heller, Michael. 2010. *The Gridlock Economy: How Too Much Ownership Wrecks Markets, Stops Innovation, and Costs Lives*. New York: Basic Books.

Helper, Susan. 2009. "The high road for US manufacturing." *Issues in Science and Technology*, 25 (2): 39–45.

Helper, Susan, and Ryan Noonan. 2015. *Taking the High Road: New Data Show Higher Wages May Increase Productivity, Among Other Benefits*. ESA Issue Brief. Washington, DC: US Department of Commerce.

Hendricks, Rickey. 1993. *A Model for National Health Care: The History of Kaiser Permanente*. New Brunswick, NJ: Rutgers University Press.

Henwood, Doug. 2018. "The gig economy fantasy." https://www.jacobinmag.com/2018/06/precarity-american-workplace-gig-economy, accessed Jan 7, 2019.

Hicks, John Richard. 1950. *A Contribution to the Theory of the Trade Cycle*. Oxford: Clarendon Press.

Hiltzik, Michael. 2018. "An FCC commissioner attacks municipal broadband systems by falsely claiming they're a threat to free speech." *Los Angeles Times*, November 1. http://www.latimes.com/business/hiltzik/la-fi-hiltzik-fcc-broadband-20181031-story.html.

Hind, Dan. 2018. "The constitutional turn: Liberty and the cooperative state." Next System Project, last modified September 7, 2018. https://thenextsystem.org/learn/stories/constitutional-turn-liberty-and-cooperative-state.

Hipple, Steven F., and Laurel A. Hammond. 2016. *Self-Employment in the United States*. Washington, DC: Bureau of Labor Statistics.

Hirschman, A. O. 1970. *Exit, Voice, and Loyalty: Responses to Decline in Firms, Organizations, and States*. Cambridge, MA: Harvard University Press.

Hochschild, Arlie Russell. 2016. *Strangers in Their Own Land: A Journey to the Heart of the American Right*. New York: New Press.

Hochschild, Arlie R. 2001. "The nanny chain: Mothers minding other mothers' children." *The American Prospect* (January 3): 32–36.

Hofstede, Geert. 1980. *Culture's Consequences: International Differences in Work-Related Values*. Beverly Hills, CA: Sage.

Holan, Angie Drobnic. 2012. "RomneyCare & ObamaCare: Can you tell the difference?" Politifact, accessed November 7, 2018. https://www.politifact.com/truth-o-meter/article/2011/may/18/romneycare-and-obamacare-can-you-tell-difference/.

Hooks, Gregory. 1993. "The weakness of strong theories: The US state's dominance of the World War II investment process." *American Sociological Review*, 58 (1): 37–53.

Horrell, Sara, and Jane Humphries. 1995. "Women's labour force participation and the transition to the male-breadwinner family, 1790–1865." *Economic History Review*, 48 (1): 89–117. doi: 10.2307/2597872.

Howard, Marc M., James L. Gibson, and Dietlind Stolle. 2005. *The US Citizenship, Involvement, Democracy Survey*. Washington, DC: Center for Democracy and Civil Society (CDACS), Georgetown University.

Huesemann, Michael, and Joyce Huesemann. 2011. *Techno-Fix: Why Technology Won't Save Us or the Environment*. Gabriola Island, Canada: New Society Publishers.

Humphrey, W. S. 2002. "Three process perspectives: Organizations, teams, and people." *Annals of Software Engineering*, 14 (1): 39–72.

Huntingford, Chris, and Lina M. Mercado. 2016. "High chance that current atmospheric greenhouse concentrations commit to warmings greater than 1.5°C over land." *Scientific Reports*, 6: 30294. doi: 10.1038/srep30294.

Iizuka, Toshiaki. 2007. "An empirical analysis of planned obsolescence." *Journal of Economics and Management Strategy*, 16 (1): 191–226.

Inglehart, Ronald, and Christian Welzel. 2005. *Modernization, Cultural Change, and Democracy: The Human Development Sequence*. New York: Cambridge University Press.

Innes, Judith E., and David E. Booher. 2010. *Planning with Complexity: An Introduction to Collaborative Rationality for Public Policy*. New York: Routledge.

Jacobson, Mark Z., and Mark A. Delucchi. 2011. "Providing all global energy with wind, water, and solar power, Part I: Technologies, energy resources, quantities and areas of infrastructure, and materials." *Energy Policy*, 39 (3): 1154–1169.

Jaffe, Adam B., Steven R. Peterson, Paul R. Portney, and Robert N. Stavins. 1995. "Environmental regulation and the competitiveness of US manufacturing: What does the evidence tell us?" *Journal of Economic Literature*, 33 (1): 132–163.

Jameson, Fredric. 2003. "Future city." *New Left Review*, 21: 65.

Janda, Kathryn B., and Mithra Moezzi. 2014. "Broadening the energy savings potential of people: From technology and behavior to citizen science and social potential." *ACEEE Summer Study on Energy Efficiency in Buildings*, 7:133–7:146.

Jenkins, Blair. 2009. "Rent control: Do economists agree?" *Econ Journal Watch*, 6 (1): 73–112.

Johnson, Chalmers. 2007. *The Sorrows of Empire: Militarism, Secrecy, and the End of the Republic*. New York: Metropolitan Books.

Johnson, Chalmers. 2011. *Dismantling the Empire: America's Last Best Hope*. New York: Metropolitan Books.

Joint Center for Housing Studies of Harvard University. 2018. *The State of the Nation's Housing 2018*. Cambridge, MA: Harvard University.

Joint Economic Committee, United States Senate. 2000. *The Benefits of Medical Research and the Role of the NIH*. Washington, DC.

Jones, C. 2002. "Defense software development in evolution." *Crosstalk* (November): 26–9.

Jordà, Òscar, Moritz Schularick, Alan M. Taylor, and Felix Ward. 2018. *Global Financial Cycles and Risk Premiums*. Cambridge, MA: National Bureau of Economic Research, Working Paper 24677.

Kaiser Permanente. 2010. *Kaiser Permanente Completes Electronic Health Record Implementation*. Accessed January 26, 2019. https://share.kaiserpermanente.org/article/kaiser-permanente-completes-electronic-health-record-implementation/.

Kaiser Permanente, and Coalition of Kaiser Permanente Unions. 2012. *National Agreement.* Accessed January 26, 2019. https://www.lmpartnership.org/2012-national-agreement.

Kaldor, Nicholas. 1940. "A model of the trade cycle." *Economic Journal,* 50 (197): 78–92.

Kalecki, Michal. 1937. "A theory of the business cycle." *Review of Economic Studies,* 4 (2): 77–97.

Kalecki, Michal. 1943. "Political aspects of full employment." *Political Quarterly,* 14 (4): 322–330.

Kelly, Marjorie, and Sarah McKinley. 2015. *Cities Building Community Wealth.* Washington, DC: Democracy Collaborative.

Kennedy, Paul. 2010. *The Rise and Fall of the Great Powers.* New York: Vintage.

Keohane, Nathaniel, Annie Petsonk, and Alex Hanafi. 2017. "Toward a club of carbon markets." *Climatic Change,* 144 (1): 81–95.

Khan, Lina M. 2017. "Amazon bites off even more monopoly power." *New York Times,* June 21.

Khan, Lina M. 2016. "Amazon's antitrust paradox." *Yale Law Journal,* 126: 710–805.

Khan, Shamus Rahman. 2010. *Privilege: The Making of an Adolescent Elite at St. Paul's School.* Princeton, NJ: Princeton University Press.

Kiatpongsan, Sorapop, and Michael I. Norton. 2014. "How much (more) should CEOs make? A universal desire for more equal pay." *Perspectives on Psychological Science,* 9 (6): 587–593.

Kiely, Eugene. 2012. "'You Didn't Build That,' Uncut and Unedited." November 7, 2018. https://www.factcheck.org/2012/07/you-didnt-build-that-uncut-and-unedited/.

Kiley, Jocelyn. 2018. "Most continue to say ensuring health care coverage is government's responsibility." *FactTank.* Washington, DC: Pew Research Center.

Kitzmueller, Markus, and Jay Shimshack. 2012. "Economic perspectives on corporate social responsibility." *Journal of Economic Literature,* 50 (1): 51–84.

Klein, Naomi. 2014. *This Changes Everything: Capitalism vs. the Climate.* New York: Simon & Schuster.

Knott, Anne Marie, and Bill McKelvey. 1999. "Nirvana efficiency: A comparative test of residual claims and routines." *Journal of Economic Behavior and Organization,* 38 (4): 365–383.

Kochan, Thomas, ed. 2008. *Symposium: Kaiser Permanente Labor Management Partnership, Industrial Relations,* 47 (1): 1–96.

Kochan, Thomas A. 2013. *The Kaiser Permanente Labor Management Partnership: 2009–2013.* Cambridge, MA: MIT Sloan School Institute for Work & Employment Research.

Kochan, Thomas A., Eileen Applebaum, Jody Hoffer Gittell, and Carrie R. Leana. June 7, 2013. "The Human Capital Dimensions of Sustainable Investment: What Investment Analysts Need to Know." *Sustainable Investment Research Initiative Sustainability and Finance Symposium.* University of California, Davis, accessed January 29, 2019. Available at: http://www. cepr. net/index.php/publications/reports/human-capital-dimensions-ofsustainable-investment.

Kochan, Thomas A., Adrienne E. Eaton, Robert B. McKersie, and Paul S. Adler. 2009. *Healing Together: The Labor-Management Partnership at Kaiser Permanente.* Ithaca, NY: ILR Press.

Kochan, Thomas A., Duanyi Yang, William T. Kimball, and Erin L. Kelly. 2018. "Worker voice in America: Is there a gap between what workers expect and what they experience?" *ILR Review*, 72 (1): 1–36.

Koistinen, Paul, A. C. 1973. "Mobilizing the World War II economy: Labor and the industrial-military alliance." *Pacific Historical Review*, 42 (4): 443–478. doi: 10.2307/3638133.

Kolbert, Elizabeth. 2014. *The Sixth Extinction: An Unnatural History*. New York: Henry Holt.

Kornai, Janos. 1979. "Resource-constrained versus demand-constrained systems." *Econometrica*, 47 (4): 801–819.

Kornai, Janos. 1986. "The soft budget constraint." *Kyklos*, 39 (1): 3–30.

Kostakis, Vasilis, and Michel Bauwens. 2014. *Network society and future scenarios for a collaborative economy*. New York, NY: Palgrave.

Kotz, David M. 2002. "Socialism and innovation." *Science and Society*, 66 (1): 94–108.

Krones, Jonathan Seth. 2016. *Accounting for Non-Hazardous Industrial Waste in the United States*. Cambridge: Massachusetts Institute of Technology.

Kusnet, David. 2008. *Love the Work, Hate the Job: Why America's Best Workers Are Unhappier Than Ever*. New York: Wiley.

Lahti, Raimo. 2017. "Towards a more efficient, fair and humane criminal justice system: Developments of criminal policy and criminal sanctions during the last 50 years in Finland." *Cogent Social Sciences*, 3 (1): 1303910. doi: 10.1080/23311886.2017.1303910.

Laibman, David. 2002. "Democratic coordination: Towards a working socialism for the new century." *Science and Society*, 66 (1): 116–129.

Laibman, David. 2013. "Mature socialism design, prerequisites, transitions." *Review of Radical Political Economics*, 45 (4): 501–507.

Laibman, David. 2015. "Multilevel democratic iterative coordination." *Marxism 21*, 12 (1): 307–345.

Laliberte, Pierre, ed. 2013. "Trade unions and worker cooperatives: Where are we at?" Special issue, *International Journal of Labour Research*, 3 (2). Geneva: International Labour Office.

Lancaster, Roger. 2017. "How to end mass incarceration." *Jacobin*, November 7, 2018, accessed January 26, 2019. https://www.jacobinmag.com/2017/08/mass-incarceration-prison-abolition-policing.

Lane, Lee. 2009. *The Green Movement and the Challenge of Climate Change*. Washington, DC: American Enterprise Institute.

Lange, Oskar. 1938. "On the theory of economic socialism." In *On the Economic Theory of Socialism*, edited by Oskar Lange, Fred M. Taylor, and Benjamin Lippincott, 55–143. New York: University of Minnesota Press.

Langer, Gary. 2017. "Unwanted sexual advances: Not just a Hollywood story." *ABC News/Washington Post* poll. October 17, accessed January 26, 2019. Available at: https://www.langerresearch.com/wp-content/uploads/1192a1SexualHarassment.pdf.

Lazonick, William, and Mariana Mazzucato. 2013. "The risk-reward nexus in the innovation-inequality relationship: Who takes the risks? Who gets the rewards?" *Industrial and Corporate Change*, 22 (4): 1093–1128.

Lee, Joong-Jae. 2004. "Defense workers' struggles for patriotic control: The labor-management-state contests over defense production at Brewster, 1940–1944." *International Labor and Working-Class History* (66): 136–154.

Leung, Danny, Césaire Meh, and Yaz Terajima. 2008. *Firm Size and Productivity*. Ottawa, ON: Bank of Canada Working Paper 2008-45.

Li, Xiaoyang, and Yue M. Zhou. 2017. "Offshoring pollution while offshoring production?" *Strategic Management Journal*, 38 (11): 2310–2329. doi: doi:10.1002/smj.2656.

Lichtenstein, Nelson. 2000. "Class politics and the state during World War Two." *International Labor and Working-Class History* (58): 261–274.

Lieberman, H., and C. Fry. 2001. "Will software ever work?" *Communications of the ACM*, 44 (3): 122–124.

Lin, Ning, Robert E. Kopp, Benjamin P. Horton, and Jeffrey P. Donnelly. 2016. "Hurricane Sandy's flood frequency increasing from year 1800 to 2100." *Proceedings of the National Academy of Sciences*, 113 (43): 12071–12075. doi: 10.1073/pnas.1604386113.

Lincoln, William F., and Andrew H. McCallum. 2018. The Rise of Exporting by US Firms. *European Economic Review*, 102: 280–297.

Lindert, Peter H., and Jeffrey G. Williamson. 2016. "Unequal gains: American growth and inequality since 1700." https://voxeu.org/article/american-growth-and-inequality-1700.

Lister, Ruth. 2009. "A Nordic nirvana? Gender, citizenship, and social justice in the Nordic welfare states." *Social Politics: International Studies in Gender, State and Society*, 16 (2): 242–278.

Litwin, Adam Seth. 2010. "Technological change at work: The impact of employee involvement on the effectiveness of health information technology." *Industrial and Labor Relations Review*, 64 (5): 863–888.

Locke, Richard M. 2013. *The Promise and Limits of Private Power: Promoting Labor Standards in a Global Economy*. New York: Cambridge University Press.

Los Angeles Times. 1993. "Gallup poll finds 46% opposed, 38% in favor of NAFTA." *Los Angeles Times*. http://articles.latimes.com/1993-11-09/news/mn-54845_1_gallup-poll.

Lukasiewicz, Katarzyna, and Jakub Miler. 2012. "Improving agility and discipline of software development with the Scrum and CMMI." *IET Software*, 6 (5): 416–422.

MacKenzie, Ross, and Jeff Collin. 2012. "'Trade policy, not morals or health policy': The US trade representative, tobacco companies and market liberalization in Thailand." *Global Social Policy*, 12 (2): 149–172. doi: 10.1177/1468018112443686.

Mackey, John, and Rajendra Sisodia. 2014. *Conscious Capitalism: Liberating the Heroic Spirit of Business*. Boston, MA: Harvard Business Review Press.

Macpherson, C. B. 1962. *The Political Theory of Possessive Individualism: Hobbes to Locke*. Oxford: Clarendon Press.

Maddison, Angus. 2007. *The World Economy, Volume 1: A Millennial Perspective; Volume 2: Historical Statistics*. New Delhi, India: Academic Foundation.

Maestas, Nicole, Kathleen J. Mullen, David Powell, Jeffrey B. Wenger, and Till Von Wachter. 2017. *Working Conditions in the United States: Results of the 2015 American Working Conditions Survey*. Santa Monica, CA: RAND Corporation.

Magdoff, Fred, and John Bellamy Foster. 2011. *What Every Environmentalist Needs to Know about Capitalism: A Citizen's Guide to Capitalism and the Environment*. New York: Monthly Review Press.

Malleson, Tom. 2013. "What does Mondragon teach us about workplace democracy?" In *Sharing Ownership, Profits, and Decision-Making in the 21st Century*, edited by Douglas L. Kruse, 127–157. Bingley, UK: Emerald.

Mandel, Ernest. 1986. "In defence of socialist planning." *New Left Review* (159): 5.

Mansbridge, Jane J. 1983. *Beyond Adversary Democracy*. Chicago: University of Chicago Press.

Margolis, Joshua D., Hillary Anger Elfenbein, and James P. Walsh. 2007. "Does it pay to be good . . . and does it matter? A meta-analysis of the relationship between corporate social and financial performance." Unpublished manuscript.

Margolis, Joshua D., and Hillary A. Elfenbein. 2008. "Do well by doing good? Don't count on it." *Harvard Business Review*, 86 (1).

Massey, Douglas S., Jonathan Rothwell, and Thurston Domina. 2009. "The changing bases of segregation in the United States." *Annals of the American Academy of Political and Social Science*, 626 (1): 74–90.

Matzler, Kurt, Johann Füller, Katja Hutter, Julia Hautz, and Daniel Stieger. 2016. "Crowdsourcing strategy: How openness changes strategy work." *Problems and Perspectives in Management*, 14 (3): 450–460.

May, Christopher. 2015. *The Global Political Economy of Intellectual Property Rights: The New Enclosures*. New York: Routledge.

Mazzucato, Mariana. 2015. *The Entrepreneurial State: Debunking Public vs. Private Sector Myths*. New York: Anthem Press.

McAlevey, Jane. 2016. *No Shortcuts: Organizing for Power in the New Gilded Age*. New York: Oxford University Press.

McClelland, D. 1961. *The Achieving Society*. Princeton, NJ: Van Nostrand.

McCreary, Lew. 2010. "Kaiser Permanente's innovation on the front lines." *Harvard Business Review*, 88 (9): 92, 94–7, 126.

McKibben, Bill. 2016. "A world at war." *New Republic*, August 15.

McKinnon, H., G. Muttitt, and K. Trout. 2017. *The Sky's Limit Norway: Why Norway Should Lead The Way in a Managed Decline of Oil and Gas Extraction*. Washington, DC: Oil Change International.

McWilliams, Abagail. 2015. "Corporate social responsibility." In *Wiley Encyclopedia of Management*, edited by C. L. Cooper, J. McGee, and T. Sammut-Bonnici, 1–4. Hoboken, NJ: John Wiley & Sons.

Meadow, D., and Jorgen Randers. 1992. *Beyond the Limits: Confronting Global Collapse, Envisioning a Sustainable Future*. Post Mills, VT: Chelsea Green Publishing.

Meidner, Rudolf. 1993. "Why did the Swedish model fail?" *Socialist Register*, 29 (29).

Michels, Robert. 1966 [1911]. *Political Parties*. New York: The Free Press.

Michie, Jonathan, Joseph R. Blasi, and Carlo Borzaga. 2017. *The Oxford Handbook of Mutual and Co-Owned Business*. New York: Oxford University Press.

Miles, Raymond E., and Charles C. Snow. 1978. *Organizational Strategy, Structure, and Process*. New York: McGraw-Hill.

Miller, Fred. 2017. "Aristotle's political theory." https://plato.stanford.edu/archives/win2017/entries/aristotle-politics/.

Minsky, Hyman P. 1980. "Capitalist financial processes and the instability of capitalism." *Journal of Economic Issues*, 14 (2): 505–523.

Minx, Jan, Kate Scott, Glen Peters, and John Barrett. 2008. *An Analysis of Sweden's Carbon Footprint*. World Wildlife Fund.

Mishel, Lawrence, and Josh Bivens. 2017. *The Zombie Robot Argument Lurches On*. Washington, DC: Economic Policy Institute.

Mishel, Lawrence, and Jessica Schieder. 2017. *CEO Pay Remains High Relative to the Pay of Typical Workers and High-Wage Earners*. Washington, DC: Economic Policy Institute.

Mishel, Lawrence, John Schmitt, and Heidi Shierholz. 2013. *Assessing the Job Polarization of Growing Wage Inequality*. Economic Policy Institute Working Paper. Washington, DC: Economic Policy Institute.

Moorhead, Molly. 2012. "Bernie Sanders says Walmart heirs own more wealth than bottom 40% of Americans." Accessed November 7, 2018. https://www.politifact.com/truth-o-meter/statements/2012/jul/31/bernie-s/sanders-says-walmart-heirs-own-more-wealth-bottom-/.

Morray, Joseph P. 1997. *Grand Disillusion: François Mitterrand and the French Left*. Westport, CT: Greenwood.

Moss, Michael. 2013. *Salt, Sugar, Fat: How the Food Giants Hooked Us*. New York: Random House.

Mouffe, Chantal. 1999. "Deliberative democracy or agonistic pluralism?" *Social Research*, 66 (3): 745–758.

Murrell, Peter. 1991. "Can neoclassical economics underpin the reform of centrally planned economies?" *Journal of Economic Perspectives*, 5 (4): 59–76.

National Center for Education Statistics. 2015. "2014 civics assessment." Accessed November 7, 2018. https://www.nationsreportcard.gov/hgc_2014/#civics/achievement.

National Law Center on Homelessness and Poverty. 2018. *Homelessness in America: Overview of Data and Causes*. Washington, DC.

Newman, Rick. 2009. "Why bank nationalization is so scary." *US News and World Report*. https://money.usnews.com/money/blogs/flowchart/2009/02/22/why-bank-nationalization-is-so-scary.

Nightingale, Paul, Tim Brady, Andrew Davies, and Jeremy Hall. 2003. "Capacity utilization revisited: Software, control and the growth of large technical systems." *Industrial and Corporate Change*, 12 (3): 477–517.

Nissenbaum, Dion. 2018. "Top U.S. diplomat backed continuing support for Saudi war in Yemen over objections of staff." *Wall Street Journal*, September 20.

Novak, William J. 2008. "The myth of the 'weak' American state." *American Historical Review*, 113 (3): 752–772.

Nove, Alec. 2004. *The Economics of Feasible Socialism Revisited*. London: HarperCollins.

Nussbaum, Martha C. 2011. "Capabilities, entitlements, rights: Supplementation and critique." *Journal of Human Development and Capabilities*, 12 (1): 23–37.

O'Mahoney, Siobhan, and Fabrizio Ferraro. 2007. "The emergence of governance in an open source community." *Academy of Management Journal*, 50 (5): 1079–1106.

OECD. 2016. *Country Note: Key Findings from PISA 2015 for the United States*. Paris: OECD.

OECD. 2018. *Geographical Distribution of Financial Flows to Developing Countries 2018*. Paris: OECD.

Oerlemans, Nastasja, ed. 2016. *Living Planet Report*. Gland, Switzerland: World Wildlife Fund.

Ofer, Gur. 1987. "Soviet economic growth: 1928–1985." *Journal of Economic Literature*, 25 (4): 1767–1833.

Olah, Rudolf. 2013. "What's with the aversion to documentation in the industry?" https://softwareengineering.stackexchange.com/questions/202167/whats-with-the-aversion-to-documentation-in-the-industry.

Ornston, Darius. 2014. "When the high road becomes the low road: The limits of high-technology competition in Finland." *Review of Policy Research*, 31 (5): 454–477.

Osterman, Paul. 2017. *Who Will Care for Us? Long-Term Care and the Long-Term Workforce*. New York: Russell Sage Foundation.

Ostrom, Elinor, Joanna Burger, Christopher B. Field, Richard B. Norgaard, and David Policansky. 1999. "Revisiting the commons: Local lessons, global challenges." *Science*, 284 (5412): 278–282.

Palley, Thomas. 2018. *Re-theorizing the welfare state and the political economy of neoliberalism's war against it*. FMM Working Paper, No. 16, Macroeconomic Policy Institute (IMK), Forum for Macroeconomics and Macroeconomic Policies (FFM), Düsseldorf.

Palmisano, S. 2004. "Leading change when business is good. Interview by Paul Hemp and Thomas A. Stewart." *Harvard Business Review*, 82 (12): 60.

Park, Haeyoun, and Iaryna Mykhyalyshyn. 2016. "LGBT people are more likely to be targets of hate crimes than any other minority group." *New York Times*, June 16.

Parker, Mike, and Jane Slaughter. 1988. *Choosing Sides: Unions and the Team Concept*. Boston, MA: South End Press.

Parkinson, John, and Jane J. Mansbridge. 2012. *Deliberative Systems: Deliberative Democracy at the Large Scale*. New York: Cambridge University Press.

Parreñas, Rhacel. 2015. *Servants of Globalization: Migration and Domestic Work*. Stanford, CA: Stanford University Press.

Pasurka, Carl. 2008. "Perspectives on pollution abatement and competitiveness: Theory, data, and analyses." *Review of Environmental Economics and Policy*, 2 (2): 194–218.

Pateman, Carole. 1970. *Participation and Democratic Theory*. Cambridge, UK: Cambridge University Press.

Paul, Mark, William Darity Jr., and Darrick Hamilton. 2017. "Why we need a federal job guarantee." *Jacobin*, December 29.

Pearl, Robert M. 2017. "What health systems, hospitals, and physicians need to know about implementing electronic health records." Accessed November 7, 2018. https://hbr.org/2017/06/what-health-systems-hospitals-and-physicians-need-to-know-about-implementing-electronic-health-records.

Pencavel, John, Luigi Pistaferri, and Fabiano Schivardi. 2006. "Wages, employment, and capital in capitalist and worker-owned firms." *ILR Review*, 60 (1): 23–44.

Perez, Carlota. 2015. "Capitalism, technology and a green global golden age: The role of history in helping to shape the future." *Political Quarterly*, 86: 191–217.

Pew Research Center. 2013. *The Rise of Single Fathers*. Washington, DC.

Pew Research Center. 2014. *Political Polarization in the American Public*. Washington, DC.

Pew Research Center. 2015. *Beyond Distrust: How Americans View Their Government*. Washington, DC.

Pew Research Center. 2016. *The State of American Jobs*. Washington, DC.

Pew Research Center, and Associated Press. 2006. *Who Votes, Who Doesn't, and Why: Regular Voters, Intermittent Voters, and Those Who Don't*. Washington, DC.

Plotnick, Robert D., Eugene Smolensky, Eirik Evenhouse, and Siobhan Reilly. 1998. *The Twentieth Century Record of Inequality and Poverty*. University of California at Berkeley and Public Policy Institute of California.

Polanyi, Karl. 1968 [1944]. *The Great Transformation: The Political and Economic Origins of Our Time*. Boston, MA: Beacon Press.

Population Reference Bureau. 2017. "Changing demographics reshape rural America." Accessed November 7, 2018. https://www.prb.org/changing-demographics-reshape-rural-america/.

Porter, Michael E., and Mark R. Kramer. 2011. "The big idea: Creating shared value. How to reinvent capitalism—and unleash a wave of innovation and growth." *Harvard Business Review*, 89 (1–2).

Porter, Michael E., Forest L. Reinhardt, Peter Schwartz, Daniel C. Esty, Andrew J. Hoffman, Auden Schendler, et al. 2007. "Climate business/business climate." *Harvard Business Review*: (October) 1–17.

Porter, Michael E., and Claas Van der Linde. 1995. "Green and competitive: ending the stalemate." *Harvard Business Review*, 73 (5): 120–134.

Porter, Michael E. 1985. *Competitive Advantage*. New York: The Free Press.

Posner, Richard A. 2009. *A Failure of Capitalism: The Crisis of '08 and the Descent into Depression*. Cambridge, MA: Harvard University Press.

Przeworski, Adam, and Michael Wallerstein. 1988. "Structural dependence of the state on capital." *American Political Science Review*, 82 (1): 11–29.

Public Citizen. 2018. "Trans-Pacific Partnership." http://www.citizen.org/our-work/globalization-and-trade/nafta-wto-other-trade-pacts/trans-pacific-partnership.

Pugh, Derek S., and David J. Hickson. 1976. *Organizational Structure in Its Context: The Aston Programme*. Vol. 1. Lexington, MA: Lexington Books.

Qu, Wen Guang, Yajing Ding, Yongyi Shou, Honggeng Zhou, and Hong Du. 2014. "The impact of enterprise systems on process flexibility and organisational flexibility." *Enterprise Information Systems*, 8 (5): 563–581.

Quilley, Stephen. 2000. "Manchester first: From municipal socialism to the entrepreneurial city." *International Journal of Urban and Regional Research*, 24 (3): 601–615.

Radford, Gail. 2003. "From municipal socialism to public authorities: Institutional factors in the shaping of American public enterprise." *Journal of American History*, 90 (3): 863–890.

Reardon, Sean F., Lindsay Fox, and Joseph Townsend. 2015. "Neighborhood income composition by household race and income, 1990–2009." *Annals of the American Academy of Political and Social Science*, 660 (1): 78–97.

Reinhart, Carmen M., and Kenneth S. Rogoff. 2009. *This Time Is Different: Eight Centuries of Financial Folly*. Princeton, NJ: Princeton University Press.

Rezai, Armon, Duncan K. Foley, and Lance Taylor. 2012. "Global warming and economic externalities." *Economic Theory*, 49 (2): 329–351.

Rhaman, Fifa. 2018. "Extended monopolies on biologic drugs—A warning to developing countries." Accessed November 1, 2018. http://www.ip-watch.org/2018/09/10/extended-monopolies-biologic-drugs-warning-developing-countries/.

Ritz, Adrian, Gene A. Brewer, and Oliver Neumann. 2016. "Public service motivation: A systematic literature review and outlook." *Public Administration Review*, 76 (3): 414–426.

Roberts, Nancy. 2004. "Public deliberation in an age of direct citizen participation." *American Review of Public Administration*, 34 (4): 315–353.

Roelfs, David J., Eran Shor, Karina W. Davidson, and Joseph E. Schwartz. 2011. "Losing life and livelihood: A systematic review and meta-analysis of unemployment and all-cause mortality." *Social Science and Medicine*, 72 (6): 840–854.

Rogers, Joel. 1990. "What does 'high road' mean?" University of Wisconsin-Madison, COWS. Accessed Jan 2, 2019. https://www.cows.org/what-does-high-road-mean.

Rogers, Joel. 2009. "Productive democracy." In *Renewing Democratic Deliberation in Europe: The Challenge of Social and Civil Dialogue*, edited by Jean De Munck, Isabelle Ferreras, Claude Didry, and Annette Jobert, 71–92. Brussels: Peter Lang.

Rogers, Joel. 2015. "Productive democracy: Why we need a new egalitarian politics—and why social democracy will never get us there." *The Nation*, 300 (14): 206–210.

Rolf, David. 2018. *A Roadmap for Rebuilding Worker Power*. Washington, DC: Century Foundation.

Romer, Paul. Forthcoming. "The trouble with macroeconomics." *American Economist*.

Rose, Stephen J. 2017. *Mismatch: How Many Workers with a Bachelor's Degree Are Overqualified for Their Jobs?* Washington, DC: Urban Institute.

Rose, Stephen J., and Heidi I. Hartmann. 2004. *Still a Man's Labor Market: The Long-Term Earnings Gap*. Washington, DC: Institute for Women's Policy Research.

Saad, Lydia. 2009. "Majority receptive to law making union organizing easier." Accessed November 7, 2018. https://news.gallup.com/poll/116863/Majority-Receptive-Law-Making-Union-Organizing-Easier.aspx.

Saad, Lydia. 2013. "In U.S., 71% back raising minimum wage." Gallup, last modified March 6, 2013, accessed November 7, 2018. https://news.gallup.com/poll/160913/back-raising-minimum-wage.aspx.

Saez, Emmanuel, and Gabriel Zucman. 2016. "Wealth inequality in the United States since 1913: Evidence from capitalized income tax data." *Quarterly Journal of Economics*, 131 (2): 519–578.

Sanders, Lynn M. 1997. "Against deliberation." *Political Theory*, 25 (3): 347–376.

Satz, Debra. 2017. "Feminist perspectives on reproduction and the family." Accessed November 8, 2018. https://plato.stanford.edu/archives/sum2017/entries/feminism-family/.

Schilling, Lisa, Alide Chase, Sommer Kehrli, Amy Y. Liu, Matt Stiefel, and Ruth Brentari. 2010. "Kaiser Permanente's performance improvement system, Part 1: From benchmarking to executing on strategic priorities." *Joint Commission Journal on Quality and Patient Safety*, 36 (11): 484–498.

Schilling, Lisa, James W. Dearing, Paul Staley, Patti Harvey, Linda Fahey, and Francesca Kuruppu. 2011. "Kaiser Permanente's performance improvement system, Part 4: Creating a learning organization." *Joint Commission Journal on Quality and Patient Safety*, 37 (12): 532–543.

Schilling, Lisa, Dennis Deas, Maile Jedlinsky, Deborah Aronoff, Juliette Fershtman, and Abdul Wali. 2010. "Kaiser Permanente's performance improvement system, Part 2: Developing a value framework." *Joint Commission Journal on Quality and Patient Safety*, 36 (12): 552–560.

Schlachter, Laura Hanson. 2017. "Stronger together? The USW-Mondragon union co-op model." *Labor Studies Journal*, 42 (2): 124–147.

Schmitz, James A., Jr. 2016. *The Costs of Monopoly: A New View*. Minneapolis: Federal Reserve Bank of Minneapolis.

Schneiberg, Marc. 2010. "Toward an organizationally diverse American capitalism: Cooperative, mutual, and local, state-owned enterprise." *Seattle University Law Review*, 34: 1409.

Schofer, E., and M. Fourcade-Gourinchas. 2001. "The structural contexts of civic engagement: Voluntary association membership in comparative perspective." *American Sociological Review*, 66 (6): 806–828.

Schor, Juliet. 2008. *The Overworked American: The Unexpected Decline of Leisure*. New York: Basic Books.

Schor, Juliet B., and Samuel Bowles. 1987. "Employment rents and the incidence of strikes." *Review of Economics and Statistics*, 69 (4): 584–592.

Schumpeter, Joseph A. 1976 [1942]. *Capitalism, Socialism and Democracy*. New York: Harper & Row.

Schweickart, David. 2011. *After Capitalism*. Lanham, MD: Rowman & Littlefield.

Scipioni, Antonio, Anna Mazzi, Marco Mason, and Alessandro Manzardo. 2009. "The dashboard of sustainability to measure the local urban sustainable development: The case study of Padua municipality." *Ecological Indicators*, 9 (2): 364–380.

Scott-Clayton, Judith. 2018. *The Looming Student Loan Default Crisis Is Worse than We Thought*. Washington, DC: Brookings.

See, L., F. Kraxner, S. Fuss, C. Perger, C. Schill, K. Aoki, et al. 2015. "The potential of crowdsourcing for the renewable energy sector." In *Handbook of Clean Energy Systems*, edited by J. Yan, 1–15. New York: John Wiley & Sons.

Sen, Amartya. 1993. "Markets and freedoms: Achievements and limitations of the market mechanism in promoting individual freedoms." *Oxford Economic Papers*, 45 (4): 519–541.

Sexton, Steve. 2011. "The inefficiency of local food." *Freakonomics*, November 7, 2018. http://freakonomics.com/2011/11/14/the-inefficiency-of-local-food/.

Shaffer, Harry G., ed. 1984. *The Soviet System in Theory and Practice: Western and Soviet Views*. New York: Frederick Ungar.

Shaikh, Anwar. 1978. "An introduction to the history of crisis theories." In *US Capitalism in Crisis*, edited by Union of Radical Political Economy, 219–241. New York, NY: URPE/Monthly Review Press.

Shaikh, Anwar M., and Jamee K. Moudud. 2004. *Measuring Capacity Utilization in OECD Countries: A Cointegration Method*. Working paper, The Levy Economics Institute. Annandale-on-Hudson, New York.

Shapira, Roy, and Luigi Zingales. 2017. *Is Pollution Value-Maximizing? The DuPont Case*. National Bureau of Economic Research. Cambridge, MA.

Shapiro, Sarah, and Catherine Brown. 2018. "The state of civics education." Center for American Progress. https://www.americanprogress.org/issues/education-k-12/reports/2018/02/21/446857/state-civics-education/.

Siaroff, Alan. 1999. "Corporatism in 24 industrial democracies: Meaning and measurement." *European Journal of Political Research*, 36 (2): 175–205.

Sibony, Olivier. 2012. "Collaborative strategic planning: Three observations." *McKinsey Quarterly*, 2: 12–15.

Silk, Ezra. 2016. *Victory Plan: The Climate Mobilization*. Accessed January 26, 2019 https://www.theclimatemobilization.org/victory-plan/.

Singer, Daniel. 1988. *Is Socialism Doomed? The Meaning of Mitterrand*. New York: Oxford University Press.

Slichter, Sumner H., James J. Healy, and E. Robert Livernash. 1960. *The Impact of Collective Bargaining on Management*. Washington, DC: The Brookings Institution.

Sloane, Peter J. 2014. "Overeducation, skill mismatches, and labor market outcomes for college graduates." *IZA World of Labor*, accessed January 26, 2019. https://wol.iza.org/uploads/articles/88/pdfs/overeducation-skill-mismatches-and-labor-market-outcomes-for-college-graduates.pdf?v=1.

Smillie, John G. 2000. *Can Physicians Manage the Quality and Costs of Health Care? The Story of The Permanente Medical Group*. Oakland, CA: Permanente Federation.

Smith, J. W. 1989. *The World's Wasted Wealth: The Political Economy of Waste*. Kalispell, MT: New Worlds Press.

Smith, Richard. 2016. *Green Capitalism: The God That Failed*. London: College Publications.

Standish Group. 1994. "Chaos study report." http://www.standishgroup.com.

Stanley, Marcus. 2003. "College education and the midcentury GI bills." *Quarterly Journal of Economics*, 118 (2): 671–708. doi: 10.1162/003355303321675482.

Stephens, Nicole M., Hazel Rose Markus, and Sarah S. M. Townsend. 2007. "Choice as an act of meaning: The case of social class." *Journal of Personality and Social Psychology*, 93 (5): 814.

Stevens, Mitchell L. 2009. *Creating a Class*. Cambridge, MA: Harvard University Press.

Stieger, Daniel, Kurt Matzler, Sayan Chatterjee, and Florian Ladstaetter-Fussenegger. 2012. "Democratizing strategy: How crowdsourcing can be used for strategy dialogues." *California Management Review*, 54 (4): 44–68. doi: 10.1525/cmr.2012.54.4.44.

Stiglitz, Joseph. 2017. Wealth before health? Why intellectual property laws are facing a counterattack. *Guardian*, October 19.

Stockholm Resilience Center. 2018. "The nine planetary boundaries." Accessed November 7, 2018. https://www.stockholmresilience.org/research/planetary-boundaries/planetary-boundaries/about-the-research/the-nine-planetary-boundaries.html.

Stolle, Dietlind, Stuart Soroka, and Richard Johnston. 2008. "When does diversity erode trust? Neighborhood diversity, interpersonal trust and the mediating effect of social interactions." *Political Studies*, 56 (1): 57–75. doi: 10.1111/j.1467-9248.2007.00717.x.

Stone, Brad. 2013. *The Everything Store: Jeff Bezos and the Age of Amazon*. New York: Random House.

Strauss, Benjamin H., Scott Kulp, and Anders Levermann. 2015. "Carbon choices determine US cities committed to futures below sea level." *Proceedings of the National Academy of Sciences*, 112 (44): 13508–13513. doi: 10.1073/pnas.1511186112.

Streeck, Wolfgang. 1983. *Co-Determination: The Fourth Decade*. Berlin: Wissenschaftszentrum.

Streeck, Wolfgang. 2014. *Buying Time: The Delayed Crisis of Democratic Capitalism*. London: Verso.

Sullivan, Tom. 2014. "Sweden's Dirty Secret: It Arms Dictators." *Business Insider*, May 20. https://www.businessinsider.com/swedens-dirty-secret-they-arm-dictators-2014-5.

Sundgren, Mats, Elof Dimenäs, Jan-Eric Gustafsson, and Marcus Selart. 2005. "Drivers of organizational creativity: A path model of creative climate in pharmaceutical R&D." *R&D Management*, 35 (4): 359–374.

Swamy, Dalip Singh. 1980. *Multinational Corporations and the World Economy*. New Delhi: Alps.

Swanson, David. 2018. "US wars and hostile actions: A list." Accessed November 7, 2018. http://davidswanson.org/warlist/.

Taibbi, Matt. 2013. "Secrets and lies of the bailout." *Rolling Stone*, 17.

Teixeira, Ruy. 2010. *Public Opinion Paradox: An Anatomy of America's Love-Hate Relationship with Its Government*. Washington, DC: Center for American Progress.

Thomé, Antonio Marcio, Luiz Scavarda, Nicole Suclla Fernandez, and Annibal José Scavarda. 2012. "Sales and operations planning and the firm performance." *International Journal of Productivity and Performance Management*, 61 (4): 359–381. doi: 10.1108/17410401211212643.

Thorne, Deborah, Pamela Foohey, Robert M. Lawless, and Katherine Porter. 2018. "Graying of U.S. bankruptcy: Fallout from life in a risk society." Accessed August 6, 2018. https://ssrn.com/abstract=3226574.

Thrall, A. Trevor, and Caroline Dorminey. 2018. *Risky Business: The Role of Arms Sales in US Foreign Policy*. Washington, DC: Cato Institute.

Timming, Andrew, and Juliette Summers. 2018. "Is workplace democracy associated with wider pro-democracy affect? A structural equation model." *Economic and Industrial Democracy*, accessed January 26, 2019. https://journals-sagepub-com.libproxy1.usc.edu/doi/pdf/10.1177/0143831X17744028.

Trujillo, Lourdes, Antonio Estache, and Sergio Perelman. 2005. *Infrastructure Performance and Reform in Developing and Transition Economies: Evidence from a Survey of Productivity Measures*. Washington, DC: The World Bank.

Turner, Bengt, and Stephen Malpezzi. 2003. "A review of empirical evidence on the costs and benefits of rent control." *Swedish Economic Policy Review* (10).

Union of Concerned Scientists. 2018. "What is hair-trigger alert?" Accessed November 7, 2018. https://www.ucsusa.org/nuclear-weapons/hair-trigger-alert.

United States Bureau of the Census. 1975. *Historical Statistics of the United States, Colonial Times to 1970*. Washington, DC: US Department of Commerce, Bureau of the Census.

United States Department of Agriculture. 2018. "Food security status of U.S. households in 2017." In *Key Statistics and Graphics*. Washington, DC.

Urban Institute. 2018. "The cost of affordable housing: Does it pencil out?" http://apps.urban.org/features/cost-of-affordable-housing/.

Vagins, Deborah J., and Jesselyn McCurdy. 2006. *Cracks in the System: Twenty Years of the Unjust Federal Crack Cocaine Law*. New York: American Civil Liberties Union.

Vidal, Matt. 2013. "Low-autonomy work and bad jobs in postfordist capitalism." *Human Relations*, 66 (4): 587–612.

Vilà, Joaquim, and J. Ignacio Canales. 2008. "Can strategic planning make strategy more relevant and build commitment over time? The case of RACC." *Long Range Planning*, 41 (3): 273–290.

Vine, David. 2015. *Base Nation: How US Military Bases Abroad Harm America and the World*. New York: Metropolitan Books.

Von Mises, Ludwig. 2008 [1920]. *Economic Calculation in the Socialist Commonwealth*. Auburn, AL: Ludwig von Mises Institute.

Vucetic, Srdjan 2018. "The uneasy co-existence of arms exports and feminist foreign policy." In *The Conversation*.

Accessed January 26, 2019. http://theconversation.com/
the-uneasy-co-existence-of-arms-exports-and-feminist-foreign-policy-93930.

Wainwright, Hilary. 2003. *Reclaim the State: Experiments in Popular Democracy.*
London: Verso.

Wall Street Journal. 2009. "The Obama Motor, Inc." https://www.wsj.com/articles/
SB124381255295170405.

Wallace-Wells, David. 2018. "The Uninhabitable Earth, Annotated Edition." *New York
Times Magazine*, accessed November 7, 2018. http://nymag.com/intelligencer/
2017/07/climate-change-earth-too-hot-for-humans-annotated.html.

Wallerstein, Immanuel M. 2004. *World-Systems Analysis: An Introduction.* Durham,
NC: Duke University Press.

Weinstein, James. 1967. *The Decline of American Socialism, 1912–1925.*
New York: Monthly Review Press.

Whippy, Alan, Melinda Skeath, Barbara Crawford, Carmen Adams, Gregory
Marelich, Mezhgan Alamshahi, et al. 2011. "Kaiser Permanente's performance
improvement system, Part 3: Multisite improvements in care for patients
with sepsis." *Joint Commission Journal on Quality and Patient Safety*, 37 (11):
483–495.

Whittington, Richard, Ludovic Cailluet, and Basak Yakis-Douglas. 2011. "Opening
strategy: Evolution of a precarious profession." *British Journal of Management*,
22 (3): 531–544.

Whittington, Richard, Julia Hautz, and David Seidl, eds. 2017. "Open
strategy: Transparency and inclusion in strategy processes." Special issue, *Long
Range Planning*, 50 (3).

Wilde, Oscar. 2007 [1891]. *The Soul of Man under Socialism and Selected Critical Prose.*
London, UK: Penguin.

Williams, Heidi L. 2013. "Intellectual property rights and innovation: Evidence from
the human genome." *Journal of Political Economy*, 121 (1): 1–27.

Williamson, Oliver E. 1975. *Markets and Hierarchies.* New York: Free Press.

Wilson, Duff, and Janet Roberts. 2012. "Special report: how Washington went soft
on childhood obesity." *Reuters*, April 27, accessed January 26, 2019. Available
at: https://www.reuters.com/article/us-usa-foodlobby/special-report-how-
washington-went-soft-on-childhood-obesity-idUSBRE83Q0ED20120427.

Wilson, Mark R. 2016. *Destructive Creation: American Business and the Winning of
World War II.* Philadelphia: University of Pennsylvania Press.

Winters, Jeffrey A., and Benjamin I. Page. 2009. "Oligarchy in the United States?"
Perspectives on Politics, 7 (4): 731–751.

Witherell, Rob, Chris Cooper, and Michael Peck. 2012. *Sustainable Jobs, Sustainable
Communities: The Union Co-op Model.* Ohio Employee Ownership Center. Kent,
OH, Kent State University.

Wodtke, Geoffrey T. 2016. "Social class and income inequality in the United
States: Ownership, authority, and personal income distribution from 1980 to
2010." *American Journal of Sociology*, 121 (5): 1375–1415.

Wolff, Edward N. 2013. "The asset price meltdown, rising leverage, and the wealth of
the middle class." *Journal of Economic Issues*, 47 (2): 333–342.

Wolff, Edward N. 2017. *Household Wealth Trends in the United States, 1962 to 2016: Has
Middle Class Wealth Recovered?* Cambridge, MA: National Bureau of Economic
Research.

Wolff, Richard D. 2012. *Democracy at Work: A Cure for Capitalism.*
Chicago: Haymarket books.

Woll, Cornelia. 2016. "Politics in the interest of capital: A not-so-organized combat." *Politics and Society*, 44 (3): 373–391.

Wooldridge, Bill, and Steven W. Floyd. 1990. "The strategy process, middle management involvement, and organizational performance." *Strategic Management Journal*, 11 (3): 231–241.

Wooldridge, Bill, Torsten Schmid, and Steven W. Floyd. 2008. "The middle management perspective on strategy process: Contributions, synthesis, and future research." *Journal of Management*, 34 (6): 1190–1221.

Woolhandler, S., and D. U. Himmelstein. 2017. "Single-payer reform: The only way to fulfill the president's pledge of more coverage, better benefits, and lower costs." *Annals of Internal Medicine*, 166 (8): 587–588. doi: 10.7326/M17-0302.

World Wildlife Fund. 2014. *Living Planet Report 2014*. Gland, Switzerland: World Wildlife Fund for Nature.

Wright, Erik O., ed. 1996. *Equal Shares: Making Market Socialism Work*. London: Verso.

Wright, Erik O., and Joel Rogers. 2011. *American Society: How It Really Works*. New York: Norton.

Yaun, David. 2006. "Driving culture change by consensus at IBM." *Strategic Communication Management*, 10 (3): 14.

Yeates, Nicola. 2005. "Global migration perspectives." *Global Commission on International Migration*. Geneva, Switzerland.

Yeates, Nicola. 2012. "Global care chains: A state-of-the-art review and future directions in care transnationalization research." *Global Networks*, 12 (2): 135–154.

Yoder, Eric. 2014. "Government workforce is closing the gender pay gap, but reforms still needed, report says." *Washington Post*, April 13. https://www.washingtonpost.com/politics/government-workforce-is-closing-the-gender-pay-gap-but-reforms-still-needed-report-says/2014/04/13/59281484-c1b2-11e3-b574-f8748871856a_story.html.

Young, Kevin A., Tarun Banerjee, and Michael Schwartz. 2018. "Capital strikes as a corporate political strategy: The structural power of business in the Obama era." *Politics and Society*, 46 (1): 3–28.

Yülek, Murat. 2015. *Economic Planning and Industrial Policy in the Globalizing Economy*. Switzerland: Springer.

Zider, Bob. 1998. "How venture capital works." *Harvard Business Review*, 76 (6): 131–139.

Zijdeman, Richard, and Filipa Ribeira da Silva. 2015. *Life Expectancy at Birth (Total)*. IISH Dataverse, accessed January 26, 2019. https://datasets.socialhistory.org/dataset.xhtml?persistentId=hdl:10622/LKYT53.

Zucman, Gabriel. 2015. *The Hidden Wealth of Nations: The Scourge of Tax Havens*. Chicago: University of Chicago Press.

鸣谢

2015年10月，我受邀在牛津大学萨伊德商学院做了三场克拉伦登管理学讲座，本书依据讲座内容汇编而成。克拉伦登讲座由商学院和牛津大学出版社联合举办。我感谢萨伊德商学院的同事和牛津大学出版社的大卫·穆森（David Musson），他邀请我开办讲座，并盛情款待我。我还要感谢大卫·佩文（David Pervin），他在牛津大学出版社纽约办事处负责加工初稿，并给予我大量的编辑指导。

我感谢诸多的朋友和同事，多年来，他们帮助我发展了这些观点。仅列举个别人物，他们在本书的酝酿过程中读了各个版本，并在评论和批评中给予了极大的帮助，有时支持基本论点，有时加以批驳。他们是加·阿尔佩罗维茨（Gar Alperovitz）、艾琳·阿佩尔鲍姆（Eileen Appelbaum）、约翰·奥古斯特（John August）、兹拉特科·博德罗奇（Zlatko Bodrožić）、保罗·科肖特（Paul Cockshott）、汤姆·卡明斯（Tom Cummings）、里克·德布里奇（Rick Delbridge）、安德鲁·德特默（Andrew Dettmer）、帕特·德文（Pat Devine）、南希·迪托马索（Nancy DiTomaso）、保罗·爱德华兹（Paul Edwards）、内特·法斯特（Nate Fast）、小比尔·弗莱彻（Bill Fletcher Jr.）、约翰·贝拉米·福斯特（John Bellamy Foster）、道格·甘伯（Doug Gamble）、保罗·戈德曼（Paul Goldman）、尼娜·格雷格（Nina Gregg）、查尔斯·赫克舍尔（Charles Heckscher）、苏·赫普勒（Sue Helper）、丽贝卡·亨德森（Rebecca Henderson）、鲍勃·霍华德（Bob Howard）、乔纳斯·英格瓦尔森（Jonas Ingvaldsen）、汤姆·科尚（Tom Kochan）、大卫·莱布曼（David Laibman）、大卫·利维（David Levy）、保罗·利奇曼（Paul Lichterman）、迈克·朗斯伯里（Mike Lounsbury）、理查德·马伦斯（Richard Marens）、贾斯珀·麦卡沃伊（Jasper McAvoy）、安妮塔·麦加汉（Anita McGahan）、克里斯·尼兰（Chris Nyland）、马克斯·奥格登（Max Ogden）、阿兰·奥塞宁－吉拉德（Alain Othenin-Girard）、唐·帕尔默（Don Palmer）、丹尼·波利特（Danny Pollitt）、李·普莱斯（Lee Price）、拉里·普鲁萨克（Larry Prusak）、菲林·钱（Philine Qian）、肖恩·里奇曼（Shaun Richman）、马里·萨科（Mari Sako）、朱莉·肖尔（Julie Schor）、杰森·舒尔曼（Jason Schulman）、大卫·施魏卡特（David Schweickart）、兰迪·舒特（Randy Schutt）、理查德·史密斯（Richard Smith）、托尼·史密斯（Tony Smith）、卡罗尔·斯蒂芬斯（Carroll Stephens）、丹·斯温尼（Dan Swinney）、埃罗·瓦拉（Eero Vaara）、马克·文特雷斯卡（Marc Ventresca）、帕特里克·文图里尼（Patrick Venturini）、马特·维达尔（Matt Vidal）、朱迪·瓦克曼（Judy Wajcman）、里克·沃茨曼（Rick Wartzman）、马克·威尔逊（Mark Wilson）和迈克·耶茨（Mike Yates）。

我特别感谢我在南加州大学管理和组织系的同事，他们帮助我把我的学术之家建成为一个充满智慧的地方。我还要感谢我的学生，我向他们学到了很多。

如果没有我妹妹路易丝（Louise）的敦促，这本书永远完成不了，我感谢她一路上的明智建议。

本书的起源我要归功于我的父母，露丝（Ruth）和雅克（Jacques），他们把对正义和平等的热情变成像人类尊严这样的最低标准。

最后，我感谢我最挑剔的批评者和最热情的支持者，我的孩子劳拉（Laura）、祖利（Zully）和大卫（David），以及我的妻子露丝·克莱曼（Ruth Kremen）。有了他们，一切变得可能。

图书在版编目（CIP）数据

99%人口的经济 / (英) 保罗·阿德勒著；刘仲良译
. — 杭州：浙江大学出版社，2024.2
书名原文：The 99 percent Economy
ISBN 978-7-308-24369-8

Ⅰ.①9… Ⅱ.①保… ②刘… Ⅲ.①资本主义经济—
研究 Ⅳ.①F03

中国国家版本馆CIP数据核字（2023）第212766号

The 99 Percent Economy was originally published in English in 2019. This
translation is published by arrangement with Oxford University Press. Zhe Jiang
University Press is solely responsible for this translation from the original work and
Oxford University Press shall have no liability for any errors, omissions or inaccuracies
or ambiguities in such translation or for any losses caused by reliance thereon.

© Oxford University Press 2019

浙江省版权局著作权合同登记图字：11-2023-424 号

99%人口的经济

（英）保罗·阿德勒　著　　刘仲良　译

责任编辑	谢　焕
责任校对	陈　欣
封面设计	云水文化
出版发行	浙江大学出版社
	（杭州天目山路148号　邮政编码：310007）
	（网址：http://www.zjupress.com）
排　　版	浙江大千时代文化传媒有限公司
印　　刷	杭州钱江彩色印务有限公司
开　　本	880mm×1230mm　1/32
印　　张	8
字　　数	205千
版 印 次	2024年2月第1版　2024年2月第1次印刷
书　　号	ISBN 978-7-308-24369-8
定　　价	68.00元

版权所有　侵权必究　　印装差错　负责调换

浙江大学出版社市场运营中心联系方式：（0571）88925591；http://zjdxcbs.tmall.com